James W. Heisig / Timothy W. Richardson / Robert Rauther
Vereinfachte Hanzi lernen und behalten 2

James W. Heisig
Timothy W. Richardson
Robert Rauther

**Vereinfachte Hanzi
lernen und behalten 2**

Bedeutung und Schreibweise
der häufigsten chinesischen
Schriftzeichen (1501–3000)

Klostermann**RoteReihe**

Titel des Ursprungswerks:
Remembering Simplified Hanzi
How not to forget the meaning and writing of Chinese characters
Book 2
von James W. Heisig und Timothy W. Richardson
Copyright © 2012 University of Hawai'i Press

Die deutsche Ausgabe wurde nach der Vorlage des Ursprungswerks
von Robert Rauther erstellt, übersetzt und in enger Zusammenarbeit mit
James W. Heisig und Timothy W. Richardson bearbeitet.

Bibliographische Information der Deutschen Nationalbibliothek

Die Deutsche Nationalbibliothek verzeichnet diese Publikation in der
Deutschen Nationalbibliographie; detaillierte bibliographische Daten sind
im Internet über *http://dnb.dnb.de* abrufbar.

© 2012, James W. Heisig, Timothy W. Richardson und Robert Rauther
© 2023, Vittorio Klostermann GmbH · Frankfurt am Main
Alle Rechte vorbehalten, insbesondere die des Nachdrucks und der
Übersetzung. Ohne Genehmigung des Verlages ist es nicht gestattet,
dieses Werk oder Teile in einem photomechanischen oder sonstigen
Reproduktionsverfahren zu verarbeiten, zu vervielfältigen und zu
verbreiten.
Satz: Nanzan Institute for Religion and Culture, Nagoya, Japan
Druck und Bindung: Hubert & Co., Göttingen
Gedruckt auf Schleipen Werkdruck,
alterungsbeständig ∞ ISO 9706 und PEFC-zertifiziert.
Printed in Germany
ISSN 1865-7095
ISBN 978-3-465-04323-2

Inhalt

Einleitung und Anmerkung 7

Lektionen 11

Komposita 239

Nachschriften 245

Indizes
   I. Handgeschriebene Zeichen 255
   II. Primitivelemente 270
   III. Zeichen nach Strichfolge 274
   IV. Aussprachen der Schriftzeichen 290
   V. Schlüsselwörter und Primitivbedeutungen 307

Einleitung

Dies ist der zweite von zwei Bänden, die dazu gedacht sind, Lernenden mit der Bedeutung und Schreibweise der 3.000 am häufigsten verwendeten vereinfachten chinesischen Schriftzeichen zu helfen. Auf Englisch ist bereits parallel der zweite Band auch für die traditionellen Schriftzeichen erschienen. Obwohl zwischen der Auswahl und Anordnung der Schriftzeichen, sowie der verwendeten mnemotechnischen Mittel, beträchtliche Überschneidungen bestehen, sei Ihnen doch geraten, zunächst entweder die vereinfachten oder aber die traditionellen Zeichen zu erlernen. Wie wir in der Einleitung zu Band 1 erläutert hatten, dürfte das gleichzeitige Studium von traditionellen und vereinfachten Zeichen zu Verzögerungen und Verwirrung führen. Jene Einleitung liefert auch weitere Details bezüglich des in diesen Büchern verfolgten Ansatzes und des grundsätzlichen Prinzips dahinter.

WIE MAN DIESES BUCH VERWENDET

Von Anfang an war unsere Arbeitshypothese, dass Band 1 und Band 2 *nacheinander* durchgegangen werden. Jeder Band sollte die Hälfte der wichtigsten 3.000 Schriftzeichen in der chinesischen Sprache vorstellen. Weil die 1.000 am häufigsten Schriftzeichen in Band 1 vorgestellt werden, so die Idee, würden die Lernenden diesen Band im Voraus abschließen und zum zweiten fortschreiten. Viele, wenn nicht die meisten, Schüler werden dies vorzugswürdig finden.

Als wir jedoch die Optionen für das Anordnen der übrigen 1.500 Schriftzeichen für Band 2 erwogen, wurde uns klar, dass manche den anspruchsvolleren aber auch verstandesgemäß befriedigenderen Ansatz vorziehen könnten, beide Bände *gleichzeitig* zu studieren. Wir haben in der Einleitung zu Band 1 berücksichtigt, die Gründe hierfür klarer darzulegen, aber ein Wort der Erläuterung ist auch hier angebracht.

Während jedes neue Primitivelement in Band 1 vorgestellt wurde, wurden jeweils zugleich auch die meisten Schriftzeichen (aus der Gruppe der 1.500 für den ersten Band ausgewählten) eingeführt, die zu jenem Zeitpunkt erlernt werden konnten. Die Lektionen von Band 2 sind als Erweiterungen jenes Prinzips ausgestaltet. Somit sind also nahezu alle 1.500 Schriftzeichen aus Band 2 in jenen Lektionen plaziert, in denen sie *erschienen wären*, wenn wir alles in einem einzigen Band zusammengefügt hätten. Das bedeutet, dass Lernende, die dies wünschen, die entsprechenden Lektionen der Bände 1 und 2 als Einheiten behandeln können.

Dennoch wollen wir sogleich einen warnende Anmerkung hinzufügen: Band 1 ist so ausgestaltet gewesen, dass von vollständigen Erzählungen über simplere Entwürfe bis hin zu einfachen Aufzählungen der Primitivelemente eines Schriftzeichens fortgeschritten wurde. Auf diese Weise erreicht der Schüler nach und nach Unabhängigkeit von der Vorstellungswelt der Autoren und entwickelt die Fertigkeit, Erzählungen auf der Grundlage von persönlichen Erinnerungen und Lernvorlieben zu schaffen. Band 2 übergeht diesen Verlauf. Bereits auf den ersten Seiten wird man bloße Entwürfe und Aufzählungen von Elementen finden, wo die Lektionen von Band 1 noch weitere Informationen bereitgehalten hätten. Gelegentlich steuern wir eine vollständigere Erzählung bei, um die Konnatation eines Schlüsselworts zu verdeutlichen oder mit einem besonders herausfordernden Schriftzeichen zu helfen—oder auch manchmal einfach, weil wir der Versuchung nicht widerstehen können. Aber dabei handelt es sich um die Ausnahme.

Dementsprechend möchten Sie vielleicht, wenn Sie beide Bände gleichzeitig anzugehen gedenken, zunächst einige Lektionen in Band 1 durcharbeiten, bevor Sie Band 2 öffnen, und dann die entsprechenden Lektionen nacharbeiten, um die neuen Zeichen zu erlernen.

KOMPOSITA, NACHSCHRIFTEN, INDIZES

Auf die 55 Lektionen dieses Buches folgt ein kurzer besonderer Abschnitt mit "Komposita" oder Schriftzeichen, die man am besten paarweise erlernt. Ein letzter Abschnitt enthält zwei "Nachschriften", die nicht zu übergehen wir Ihnen sehr ans Herz legen möchten.

Die Indizes von Band 2 unterscheiden sich geringfügig von jenen des ersten Bandes. Index 1 stellt ein handgeschriebenes Schriftzeichen und seine Aussprache für jeden Rahmen in Band 2 bereit. Die anderen Indizes sind umfassend; das heißt, sie decken die relevanten Angaben für jeweils beide Bände ab. Das wird es Ihnen erleichtern, mit allen 3.000 Schriftzeichen umzugehen, ohne die Indizes aus Band 1 heranziehen zu müssen.

Nochmal sei gesagt, dass die in den Indizes angegebenen Aussprachen als Hilfe angegeben werden, falls Sie Bedarf haben, ein Wörterbuch zu konsultieren. Nichts weiteres wird in diesen Bänden über sie gesagt, und keine Beispiele für ihren Gebrauch angegeben. Wie wir in der Einleitung zu Band 1 empfohlen haben, studiert man die Schreibweise und Bedeutung der Schriftzeichen am besten getrennt von ihrer Aussprache.

ÜBER SCHRIFTZEICHEN UND IHRE SCHLÜSSELWÖRTER

Einmalige deutsche Schlüsselwörter für 3.000 verschiedene chinesische Schriftzeichen zu finden, war in höchstem Maße herausfordernd. Oft entspricht mehr als ein Schriftzeichen einem einzelnen deutschen Wort. Bisweilen ist uns nichts anderes übrig geblieben, als die Grenzen der deutschen Standardsprache ein bisschen zu dehnen und allgemeinbekannte Ausdrücke oder gar Neuschöpfungen einzusetzen, damit kein Schlüsselwort zweimal vorkommt. Wenn Sie der unterwegs erfolgenden Anleitung nachgehen, für jedes Schlüsselwort eine besondere Konnotation zu bewahren und auf die Wortart zu achten, werden sich diese Hürden leicht überwinden lassen.

Obwohl wir nicht in jedem Fall darauf aufmerksam machen, handelt es sich bei einer relativ kleinen Anzahl von Schriftzeichen in den Lektionen um "gebundene Formen". Das heißt, ganz ähnlich wie die "Komposita", die ihren eigenen Abschnitt erhalten, werden diese Zeichen immer in Kombination mit anderen verwendet. Die chinesischen Entsprechungen von "Trompete", "Glasur" und "Universum", zum Beispiel, werden üblicherweise als Zwei-Schriftzeichen-Kombinationen angesehen. Gleichwohl ist es unsere Leitlinie gewesen, jedem einzelnen Schriftzeichen sein eigenes Schlüsselwort zuzuweisen getreu der Annahme, dass die Schüler es als unkomplizierte Aufgabe empfinden werden, die Komposita zu erlernen, wenn es soweit ist. Nehmen wir zum Beispiel "Trompete": Das Zeichen mit diesem Wort (RAHMEN 1501) wird oft zu einem Kompositum mit jenem für "Fanfare" verbunden (2652), um darzustellen, was man auf Deutsch einfach eine "Trompete" nennt.

Behalten Sie auch im Kopf, dass zwar einige Schlüsselwörter eindeutige und abgegrenzte Konnotationen mit sich bringen, andere hingegen sich lediglich an die Bandbreite von Bedeutungen und Nuancen des jeweiligen Schriftzeichens annähern können. Ein breiteres Bewusstsein dafür, was individuelle Schriftzeichen vermitteln, lässt sich nur durch Begegnungen im Kontext mit der Zeit erwerben. Ein letztes Wort zur Vorsicht: Wir bitten Sie dringend, nicht einfach bestimmte Schriftzeichen also nicht sonderlich nützlich zu verwerfen, nur weil ihre Schlüsselwörter Ihnen nicht oft beggenen. "Weißer Gänsefuß" and "Wassernuss" sind zwar keine alltäglichen deutschen Vokabeln, und sie tauchen auch nie in Vor- oder Nachnamen auf. In der Welt der Schriftzeichen liegen die Dinge jedoch anders. Man kann mit Sicherheit davon ausgehen, dass ein Schriftzeichen, das in diesen Bänden erscheint, erforderlich ist, damit Sie Chinesisch meistern können.

DANKSAGUNGEN

Wir möchten unseren Dank wiederholen an Robert Roche für sein Verständnis, seine Ermutigung und großzügige Unterstützung über die langen Jahre, die dieses Projekt in Arbeit gewesen ist. Die Mitarbeiter und Professoren des Nanzan Institute for Religion and Culture in Nagoya, Japan, haben unsere Aufgabe sehr erleichtert und genau die richtige Atmosphäre für die Zusammenarbeit zur Verfügung gestellt. Dank auch an die Brigham-Young-Universität Hawaii für die Unterstützung des Projekts. Tsu-Pin Huang, Yifen Beus und Pao-Ho Wan haben uns bei zahlreichen Gelegenheiten mit ihrer Expertise geholfen. Pat Crosby, Keith Leber und Nadine Little von University of Hawaiʻi Press verdienen Erwähnung für ihre geduldige Begleitung dieses Buches während seiner Editierung und Herstellung. Ein besonderes Wort der Anerkennung gebührt Helen Richardson und den Kindern der Familie Richardson. Ohne ihre Bereitschaft, wochenlang ohne Ehemann und Vater zurecht zu kommen, wären die konzentrierten Phasen der Arbeit in Japan über die vergangenen Jahre nicht möglich gewesen.

Schließlich danken wir die vielen Lesern, die uns ihre Kommentare, Reaktionen und Anregungen seit dem Erscheinen von Band 1 geschickt haben. Ihre Rücklauf hat nicht nur für wichtige Verbesserungen gesorgt, sondern auch unsere Zuversicht bestärkt, dass wir auf dem richtigen Weg sind.

James W. Heisig
Timothy W. Richardson
15. Juli 2011

Anmerkung

Mit dieser Übertragung ins Deutsche liegt nunmehr nach etlichen Jahren auch der zweite Band von "Vereinfachte Hanzi lernen und behalten" vor. Vielfältige Verpflichtungen anderer Art bis hin zu Ereignissen globaler Tragweite haben sich bemerkbar gemacht. Diese Übertragung widme ich *Richard* und *Alexander*, die während der Erstellung bereits ein Alter erreicht haben, in dem die Schriftzeichen Ostasiens eine wichtige Rolle für sie einnehmen. Den Lesern, die das Erscheinen des vorliegenden Bandes erwartet haben, wünsche ich allen Erfolg für die weitere Lernarbeit – eine Arbeit, die auch im "Westen" so aufwendig wie notwendig ist (und auf Deutsch möglich sein sollte). Enthaltene Fehler in der Übertragung sind unweigerlich die meinen. Für Anmerkungen und Hinweise bin und bleibe ich stets dankbar.

Robert Rauther
Nagoya/Yokohama, im Februar 2023

Lektionen

LEKTION 1

WIE IN DER EINLEITUNG erörtert, sind die Lektionen von Band 2 anhand der Schriftzeichen und Primitivelemente der jeweils korrespondierenden Lektion in Band 1 arrangiert. Und so beginnen wir Band 2 mit einem lauten Stoß:

1501   **Trompete**

פ\ Da das Schriftzeichen für *acht* eine offene Fläche abbildet, die im Himmel beginnt und die Erde bedeckt, ist es genau das richtige, um den Erzengel Gabriel darzustellen. Wir sehen, wie er seinen *Mund* an eine **Trompete** presst, um das Ende der Zeiten zu verkünden – oder auch nur das Ende von Lektion 1. [5]

ו   ק   פ   פֿ   פֿ\

Lektion 2

Es gibt nur zwei neue Schriftzeichen, die wir mit den Elementen aus Lektion 2 des ersten Bandes darstellen können.

1502	murmeln
咕	Da wir das Bild eines *altertümlichen* Grabsteins bereits in Band 1, Lektion 2 verwendet hatten, und hier links ein *Mund* steht, müssen wir nur an jemanden denken, der uns etwas zu**mur**-**melt**. Vielleicht jemand, der herauswill. [8]

口　咕

1503	Gallenblase
胆	*Fleisch . . . Tagesanbruch.* [9]

月　胆

Lektion 3

1504	wir (einschließend)
咱	*Mund...Nüstern.* Chinesisch ist eine der Sprachen (Indonesisch eine weitere), in der zwei verschiedene Formen bestehen, um ein "**wir**" auszudrücken: Eine Form, welche den/die angesprochenen Menschen mit einschließt, und eine weitere, welche ihn/sie ausschließt. Der letzteren werden wir in RAHMEN 2945 begegnen. [9]

口　咱

1505	geschwollen
肿	*Fleisch... Mitte.* [8]

月　肿

1506	auf eine Schnur ziehen
串	Dieses Schriftzeichen sieht aus wie ein hingekrakelter Fleischspieß. Erkennen Sie den langen Spieß, auf dem die leckeren kleinen Brocken wie auf **eine Schnur gezogen** stecken und darauf warten, gebraten zu werden? Wir scheuen normalerweise davor zurück, ein Schriftzeichen anhand seiner Form anstatt seiner Primitivelemente zu bestimmen. Aber in diesem Fall rechnen wir mit Ihrer Zustimmung, dass eine Ausnahme zu vertreten ist. [7]

口　吕　串

❖ Wir bleiben auch für die Primitivbedeutung beim *Fleischspieß*.

1507	einen Schrecken einjagen
吓	*Mund... unten.* [6]

口　吓

1508　　　　　　　　　　　　　　　　　　　　überziehen

罩　So wie Planen, Wolken oder Bettlaken ihren Hinter- oder Untergrund bedecken, wird das *Netz* in diesem Schriftzeichen dazu verwendet, eine *hervorragende* Person damit zu **überziehen** – vermutlich als einzigen Weg, ihre Aufmerksamkeit zu erlangen. [13]

罒　罩

Lektion 4

1509	**Bestie**
兽	*Hörner ... Gehirn ... Fußboden ... Mund.* [11]
	⸝　 　兽

1510	**Tumult**
嚣	Warum der **Tumult**? Nun: Anstatt, dass die vier *Münder* wie in RAHMEN 249 auf einem *Chihuahua* herumkauen, genießen sie hier – einen *Kopf!* [18]
	吅　 賏　 嚣

Lektion 5

Sie werden feststellen, dass in den meisten Rahmen unten nur die Primitivelemente angegeben werden, ohne eine detaillierte Erzählung oder einen Entwurf. Band 1 schreitet von vollständigen Erzählungen über einfachere Entwürfe zu bloßen Elementen fort. Der dabei zugrunde liegende Gedanke ist, dass die kreative Arbeit zunehmend auf die Lernenden übergehen soll. Falls Sie beide Bände zusammen studieren wollen, jedoch das Gefühl haben, noch nicht ganz auf eigene Faust vorgehen zu können, sollten Sie die Lektionen von Band 2 unter Umständen ein wenig aufschieben, bis Sie sich wohler damit fühlen, Ihre eigenen Bilder und Erzählungen auszugestalten.

1511	emporragen
矗	Wenn Sie richtig **emporragen** wollen, so haben Sie gehört, steigen Sie am besten auf die Schultern von Riesen. Falls Sie keine Riesen zur Hand haben, nehmen Sie zwei Freunde und stehen allesamt möglichst: "*Gerade ... gerade ... gerade!*" [24]

直 直 矗

1512	auf den Kopf stellen
颠	*Wahr ... Kopf.* [16]

真 颠

1513	festigen
巩	*Stahlträger ... gewöhnlich.* [6]

工 巩

1514	schwatzhaft
叨	*Mund ... Dolch.* [5]

口 叨

1515 刮	Zunge ... Säbel. [8] 舌 刮	schaben
1516 盯	Augäpfel ... Reißzwecke. [7] 目 盯	anstarren
1517 呵	Mund ... können. [8] 口 呵	schelten

Lektion 6

1518 姑	Schwester des Vaters
	Frau ... altertümlich. [8]
	女　姑

1519 嬰	Baby
	Zwei Muscheln ... Frau. [11]
	贝　赒　嬰

1520 姆	Kindermädchen
	Frau ... Mutter. [8]
	女　姆

1521 兢	achtsam
	Überwinden ... überwinden. [14]
	克　兢

Lektion 7

1522 sich ins Zeug legen

奋 *Bernhardiner ... Reisfeld.* [8]

大 奋

1523 von beiden Seiten drücken

夹 Denken Sie an eine Briefklemme, die **von beiden Seiten drückt**, um mehrere Blatt Papier zusammenzuhalten. Hier bedient sich die Klemme animalischer Kräfte: Zunächst einmal besteht sie aus einem Paar *Tierhörner*, die unter der *Zimmerdecke* angebracht sind. Was sie hier einzwängen, ist unser alter Freund, der *Bernhardiner*. Zeichnen Sie erst die *Zimmerdecke*, dann die *Tierhörner*. Fügen Sie anschließend den *Bernhardiner* ein, indem Sie seinen Kopf durch ein Loch in der *Zimmerdecke* stecken, und seinen Körper zwischen die *Tierhörner*, die **von beiden Seiten drücken**, um ihn sicher festzuhalten. Eine solche "Bernhardiner-Zwinge" ist natürlich viel preiswerter, als einen Zwinger im Garten zu bauen. [6]

一 ⼆ ⼛ 三 夫 夹

1524 Wange

颊 *Von beiden Seiten drücken ... Kopf.* [12]

夹 颊

1525 Toilette

厕 *Klippe ... Regel.* [8]

厂 厕

1526 — riesig

硕

Um dieses Schriftzeichen zu behalten, müssen Sie nur an jene **riesigen** *Stein-Köpfe* denken, die man in Mesoamerika oder auf der Osterinsel findet. [11]

石 硕

1527 — mauern

砌

Stein . . . schneiden. [9]

石 砌

1528 — Trillerpfeife

哨

Mund . . . Kerze. [10]

口 哨

1529 — schwenken

晃

Sonne . . . Licht. [10]

日 晃

Lektion 8

1530 泪	**Träne** *Wasser ... Augäpfel.* [8] 氵 泪
1531 泄	**ablassen** Nicht von, sondern nur etwas. *Wasser ... Generation.* [8] 氵 泄
1532 泊	**anlegen** Mit einem Schiff. *Wasser ... weiße Taube.* [8] 氵 泊
1533 沾	**benetzen** *Wasser ... wahrsagen.* Nicht wie in RAHMEN 1508, sondern mit etwas Flüssigem. [8] 氵 沾
1534 渺	**unbedeutend** *Tränen ... wenig.* [12] 氵 泪 渺
1535 汰	**aussondern** *Wasser ... allzu.* [7] 氵 汰

| 1536 | intonieren |

咏

Der *Mund* eines Mönchs, aus dem er seine Sutra **intoniert**, öffnet kurz die *Ewigkeit* und trägt uns für einen Moment in ein Reich, in dem die Regeln des Alltäglichen keine Geltung mehr haben. [8]

口　咏

| 1537 | Drüse |

腺

Fleisch . . . Springquell. [13]

月　腺

| 1538 | Lu |

鲁

Fisch . . . Sonne. Dieses Zeichen ist ein häufiger Nachname. [12]

鱼　鲁

| 1539 | eben |

坦

Das Gegenteil von uneben. Die Elemente: *Erde . . . Tagesanbruch.* [8]

土　坦

| 1540 | Damm |

坝

Erde . . . Muschel. [7]

土　坝

| 1541 | Saum |

涯

Ziegel an einer *Klippe* (vermutlich, um das Wasser zurückzuhalten). [11]

氵　汗　涯

1542	Neugeborenes
娃	*Frau . . . Ziegel.* Diese etwas eigentümliche Kombination von Elementen verschafft uns das Schriftzeichen für **Neugeborene** aller Art, sowohl menschliche als auch tierische. [9]

女　娃

1543	Ellenbogen
肘	*Fleisch . . . Leim.* [7]

月　肘

1544	im Weg stehen
碍	*Stein . . . Tagesanbruch . . . Leim.* [13]

石　碍

1545	wegnehmen
夺	Während *Einbrecher* (RAHMEN 365) Schaden – bisweilen Verwüstung – anrichten und dennoch manchmal leer ausgehen, **nehmen** Diebe und Räuber zwangsläufig anderen etwas **weg**. Die Primitivelemente: *Bernhardiner . . . angeleimt.* [6]

大　夺

1546	versengen
灼	*Feuer . . . Schöpflöffel.* [7]

火　灼

1547	sautieren
炒	*Feuer . . . wenig.* [8]

火　炒

1548

灶   *Feuer ... Erde.* [7]

Herd

火　灶

Lektion 9

1549 哩	Meile
	Mund ... Computer. [10]
	口 哩

1550 厘	Klitzekleinigkeit
	Klippe ... Computer. [9]
	厂 厘

1551 鲤	Karpfen
	Fisch ... Computer. [15]
	鱼 鲤

1552 嘿	Hey!
	Mund ... schwarz. [15]
	口 嘿

1553 熏	räuchern
	Bei genauer Betrachtung dieses Schriftzeichens sehen Sie, dass es mit dem Zeichen für *tausend* beginnt, mit dem letzten Strich jedoch wartet, bis dieser für *schwarz* benötigt wird. [14]
	一 二 亠 㐅 㐅 㐅 㐅 㐅 重 重 熏

1554 丹 — mennigfarben

Haube . . . ein Tropfen . . . eins. Dieses Schriftzeichen, allgemein für die Farbe Rot verwendet, ist zudem ein wesentlicher Bestandteil der chinesischen Alchemie. Achten Sie darauf, dass der erste Strich der *Haube* etwas nach außen schwingt. [4]

丿 几 月 丹

1555 炯 — strahlend

Feuer . . . Außerirdischer. Konsultieren Sie RAHMEN 188 bezüglich des zweiten Primitivelements. [9]

火 炯

1556 昫 — Abschnitt des Tages

Sonne . . . Orientierung. [10]

日 昫

1557 淌 — rinnen

Wasser . . . wertschätzen. [11]

氵 淌

1558 宁 — seelenruhig

Haus . . . Reißzwecke. [5]

宀 宁

1559 寡 — verwitwet

Haus . . . Zimmerdecke . . . Nase . . . Werkzeug . . . Dolch. Es ist recht leicht, dieses Schriftzeichen in seine Primitivelemente zu zerlegen – solange Sie darauf achten, wie der letzte Strich der *Nase* verlängert wird, damit er zugleich als erster Strich des *Werkzeugs* dienen kann. Die eigentliche Herausforderung besteht darin, alle Teile in ein zusammenhängendes Ganzes zu bringen. Sie benötigen dabei die Phantasie eines Tatortfahnders, um zu bestimmen, wer womit dafür gesorgt hat, dass jemand (und wer?) nun **verwitwet** ist. [14]

1560   lärmend

喧   *Mund ... verkünden.* [12]

口   喧

LEKTION 10

1561 棚	Ein Gebäude. *Baum ... Gefährte.* [12]	Schuppen

木　棚

1562 柏	*Baum ... weiße Taube.* [9]	Zypresse

木　柏

1563 朴	*Baum ... Zauberstab.* [6]	schlicht

木　朴

1564 朵	Da die deutsche Sprache über kein "Zähl(einheits)wort" für sowohl **Blu**men als auch Wol**ken** verfügt, das zu diesem Schriftzeichen passen würde, müssen wir uns eines ausdenken: **Bluken**. Seine Primitivelemente sind: *Wind ... Baum.* [6]	Bluken

几　朵

1565 杠	*Baum ... Stahlträger.* Etwas Tragendes. [7]	Reckstange

木　杠

1566 椅	*Baum ... seltsam.* [12]	Stuhl

木 椅

1567	Kirsche

櫻 Das *Baby* auf diesem besonderen *Baum* ist eine reife, rote **Kirsche**, die nur darauf wartet, gepflückt zu werden. [15]

木 櫻

1568	Wipfel

梢 *Baum* ... *Kerze*. [11]

木 梢

1569	verhindern

杜 *Baum* ... *Erde*. [7]

木 杜

1570	überragend

杰 *Baum* ... *Herdfeuer*. [8]

木 杰

1571	Paulownie

桐 Da Sie den **Paulownien**-*Baum* vermutlich nicht kennen, denken wir bei dem Schlüsselwort an den Ausdruck "die kleinen Brüder zur Hl. **Paulownie**". Danach ist es nur ein kleiner Schritt, den *Baum* links mit den *Mönchen* auf der rechten zu assoziieren. (Für die Neugierigen: Der Name dieses orientalischen *Baums* stammt von einer russischen Prinzessin, Anna Pavlovna.) [10]

木 桐

1572	Song
宋	Dieses Schriftzeichen bezieht sich auf die **Song**-Dynastie (960–1279). Seine Elemente: *Haus ... Baum*. [7]

宀　宋

1573	chin. Zimtbaum
桂	Die Borke des **chin. Zimtbaums** wird, ähnlich derer des gewöhnlichen Zimtbaums, als Gewürz verwendet. Seine Elemente: *Baum ... Ziegel*. [10]

木　桂

1574	begießen
淋	*Wasser ... Forst*. [11]

氵　淋

1575	verbrennen
焚	*Forst ... Feuer*. [12]

林　焚

1576	Nebenzimmer
厢	*Klippe ... einander*. [11]

厂　厢

1577	verschleiern
昧	Oder verschleiert: *Sonne ... noch nicht*. [9]

日　昧

1578		zinnoberrot
朱	Die rot-orangene Farbe, die wir **zinnoberrot** nennen, findet sich in der Natur während des Herbstes, wenn die Blätter ihren Zucker verlieren und ihr Aussehen verändern. Dieses Schriftzeichen zeigt das allerletzte Blatt an einem herbstlichen Baum (der mit dem letzten Strich angehängte *Tropfen*) – das Blatt, das *noch nicht* gefallen ist, es aber schon bald unweigerlich muss. Schauen Sie auf seine Farbe – es ist **zinnoberrot**. (Nun ja, nicht wirklich... die Wahrheit ist, dass Zinnober aus Quecksilbersulfid gewonnen wird. Sie werden uns aber sicherlich darin beipflichten, dass mit Herbstblättern viel einfacher zu arbeiten ist.) [6]	

′ 朱

1579		Baumstamm
株	*Baum . . . zinnoberrot.* [10]	

木 株

1580		keimen
萌	*Blumen . . . hell.* [11]	

⺾ 萌

1581		fahrlässig
苟	*Blumen . . . Satz.* [8]	

⺾ 苟

1582		rigoros
苛	*Blumen . . . können.* [8]	

⺾ 苛

1583		Rübe
萝	*Blumen . . . Seidengaze.* [11]	

艹 萝

1584		Membran
膜	*Fleisch . . . Friedhof.* [14]	

月 膜

1585		Sonnenuntergang
暮	*Friedhof . . . Sonne.* [14]	

艹 苎 莫 暮

1586		verlassen sein
寞	*Haus . . . Friedhof/niemand.* Wir haben die Schlüsselwort-Bedeutung des zweiten Primitivs als Alternative mit angeführt, was Sie vielleicht hilfreich finden. Vergessen Sie nicht, dass Ihnen diese Möglichkeit stets offensteht. [13]	

宀 寞

Lektion 11

Falls Sie diese Lektionen im Tandem mit Band 1 durchgehen, werden Sie vermutlich bemerkt haben, dass die hier präsentierten neuen Schriftzeichen in derselben Reihenfolge angeordnet sind, die sie in Band 1 hätten. Das heißt, sie stehen in der Reihenfolge, in der die Primitivelemente – oder die als Primitivelemente dienenden Schriftzeichen – vorgestellt worden sind.

1587		Katze
猫	*Rudel wilder Hunde . . . Tomatensetzling.* [11]	
	犭　猫	

1588		schmal
狭	*Rudel wilder Hunde . . . von beiden Seiten drücken.* [9]	
	犭　狭	

1589		Marderhund
狸	*Rudel wilder Hunde . . . Computer.* [10]	
	犭　狸	

1590		gleichsam
猶	Ein *Rudel wilder Hunde . . .* das *Frankenhündchen mit Frankenbein.* [7]	
	犭　猶	

1591		anzünden
燃	*Feuer . . . -artig.* [16]	
	火　燃	

1592 verfluchen

咒 *Quasselstrippe ... Wind.* [8]

口口　咒

1593 schnuppern

嗅 *Mund ... übelriechend.* [13]

口　嗅

1594 Knast

牢 *Haus ... Kuh.* [7]

宀　牢

1595 Männchen

牡 Den *Mann* (RAHMEN 741) kennen wir bereits, hier haben wir seinen Gegenpart aus dem Tierreich, der mit dem Diminutiv vorlieb nehmen muss. Spätestens beim Pferde-**Männchen** (auch bekannt als Hengst) oder beim Elefanten-**Männchen** (genannt Bulle) sehen wir, wie unpassend das eigentlich ist. Das Zeichen besteht aus den Elementen *Kuh* und *Erde*. [7]

牛　牡

1596 Verfassungstext

宪 Das Schlüsselwort bezeichnet die fundamentalen Normen (das "Grundgesetz") eines Staates oder einer Organisation. Die Elemente: *Haus ... voraus.* [9]

宀　宪

1597 beistehen

赞 Hier sehen wir eine interessante Form des Beistands: Denken Sie an einen Bademeister (der auch im wörtlichen Sinne am

Beckenrand bei den Schwimmern steht). Wenn er einem Ertrinkenden **beistehen** muss, greift er zu einer riesigen *Muschel*, die er darauf abgerichtet hat, sich in Not geratene Badegäste zu schnappen und in Sicherheit zu bringen. Wie einen Diskus schleudert der Meister die *Muschel* ins Wasser und steuert sie (die ja nicht gut sehen kann) ins Ziel, indem er – mal von rechts, mal von links – laut "*Voraus, voraus!*" ruft. [16]

先　　兟　　贊

LEKTION 12

1598		Schirm
伞	*Schirm . . . Tierhörner . . . Nadel.* Dies ist das vollständige Schriftzeichen, aus dem das Primitivelement *Schirm* abgeleitet worden war. [6]	

人　仐　伞

1599		Hütte
舍	*Zusammenkunft . . . altertümlich.* [8]	

亼　舍

1600		wa?
啥	Dieses Schriftzeichen ist eine umgangssprachliche Abkürzung des normalen Kompositums für "Was?", welche oft in der Kommunikation per Internet Verwendung findet. Seine Elemente: *Mund . . . Hütte.* [11]	

口　啥

1601		im Einvernehmen
洽	*Wasser . . . passen.* [9]	

氵　洽

1602		florierend
旺	Wenn ein *König*reich **floriert**, scheint die *Sonne* für alle. Allzu oft aber scheint sie nur für IHN, den *König*. Wie Legenden aus der ganzen Welt gemahnen, werden *Könige*, die auf Kosten anderer **florieren**, schließlich unweigerlich von ihrer Selbstsucht verzehrt. Oder, wie in diesem Schriftzeichen, von der *Sonne* kohlrabenschwarz gebrannt, bis sie endlich für ein insgesamt **florierendes** Gemeinwesen sorgen. [8]	

日 旺

1603	grüne Jade
碧	*Edelstein … weiße Taube … Stein.* [14]

王　珀　碧

1604	trivial
琐	*Ball … klein … Muschel.* [11]

王　玌　琐

1605	tränenreich
汪	*Wasser … Edelsteine.* [7]

氵　汪

1606	verdreht
枉	*Baum … König.* Dieses Schriftzeichen bezieht sich üblicherweise auf jemanden, der die Regeln beugt oder das Recht **verdreht**. [8]

木　枉

1607	Perle
珠	*Edelstein … zinnoberrot.* [10]

王　珠

1608	entsetzlich
噩	*König … . vier Münder.* [16]

一　丁　可　吅　㗊　噩　噩　噩

| 1609 | Stöpsel |

栓 Dieses Schriftzeichen kann für alles von kleinen Flaschen**stöpseln** bis hin zu Feuerhydranten verwendet werden. Die Elemente: *Baum . . . ganz*. [10]

木 栓

| 1610 | Pfeiler |

柱 *Baum . . . Kerzenständer*. [9]

木 柱

| 1611 | Schlüssel |

钥 *Metall . . . Mond*. [9]

钅 钥

| 1612 | Bohrer |

钻 *Metall . . . wahrsagen*. [10]

钅 钻

| 1613 | Geldschein |

钞 *Metall . . . wenig*. [9]

钅 钞

| 1614 | Schloss |

锁 Zum Abschließen. *Metall . . . klein . . . Muschel*. [12]

钅 钅" 锁

1615		absetzen
销	Im Sinne von Absatz und Verkauf. *Metall . . . Kerze.* [12]	
	钅 钅" 销	

1616		Gong
锣	*Metall . . . Seidengaze.* [13]	
	钅 锣	

Lektion 13

1617 — zwingen
迫

Um Sie zu **zwingen**, auf der *Landstraße* schneller zu fahren, blendet man in Ihrem Rückspiegel die grell-*weißen* Scheinwerfer auf. [8]

白 迫

1618 — umziehen
迁

Bei dem Schlüsselwort geht es um eine Ortsveränderung, keinen Kleiderwechsel. Verwechseln Sie es jedoch nicht mit *verlagern* (RAHMEN 1398). Die zur Verfügung stehenden Elemente sind: *Landstraße ... tausend*. [6]

千 迁

1619 — unter Druck setzen
逼

Reichtum ... Landstraße. [12]

畐 逼

1620 — weit entfernt
辽

(Perfek)-t ... Landstraße. [5]

了 辽

1621 — Streife gehen
逻

Der eigentlich zum auf **Streife gehen** abkommandierte Polizist verwechselt hier offenkundig etwas und bedeckt die *Landstraße* mit großen Streifen von *Seidengaze*. [11]

罗 逻

1622 逞	zur Schau tragen
	Einreichen ... Landstraße. [10]
	呈 逞

1623 轨	Gleis
	Wagen ... Kegelverein. [6]
	车 轨

1624 轧	walzen
	Wie in "plattmachen". *Wagen ... Angelhaken.* [5]
	车 轧

1625 辐	Speichen
	Wagen ... Reichtum. [13]
	车 辐

1626 链	Kette
	Metall ... hintereinander weg. [12]
	钅 链

1627 煎	anbraten
	Vorzugsweise in Öl: *Vor ... Herdfeuer.* [13]
	前 煎

1628 喻	Metapher
	Analogien, Gleichnisse und **Metaphern** sind oft das Mittel eines messerscharfen Geistes, der hier anschaulich als ein *Schlachthof-Maul* abgebildet wird, welches die Sprachbilder verhackstückt. Eine hübsche **Metapher**, nicht wahr? [12]

	口　喻

1629	Ulme
榆	*Baum . . . Schlachthof.* [13]
	木　榆

1630	obere Extremität
胳	*Fleisch . . . jeder.* [10]
	月　胳

1631	Wolkenkratzer
厦	*Klippe . . . Sommer.* [12]
	厂　厦

Lektion 14

Wie wir es in Band 1 häufig getan haben, werden wir von diesem Punkt an gelegentlich manchen Zeichen, die Sie bereits mit anderen Schlüsselwort-Bedeutungen erlernt hatten, neue Primitivbedeutungen zuweisen. Oftmals treten dann einige Schriftzeichen, in denen die neue Bedeutung vorkommt, erst in späteren Lektionen auf. Jedes der neuen Primitivelemente wird seinen eigenen Rahmen erhalten und mit dem üblichen Symbol markiert (❖). Die Zahl in geschwungenen Klammern verweist auf die Rahmennummer des ursprünglichen Schriftzeichens. Ein Beispiel hierfür stellen wir in dieser Lektion vor.

1632 牽	*Bernhardiner ... Krone ... Kuh.* [9]	führen

大　亠　牽

1633 渾	*Wasser ... Streitwagen.* Dieses Schriftzeichen bezieht sich übrigens nicht nur auf "trübe Tassen", sondern auch auf trübes *Wasser.* [9]	dusselig

氵　渾

1634 暈	*Sonne ... Streitwagen.* [10]	schwindelig

日　暈

1635 炕	Eine Schlafbank. *Feuer ... Wirbelwind.* [8]	beheiztes Ziegelbett

火　炕

| ❖ | {325} | Eiffelturm |

高

Sie werden sich daran erinnern, dass wir in Band 1 Primitivbedeutungen für die verkürzte Form dieses Schriftzeichens erlernt hatten. Hier nun fügen wir eine Primitivbedeutung für das vollständige Schriftzeichen hinzu, die man leicht mit ihm verknüpfen können sollte: **Eiffelturm**. [10]

1636 Creme

膏

Eiffelturm . . . Fleisch. Beachten Sie, wie das obere Primitiv komprimiert wird, um Platz für dasjenige darunter zu schaffen. [14]

高 膏

1637 geradeheraus

淳

Wasser . . . genießen. [11]

氵 淳

1638 reibungslos

亨

Hoch . . . (Perfek)-t. Diese Primitivelemente stellen eine gewisse Herausforderung dar. Sehen Sie einen – leider nicht allzu begabten – Bekannten vor sich, der trotz mäßiger Noten die Weihen höherer Bildung erlangen und zu diesem Zwecke die *Hoch*-Schule besuchen möchte. Nachdem er einen Spießrutenlauf aus Bewerbungsgesprächen hinter sich gebracht hat, fragen Sie vorsichtig: "Wie ist es gewesen?" Worauf er antwortet: "Äh, alles **reibungslos** verlauf-*t*." [7]

亠 亨

1639 summen

哼

Mund . . . reibungslos. [10]

口 哼

1640	**Wal**
鲸	Der **Wal** verschluckt eine ganze *Fisch*schule, die ihre neue Behausung sofort in eine kleine *Fisch-Hauptstadt* verwandelt. [16]

鱼　鲸

1641	**Schale**
壳	Im Sinne einer Hülse. *Soldat ... Krone ... Wind.* [7]

士　声　壳

1642	**blitzeblank**
洁	*Wasser ... Sprühdose.* [9]

氵　洁

LEKTION 15

VON DIESER Lektion an werden wir ganz neue Primitivelemente vorstellen, die nicht auf bereits erlernten Schriftzeichen basieren. Bei ihren Bestandteilen wird es sich sämtlich um in dieser oder einer vorigen Lektion erlernte Elemente handeln.

| 1643 枚 | kleine Dinge |

Dieser Schlüsselbegriff wird gewählt, um die Benutzung des Schriftzeichens als ein "Zähleinheitswort" zum Zählen von Münzen, Büroklammern, Manschettenknöpfen und ähnlichem zu verdeutlichen. Die Elemente sind: *Baum . . . Zuchtmeister*. [8]

木 枚

| 1644 牧 | weiden |

Anstatt die Zeit und Mühe aufzuwenden, Hunde dazu zu trainieren, die Kühe beim **Weiden** zu bewachen, ernennen wir eine der älteren *Kühe* zur *Zuchtmeisterin* und statten sie entsprechend mit Mantel, Brille und einer Peitsche aus. [8]

牛 牧

| 1645 玫 | Rose |

Edelstein . . . Zuchtmeister. [8]

王 玫

| 1646 敦 | ehrlich |

Genießen . . . Zuchtmeister. [12]

享 敦

1647 墩	Erdhaufen
	Erde ... ehrlich. [15]

⼟　墩

❖ 詹	Petze

Die ersten sechs Striche des Zeichens zeigen eine Kreatur: ihre *Tierbeine gefesselt* und an ihnen zum Baumeln über einer *Klippe* aufgehängt. Das ist Abbild des Gesetzes des Dschungels, nämlich wie im Tierreich mit einer **Petze** umgegangen wird, die ihre Kameraden verpfiffen hat (mit den *Worten*) und damit zu geschwätzig gegenüber der Dschungelpolizei gewesen ist, wo sie besser geschwiegen hätte. [13]

⺈　⼴　户　詹

1648 瞻	nach oben schauen
	Augäpfel ... Petze. [18]

1649 谓	Bedeutung
	Worte ... Magen. [11]

讠　谓

1650 询	sich erkundigen
	Worte ... Zeitraum von zehn Tagen. [8]

讠　询

1651 讥	auslachen
	Worte ... Tischlein/Wind. [4]

讠　讥

1652	bestrafen
罚	*Netz ... Worte ... Säbel.* [9]

罒　罖　罚

1653	abonnieren
订	*Worte ... Nagel.* Wenn Sie bedenken, dass **abonnieren** einen Anklang an Dauerhaftigkeit hat, können Sie sich sicherlich gut vorstellen, wie Sie Ihre *Worte* bei der Bestellung fest*nageln*. [4]

讠　订

1654	verzeihen
谅	*Worte ... Hauptstadtgebäude.* [10]

讠　谅

❖	{226} Disneyland
若	Von der Schlüsselbegriff-Bedeutung *als ob* hin zur magischen Traumwelt eines **Disneyland**s ist es nur ein kurzer Weg. [8]

1655	Versprechen
诺	*Worte ... Disneyland.* [10]

讠　诺

❖	Häkelnadeln
凡	Der *Haken* und die *Nadel* versinnbildlichen ein Körbchen voller *Häkel*nadeln. Ihre Großmutter hatte sie neben dem Schaukelstuhl liegen, in dem sie konzentriert saß und Ihnen einen schicken Schal zusammen*häkel*te. [3]

乁　凡

1656 讯	verhören
	Worte ... Häkelnadeln. [5]
	讠 讯

❖ 枼	Stammbaum
	Das Element *Generation* auf einem *Baum* verschafft uns ein ganz von selbst verständliches Primitiv für **Stammbaum**. [9]
	世 枼

1657 谍	Spionage
	Worte ... Stammbaum. [11]
	讠 谍

1658 碟	Untertasse
	Stein ... Stammbaum. Falls es in irgendeiner Weise hilfreich ist: Dieses Schriftzeichen wird auch in dem Begriff für fliegende **Untertassen** benutzt. [14]
	石 碟

Lektion 16

1659

貳

II

Die Verwendung des lateinischen Zahlzeichens II soll die Bedeutung einer "fälschungssicheren" Schreibweise der chinsischen Zahl "2" in offiziellen Dokumenten einfangen. Die Primitivelemente sind: *Pfeil ... zwei ... Muschel.* [9]

一　弍　弐　貳

1660

膩

es satt haben

Fleisch ... II. [13]

月　膩

1661

嘎

Geschnatter

Das **Geschnatter** von Gänsen verwendete man z.B. früher gern als natürliche Alarmanlage. *Mund ... Zimmerdecke ... Nase ... Straßenfest.* [14]

口　口　㖜　嘎

1662

域

Domäne

Eine **Domäne** ist ein Gebiet unter Kontrolle. Die Elemente sind: *Terrain ... oder.* [11]

土　域

1663

栽

säen

Die nachhaltigste Art, ein *Erntedankfest* zu begehen, besteht im Tun von etwas, woran andere sich bei zukünftigen *Erntedankfesten* erinnern werden – wie zum Beispiel, im Garten eine Reihe von Obst*bäumen* zu **säen**. [10]

土 耒 栽

| 1664 | Kind und Kegel |

戚　*Parade ... oben ... klein.* Sie werden sich daran erinnern, dass wir diese Kombination der letzten beiden Primitivelemente bereits in RAHMEN 653 angetroffen hatten. [11]

一 厂 厃 庂 戚

| 1665 | geringschätzen |

蔑　*Blumen ... Netz ... Marsch.* Beachten Sie, dass hier eigentlich nichts unter der Einfassung *Marsch* marschiert, und deswegen der waagerechte Strich ein wenig nach unten gesetzt wird, um den Platz auszufüllen. Das ist nur eine Frage der Ästhetik, von der Sie sich nicht allzu sehr stören lassen sollten. [14]

艹 苗 蔑

| 1666 | krakeelen |

喊　*Mund ... salzig.* [12]

口 喊

| 1667 | spritzen |

溅　*Wasser ... billig.* [12]

氵 溅

| 1668 | berieseln |

浇　*Wasser ... Speerwerfer.* [9]

氵 浇

Lektion 17

1669	herb
涩	Wasser ... Klinge ... Fußabdruck. [10]

氵 汈 涩

1670	Adresse
址	Erde ... Fußabdruck. [7]

土 址

1671	sich begeben nach
赴	Wenn Sie **sich in** eine neue Stadt oder ein neues Anstellungsverhältnis **begeben**, *läuft* ein Teil von Ihnen aufgeregt voran während ein anderer Teil Sie zurückhält – wie eine *Wünschelrute* in Ihrer Seele, die Sie mahnt, alles genau zu überprüfen, bevor Sie sich Ihrer bisherigen Sicherheit begeben. [9]

走 赴

1672	Tour
趟	Hier handelt es sich nicht um eine echte Reise, sondern um ein "Zähleinheitswort" oder einen "Klassifikator" für gemachte **Touren**. Behandeln Sie dieses und andere Zähleinheitswörter als Substantiv, wenn Sie Ihre Erzählungen gestalten. Die Elemente hier: *laufen ... wertschätzen*. [15]

走 趟

1673	Deich
堤	Bei einem **Deich** handelt es sich um *Erde*, die für einen zukünftigen Katastrophenfall aufgeschüttet worden ist. Man kann zwar nie wissen, was in der Zukunft *sein* wird, aber im Zweifel

entscheidet der **Deich** dann über *Sein* oder *Nichtsein* des dahinter liegenden Dorfes. [12]

土 堤

1674	Tianjin

津 *Wasser . . . Pinsel.* Dieses Schriftzeichen dient als Abkürzung für die bedeutende chinesische Stadt **Tianjin**. [9]

氵 津

1675	Taste

键 *Metall . . . errichten.* [13]

钅 钅聿 键

1676	Schwiegersohn

婿 Zum Schwiegersohn wird (oder zumindest wurde) ein Mann durch eine *Frau* und ihre Mitgift, die man uns hier als einen kleinen *Zoo* (in früheren Gesellschaftsformen wurden Tiere häufig dafür verwendet) sowie einen *Monat* fern der Heimat (die Flitterwochen) präsentiert. [12]

女 妊 婿

LEKTION 18

Nun ist die Zeit gekommen, die Ärmel hochzukrempeln. Anders als die vorherigen, vergleichsweise kurzen Lektionen werden viele der folgenden erheblich länger sein. In dieser hier erlernen Sie gleich 43 neue Schriftzeichen.

1677	Socke
袜	*Umhang ... letzter.* [10]

礻 袜

1678	verfallen
衰	Gehen Sie zurück zu dem Betrunkenen aus RAHMEN 403, der so anschaulich den *Kummer* versinnbildlichte. Immer mehr zu trinken führt aber nicht nur zu immer mehr *Kummer*, sondern auch dazu, dass man **verfällt**, was sich deutlich in den Gesichtszügen zeigt. Hier hängen die Wangen des Trunkenboldes bereits so weit herab, dass als einzige Maßnahme einer rudimentären plastischen Chirurgie nur geblieben ist, ihm einen *Spazierstock* quer in den *Mund* zu schieben, damit das Aussehen halbwegs erhalten bleibt. [10]

亠 亣 㐭 㒟 衰

1679	innerste Gefühle
衷	Der Geschichte im vorangehenden Rahmen folgend, wollen wir hier davon ausgehen, dass der senkrechte kurze *Spazierstock* nicht der Aufrechterhaltung des äußeren Erscheinungsbildes dient, sondern vielmehr die **innersten Gefühle** abstützt. [10]

亠 亠 㐭 衷

| 1680 | Menschenaffe |

猿 Der zwielichtige Politiker *Yuan*, zuerst aufgetreten in RAHMEN 404 von Band 1, wird hier dargestellt als ein **Menschenaffe**, der von einem *Rudel wilder Hunde* verfolgt wird (offenbar der Opposition). [13]

犭 猿

| 1681 | herablassen |

吊 Zum Beispiel an einem Seil: *Mund . . . Tuch.* [6]

口 吊

| 1682 | Währung |

币 *Pipette . . . Tuch.* [4]

一 币

| 1683 | Taschentuch |

帕 *Tuch . . . weiß*. Vergleichen Sie dieses Schriftzeichen mit dem Primitivelement *weißes Badetuch*, dem wir in Band 1 begegnet waren (dort Seite 201). [8]

巾 帕

| 1684 | Notiz |

帖 *Tuch . . . wahrsagen.* [8]

巾 帖

| 1685 | Segel |

帆 *Tuch . . . gewöhnlich.* [6]

巾 帆

1686 幅	*Tuch ... Reichtum.* [12] 巾 幅	Stoffbahn
1687 锦	*Gold ... weißes Tuch.* [13] 钅 锦	Brokat
1688 沛	Also angefüllt mit. *Wasser ... Markt.* [8] 氵 沛	voller
1689 柿	*Baum ... Markt.* [9] 木 柿	Persimone
1690 棘	*Dornen* neben *Dornen.* [12] 束 棘	Dornenbüsche
1691 蕾	*Blumen ... Donner.* [16] 艹 蕾	Knospe
1692 尝	*Klein ... Krone ... Schwaden.* [9] 䌠 尝	schmecken

1693	Altar
坛	*Erde ... Schwaden.* [7]

土　坛

1694	Jujube
枣	Oder auch Ziziphus zizyphus: *Dornen* auf *Eis*. Eine **Jujube** ist eine Art chinesische Dattel und wird in der traditionellen Medizin manchmal benutzt, um Halsschmerzen zu behandeln. [8]

朿　枣

1695	verschlingen
吞	*Himmel ... Mund.* [7]

夭　吞

1696	verführerisch
妖	*Frau ... jung sterben.* [7]

女　妖

1697	fruchtbar
沃	*Wasser ... jung sterben*. Denken Sie an **fruchtbaren** Boden. [7]

氵　沃

1698	gefütterte Joppe
袄	*Umhang ... jung sterben.* [9]

礻　袄

1699 Sänfte

轿

Traditionellerweise musste die Braut in China das Haus ihrer Familie am Hochzeitstag verlassen und beim Bräutigam einziehen. Bei diesem Prozess saß sie auf einem bestimmten *wagen*ähnlichen Gefährt, einer **Sänfte,** auf welcher der Bräutigam und seine Verwandten sie in ihre neue Behausung trugen. Der *Engel* dabei ist, das versteht sich von selbst, die Braut. [10]

车 轿

1700 Müll

垃   *Erde ... Vase.* [8]

土 垃

1701 flennen

啼   *Mund ... Imperator.* [12]

口 啼

1702 Stiel

蒂   *Blumen ... Imperator.* [12]

艹 蒂

1703 100 Chinesische Morgen

顷

Vielleicht wollen Sie hier zu RAHMEN 324 des ersten Bandes zurückkehren, um sich noch einmal das Schriftzeichen anzusehen, das einen einzelnen *Chinesischen Morgen* darstellt. Die Elemente hier: *Löffel ... Kopf.* [8]

匕 顷

| 1704 | Löffel |

匙 *Sein (v.) ... altertümlicher Löffel.* [11]

是 匙

| 1705 | artig |

乖 *Tausend ... Norden.* [8]

千 千 乖

❖ Für die Primitivbedeutung denken Sie an einen bestimmten *Schleimer* aus ihrer Schulzeit, der (oder die) es den Lehrern immer recht machen wollte und sich damit zur Zielscheibe des Spotts der Mitschüler machte.

| 1706 | fahren |

乘 *Schleimer ... Schirm.* Achten Sie darauf, dass die letzten beiden Striche, die wir hier als das Element *Schirm* angegeben haben, exakt wie die letzten zwei Striche im Schriftzeichen "Baum" geschrieben werden. [10]

乖 乖 乘

| 1707 | Rest |

剩 Stellen Sie z.B. eine Verbindung zu den **Resten** in Ihrem Kühlschrank her. Die Elemente: *Fahren ... Säbel.* [12]

乘 剩

| 1708 | beenden |

毕 *Vergleichen ... Nadel.* [6]

比 毕

1709	Keule
棍	Die hier dargestellte **Keule** erinnert an ein Zeitalter, in dem man Disziplin noch mit der Prügelstrafe durchsetzte. Hier ist die **Keule** ein ganzer *Baum*, der von einem tyrannischen Patriarchen als Strafe dafür geschwungen wird, dass seine *Abkömmlinge* ihren Rosenkohl nicht aufgegessen haben. [12]

木 棍

1710	harmonisch
谐	*Worte ... Allzweck-Waschmittel.* [11]

讠 谐

1711	Brennholz
柴	*Dies (literarisch) ... Baum.* [10]

此 柴

1712	untergehen
沦	*Wasser ... Rettungsschwimmer.* [7]

氵 沦

1713	behende
敏	*Jedes Mal ... Zuchtmeister.* [11]

每 敏

1714	Schimmelpilz
霉	*Wetter ... jedes Mal.* [15]

雨 霉

1715 迄	bisher
	Betteln ... Landstraße. [6]
	乞　迄

1716 砍	hacken
	Wie beim Fällen. Stein ... gähnen. [9]
	石　砍

1717 坎	Bodenunebenheit
	Erde ... gähnen/Mangel. [7]
	土　坎

1718 炊	kochen
	Stellen Sie sich vor, wie es Leuten ergeht, die ein Abendbrot zu **kochen** versuchen, während sie nach einem harten Arbeitstag doch eigentlich lieber hätten zu Bett gehen sollen. Wir sehen ein außer Kontrolle geratenes *Feuer*, vor dem eine ermattete Nachwuchskraft abwesend *gähnt*. [8]
	火　炊

1719 钦	ästimieren
	Wertschätzen (siehe aber RAHMEN 190): *Metall ... gähnen.* [9]
	钅　钦

Lektion 19

1720 剖	sezieren *Maulkorb ... Säbel.* [10] 音　剖
1721 菩	Bodhisattva *Blumen ... Maulkorb.* [11] 艹　菩
1722 黯	düster *Schwarz ... Klang.* [21] 黑　黯
1723 贏	gewinnen *Zugrunde gehen ... Mund ... Fleisch ... Muschel ... gewöhnlich.* [17] 亠　肓　肓　肓　贏　贏
1724 芒	Mango *Blumen ... zugrunde gehen.* [6] 艹　芒
1725 荒	Ödland *Mango ... Flut.* [9] 艹　荒

1726 — Lüge

谎   *Worte ... Ödland.* [11]

讠 谎

1727 — grenzenlos

茫   *Mango ... Wasser.* Beachten Sie, wie das *Wasser*-Element sich an das Element für *zugrunde gehen* anschmiegt, anstatt erwartungsgemäß allein auf der linken Seite zu stehen. [9]

艹 氵 茫

1728 — Werkstatt

坊   *Erde ... Kompass.* [7]

土 坊

1729 — duftend

芳   Hier sehen wir einen speziellen *Kompass*, mit dem man besonders **duftende** *Blumen* zur Herstellung von Parfums ausfindig machen kann. Er wurde ursprünglich von einer Biene mit schlechtem Orientierungssinn erfunden. [7]

艹 芳

1730 — besuchen

访   **Besucht** man Freunde oder Bekannte, schadet es nie, sich vorher einige passende *Worte* zur Begrüßung zurechtzulegen. Dabei kann ein grammatischer *Kompass* hilfreich sein. [6]

讠 访

1731 — Schlick

淤   *Wasser ... Kompass ... Schirm ... Eis.* [11]

氵 汸 泮 淤

1732 schmoren

熬

Erde ... freilassen ... Herdfeuer. Achten Sie darauf, wie die linke Hälfte von *freilassen* heruntergedrückt werden muss, um sich in den Platz unter der *Erde* einzufügen. [15]

土　敖　熬

❖ {498} Magellan

旁

Der Abenteurer Ferdinand **Magellan** ist zwar unvergessen als der erste Mensch, der die Welt umsegelt hat, aber Historiker haben leider die Begleiterin an seiner *Seite* vergessen: Pacifica, nach der er einen ganzen Ozean benennen sollte. [10]

1733 Oberarm

膀

Fleisch ... Magellan. [14]

月　膀

1734 500 Gramm

磅

Ein Pfund. Sicherlich haben Sie bereits von dem Stein von Rosette gehört, einer uralten Quelle zur Entschlüsselung der ägyptischen Hieroglyphen. Hier nun haben wir den weniger bekannten (und ehrlich gesagt: historisch suspekten) *Stein* des *Magellan*, der in alten Zeiten verwendet wurde, um zu bestimmen, wie viel 500 Gramm tatsächlich wogen. [15]

石　磅

1735 Namensliste

榜

Baum ... Magellan. [14]

才 榜	

1736   scharf

锐   Schnittig, nicht würzig. *Metall . . . Teufel.* [12]

                                    钅 锐

LEKTION 20

1737 虹	*Insekt ... Stahlträger.* [9]	Regenbogen
	虫　虹	
1738 蝠	*Insekt ... Reichtum.* [15]	Fledermaus
	虫　蝠	
1739 浊	*Wasser ... Insekt.* [9]	trüb
	氵　浊	
1740 蝗	*Insekt ... Kaiser.* [15]	Heuschrecke
	虫　蝗	
1741 蛙	*Insekt ... Ziegel.* [12]	Frosch
	虫　蛙	
1742 烛	*Feuer ... Insekt.* [10]	Kerze
	火　烛	

1743 繭	Blumen ... Insekt. [9] ⺿ 繭	Kokon
1744 蚕	Der Himmel ... Insekt. [10] 天 蚕	Seidenraupe
1745 胞	Körperteil ... wickeln. [9] 月 胞	Plazenta
1746 炮	Feuer ... wickeln. [9] 火 炮	Kanone
1747 袍	Umhang ... wickeln. [10] 衤 袍	Robe
1748 雹	Regen ... wickeln. [13] 雨 雹	Hagel
1749 豪	Tiara ... Sau. [14] 亠 豪	unbändig

❖ 豸	an allen Vieren gefesselt
	Der kurze Strich an den Beinen der *Sau* verschafft uns ein Primitivelement mit der Bedeutung **an allen Vieren gefesselt**. [8]

豸 豸 豕

1750 啄	picken
	Mund ... an allen Vieren gefesselt. [11]

口 啄

1751 琢	meißeln
	Ball ... an allen Vieren gefesselt. [12]

王 琢

1752 遂	zufriedenstellen
	Gehörnte Sau ... Landstraße. [12]

丷 遂

❖ 家	{525} Absteige
	Da wir bereits ein Primitivelement haben, das *Haus* bedeutet, ändern wir die Bedeutung dieses gleichnamigen Zeichens zu **Absteige**, wenn wir es als Primitiv verwenden. [10]

1753 嫁	heiraten
	Das Primitivelement auf der linken Seite verdeutlicht, dass dieses Schriftzeichen eine *Frau* zeigt, die **heiratet** und mit ihrem Gatten in das neue Heim zieht – in diesem Falle leider eine *Absteige*. [13]

女 嫁

1754		Darm
肠	Körperteil ... Ferkel. [7]	

月 肠

1755		Pappel
杨	Baum ... Ferkel. [7]	

木 杨

1756		verbrühen
烫	Während Ihrer Mittagspause im Chemielabor erwärmen Sie Ihre *Suppe* in einer Schüssel über der langen, einzelnen Flamme (dem vollständigen Zeichen für *Feuer*) eines Bunsenbrenners. Da Sie sich noch nicht hinreichend mit den Naturwissenschaften befasst haben, lernen Sie hierbei schmerzlich die erste Lektion: Auch die Schüssel wird dabei heiß! Sie kleckern auf Ihren Schoß und lernen sogleich die zweite Lektion: An heißer Suppe kann man sich ordentlich **verbrühen**. [16]	

汤 烫

1757		zügellos
荡	Blumen ... Suppe. [9]	

艹 荡

1758		Ingwer
姜	Schaf ... Frau. [9]	

羊 姜

1759		detailliert
详	Worte ... Schaf. [8]	

讠 详

1760 羡	*Schaf ... nächster.* [12] 羊　羡	beneiden
1761 栏	*Baum ... Orchidee.* [9]	Geländer
1762 唯	*Mund ... Truthahn.* [11] 口　唯	einzig
1763 雀	*Wenig ... Truthahn.* Beachten Sie, wie der letzte Strich von *wenig* mit dem ersten Strich von *Truthahn* zusammenfällt. [11] 少　雀	Spatz
1764 堆	*Erde ... Truthahn.* [11] 土　堆	Stapel
1765 雕	*Runde/Umfang ... Truthahn.* [16] 周　雕	gravieren
1766 截	*Erntedankfest ... Truthahn.* [14]	abtrennen

土 萑 截

| 1767 | unversehens |

霍 Plötzlich, unerwartet, in der Woche vor dem Erntedankfest, geschieht es: **Unversehens** fällt ein *Regen* von *Truthähnen* vom Himmel und richtet Verheerungen in der Versicherungsbranche an. [16]

雨 霍

| 1768 | weiblich |

雌 *Dies (literarisch) . . . Truthahn.* [14]

此 雌

| 1769 | beunruhigt |

焦 *Truthahn . . . Herdfeuer.* [12]

❖ Bei der Verwendung als Primitivelement wird dieses Zeichen das bedeuten, wonach es eigentlich aussieht: *Truthahnbraten*.

隹 焦

| 1770 | schauen |

瞧 *Augäpfel . . . Truthahnbraten.* [17]

目 瞧

| 1771 | Riff |

礁 *Stein . . . Truthahnbraten.* [17]

石 礁

1772	Banane
蕉	*Blume ... Truthahnbraten.* [15]

艹 蕉

1773	anheben
翘	Nach oben. *Speerwerfer ... Feder.* [12]

尧 翘

1774	einstürzen
塌	Eine Abwärtsbewegung. *Erde ... Sonne ... Flügel.* [13]

土 圹 塌

1775	Schreibfeder
翰	*Sprühregen ... Schirm ... Flügel.* [16]

卓 龺 翰

❖	Kopfbedeckung
翟	Die *Federn* eines *Truthahns* (mitsamt dem restlichen Vogel) dienen hier als einzigartige **Kopfbedeckung**. [14]

羽 翟

1776	blenden
耀	*Licht ... Kopfbedeckung.* [20]

光 耀

1777	stochern
戳	*Kopfbedeckung ... Straßenfest.* [18]

翟 戳

Lektion 21

Wie in Lektion 21 von Band 1 erwähnt, wird von nun an die Strichfolge nicht mehr angegeben, es sei denn, sie wäre ganz und gar neu, würde von den bisher erlernten Vorgehensweisen abweichen oder wäre anderweitig geeignet, Verwirrung stiften.

❖ 因	{551} Der *eingepferchte Bernhardiner* macht die Primitivbedeutung **Hundehütte** ganz von selbst verständlich. [6]	Hundehütte
1778 咽	*Mund ... Hundehütte.* [9]	Rachen
1779 姻	Die angeheiratete Familie. *Frau ... Hundehütte.* [9]	Schwieger-
1780 墙	*Erde ... Erde ... Tierhörner ... wiederkehren.* [14] 土　圤　圤　圤　坧　墙	Wand
1781 旷	*Sonne ... Höhle.* [7]	großräumig
1782 矿	*Stein ... Höhle.* [8]	Bergwerk
1783 庆	*Höhle ... Bernhardiner.* [6]	feiern

1784 嘛	(Pausenzeichen) Dies ist eine Partikel, welche im Satz dazu verwendet wird, eine **Pause** zu markieren und Aufmerksamkeit auf das danach Kommende zu lenken. Die Elemente: *Mund ... Hanf.* [14]
1785 磨	schleifen *Hanf ... Stein.* [16]
1786 脏	schmutzig *Fleisch ... Ortschaft.* [10]
1787 赃	Diebesgut *Muschel ... Ortschaft.* [10]
1788 桩	Pflock *Baum ... Ortschaft.* [10]
1789 忠	loyal *Mitte ... Herz.* [8]
1790 恕	vergeben Wie in verzeihen. *So wie ... Herz.* [10]
1791 惑	verwirrt *Oder ... Herz.* [12]
1792 愈	umso mehr *Schlachthof ... Herz.* [13]
1793 惠	Gunst *Ein Tag ... Insekt ... Herz.* Sehen Sie, wie *Tag* und *Insekt* sich hier überlappen. Denken Sie an eine *Eintags*fliege, und der Rest sollte unproblematisch sein: Hier tut sie etwas, um die **Gunst** des Tages (sie hat ja glücklicherweise mehr als eine Stunde) zu

nutzen, ihr *Herz* zu erfreuen. Was das ist, bleibe Ihnen überlassen. [12]

一 日 甲 車 叀 惠

1794		scheuen
忌	*Schlange ... Herz.* [7]	

1795		Sorgen
患	*Fleischspieß ... Herz.* [11]	

1796		hervorrufen
惹	*Disneyland ... Herz.* [12]	

1797		permanent
恒	*Gemütszustand ... Sonnenaufgang und Sonnenuntergang.* Beachten Sie, dass dieses Primitivelement der Erzählung aus RAHMEN 195 entlehnt und seitdem nicht vorgekommen ist. [9]	

1798		gewahr werden
悟	*Gemütszustand ... ich (literarisch).* [10]	

1799		trauern
悼	*Gemütszustand ... hervorragend.* [11]	

1800		Angst haben
惧	*Gemütszustand ... Werkzeug.* [11]	

1801		umsichtig
慎	*Gemütszustand ... wahr.* [13]	

1802		träge
惰	*Gemütszustand ... links ... Fleisch.* [12]	

1803 恢	Gemütszustand ... Asche. [9]	immens
1804 惶	Gemütszustand ... Kaiser. [12]	verängstigt
1805 忆	Gemütszustand ... Angelhaken. [4]	sich erinnern
1806 悄	Gemütszustand ... Kerze. [10]	geräuschlos
1807 恍	Gemütszustand ... Licht. [9]	schlagartig
1808 恰	Gemütszustand ... passen. [9]	gerade recht

1809 愉 — fröhlich

Zu den täglichen Freuden auf dem *Schlachthof* gehört es, eine frische Ladung behuftes Fleisch zu erhalten. Hier aber befinden sich die Schlachter in einem besonders **fröhlichen** *Gemütszustand*, vermutlich weil gerade der Jurassic Park geschlossen wurde und man ihnen den Erstzugriff auf das exotische Schlachtvieh zugesprochen hat. [12]

1810 怔	Gemütszustand ... richtig. [8]	von Schrecken gepackt
1811 怖	Gemütszustand ... Stoff. [8]	furchterfüllt
1812 慌	Gemütszustand ... Ödland. [12]	nervös

1813	verdutzt
愣	*Gemütszustand ... Netz ... Kompass.* [12]
1814	ergötzt
悦	*Gemütszustand ... Teufel.* [10]
1815	nicht ausstehen können
憎	*Gemütszustand ... zunehmen.* [15]
1816	bloß
惟	*Gemütszustand ... Truthahn.* [11]
1817	leidtun
悔	*Gemütszustand ... jedes Mal.* [10]
1818	bewundert
慕	*Friedhof ... Liebesbrief.* [14]
1819	hinzufügen
添	*Wasser ... Himmel ... Liebesbrief.* [11]
1820	Schwiegertochter
媳	*Frau ... Atem.* [13]
1821	löschen
熄	*Feuer ... Atem.* [14]
1822	absondern
泌	*Wasser ... unbedingt.* [8]
1823	Chinesische Harfe
瑟	*Zwei Bälle ... unbedingt.* [13]

1824	Honig
蜜 *Haus ... unbedingt ... Insekt.* [14]	

Lektion 22

Die 101 Schriftzeichen in dieser Lektion machen sie zur längsten dieses Buches. Die in Band 1 an diesem Punkt vorgestellten Elemente lassen uns keine Wahl. Sie dürften es jedenfalls vorziehen, die Lektion in zwei oder drei einzelnen Sitzungen durchzugehen.

❖ 我	{588} Geizhals Anstelle der Schlüsselwort-Bedeutung *ich* werden wir diesem Zeichen die Primitivbedeutung eines Egoisten zuweisen, wie es zum Beispiel der **Geizhals** einer ist. [7]
1825 蛾	Motte *Insekt . . . Geizhals.* [13]
1826 扒	stibitzen *Finger . . . acht.* [5]
1827 扣	knöpfen *Finger . . . Mund.* [6]
1828 拍	Schläger In einem Ballspiel. *Finger . . . weiße Taube/weiß.* [8]
1829 啪	Knacken *Mund . . . Schläger.* [11]
1830 扑	sich stürzen auf *Finger . . . Zauberstab.* [5]
1831 拘	verhaften *Finger . . . Satz.* [8]

1832 损	schaden
	Finger ... Mitglied. [10]
1833 拓	urbar machen
	Finger ... Steine. [8]
1834 扛	auf der Schulter tragen
	Finger ... Stahlträger. [6]
1835 扎	piksen
	Finger ... Angelhaken. [4]
1836 拇	Daumen
	Finger ... Mutter. [8]
1837 捎	überbringen
	Finger ... Kerze. [10]
1838 抄	kopieren
	Und zwar per Hand, nicht mit einer Maschine: *Finger ... wenig.* [7]
1839 垫	Polster
	Sich klammern an ... Erde. [9]
1840 挚	lauter
	Nicht laut sondern anständig. *Sich klammern an ... Hand.* [10]
1841 捏	kneifen
	Finger ... Sonne ... Erde. [10]
1842 拧	herumschrauben
	Finger ... seelenruhig. [8]

1843	beschmieren
抹	*Finger ... letzter.* Zum Beispiel sich selbst mit Sonnencreme. [8]
1844	tasten
摸	*Finger ... Friedhof.* Wie die Primitive es so anschaulich zeigen... ganz vorsichtig... im Dunkeln... [13]
1845	abpausen
描	*Finger ... Tomatensetzling.* [11]
1846	schüren
挑	*Finger ... Vorzeichen.* [9]
1847	belästigen
扰	*Finger ... Frankenhündchen mit Frankenbein.* [7]
1848	betreiben
搞	*Finger ... Eiffelturm.* [13]
1849	anbinden
拴	*Finger ... ganz.* [9]
1850	aufsammeln
拾	*Finger ... passen.* [9]
1851	hochziehen
搭	Ein Gebilde **hochziehen**, wie ein Zelt oder einen Schuppen: *Finger ... Blumen ... passen.* Sie werden sich daran erinnern, dass wir der Elementkombination rechts bereits in RAHMEN 264 des ersten Bandes begegnet waren. [12]
1852	plündern
掠	*Finger ... Hauptstadt.* [11]

1853	wegwischen
拭	*Finger ... Stil.* [9]

1854	scheuern
挠	*Finger ... Speerwerfer.* [9]

1855	zerren
扯	*Finger ... Fußabdruck.* [7]

1856	kollidieren
撞	Denken Sie an Billiardkugeln, welche man mittels eines Queues auf dem Tisch **kollidieren** lässt. Nur, dass – zu Ihrer ausgesprochenen Überraschung – die Kugeln hier beim **Kollidieren** Grüße austauschen: "Hallo, lange nicht gesehen, wie geht's denn so, Nr. 9?" Wenn Sie sich einen *Knaben* vorstellen können, der mit einem *Finger* die Brücke formt, auf welcher der Queue zur ersten Kugel schnellt, sollten Sie mit diesem Zeichen kaum Probleme haben. [15]

1857	extrahieren
摘	*Finger ... Antiquität.* [14]

1858	schleppen
拖	*Finger ... zurückgelehnt ... Skorpion.* Seien Sie vorsichtig, kein Bild zu schaffen, welches mit demjenigen für das gleichnamige Primitivelement in Konflikt geraten könnte. [8]

1859	bekanntmachen
扬	*Finger ... Ferkel.* [6]

1860	aufhalten
拦	I.S.v. hindern. *Finger ... Orchidee.* [8]

1861	massieren
搓	*Finger ... hinter etwas zurückbleiben.* [12]

1862	zusammenzurren
捆	*Finger ... in der Klemme.* [10]

1863	vergrößern
扩	*Finger ... Höhle.* [6]

1864	rütteln
撼	*Finger ... fühlen.* [16]

1865	nötigen
挟	*Finger ... von beiden Seiten drücken.* [9]

❖	Mr. Hyde
亶	Der *Zylinderhut*, der bei *Tagesanbruch* wiederkehrt ist kein anderer als **Mr. Hyde**, der zurück in seine Tagsüber-Identität als Dr. Jekyll schlüpft. [13]

亠　亯　亶

1866	eigenmächtig
擅	*Finger ... Mr. Hyde.* [16]

1867	zittern
颤	*Mr. Hyde ... Kopf.* [19]

1868	sich hüten
戒	Die *zwei* hier eifrig auf einem *Straßenfest* gestikulierenen *Hände* gehören einem Aufpasser. Er weist die Besucher an, **sich davor zu hüten**, einen Jonglierkegel an den Kopf zu bekommen oder von einem der Festwagen umgefahren zu werden. [7]

1869	Waffe
械	*Baum ... sich hüten.* [11]

1870	warnen
诚	Worte ... sich hüten. [9]

1871	rüde
莽	Blumen ... Chihuahua ... zwei Hände. [10]

❖	Heuhaufen
卉	Die hier gezeigten *beiden Hände* durchwühlen einen **Heuhaufen** auf der Suche nach der sprichwörtlichen *Nadel*. (Oder, falls Sie es vorziehen sollten, in dem Primitivelement die Zeichnung dreier *Nadeln* zu erkennen: Sie suchen letztlich nach dem **Heuhaufen** in den *Nadeln*. Das wäre nun wirklich einmal eine interessante Umkehrung!) [5]

十 卉

1872	spurten
奔	Bernhardiner ... Heuhaufen. [8]

❖	Landeintopf
贲	Das Rezept für diesen **Landeintopf** vereint Ackerbau und Fischfang und lässt sich auch in kargen Zeit gut zubereiten: Nehmen Sie einen kleinen *Haufen* erstklassigen *Heus* und kochen Sie ihn, bis er sich vollständig aufgelöst hat. Gießen Sie den Sud dann in eine Schüssel mit einer einzigen gefrorenen *Muschel* darin. Voilà – eine Portion **Landeintopf**. [9]

卉 贲

1873	sprühen
喷	Mund ... Landeintopf. [12]

1874	Entrüstung
愤	Gemütszustand ... Landeintopf. [12]

1875 材	**Grundstoff** Lehr-, Bau- oder andere Materialien: *Baum ... Flaschengeist.* [7]
1876 荐	**empfehlen** *Blumen ... speichern.* [9]
1877 孕	**schwanger** *Erst dann/Faust ... Kind.* [5]
1878 扔	**wegwerfen** *Finger ... Faust.* [5]
1879 携	**mit sich führen** *Finger ... Truthahn ... Faust.* [13] 扌 推 携
1880 圾	**Abfall** *Erde ... ausgestreckte Hände.* [6]
1881 梗	**Strunk** *Baum ... noch mehr.* [11]
1882 叹	**seufzen** *Mund ... Schoß/rechte Hand.* [5]
1883 叉	**Gabel** *Schoß/rechte Hand ... Tropfen.* [3]
1884 权	**Befugnis** *Baum ... Ausfallschritt.* [6]

1885 寇	Gangster Der letzte Strich des Schriftzeichens für *vollenden* (die ersten sieben Striche) schlingt sich um die Primitive *Zauberstab* und *Schoß* und gibt uns das Schriftzeichen für einen **Gangster**. [11]
1886 敲	klopfen *Eiffelturm ... Zauberstab ... Schoß.* [14]
1887 轰	krachen *Wagen ... Paar.* [8]
1888 滩	Strand *Wasser ... schwierig.* Alternativ können Sie die Elemente lesen als: *Han ... Truthahn.* [13]
1889 毅	resolut *Stehend ... Sau ... Geschoss.* Der letzte Strich von *stehend* fällt zusammen mit dem ersten Strich der *Sau.* [15]
1890 肢	Gliedmaßen *Fleisch ... Ast.* [8]
1891 妓	Prostituierte *Frau ... Ast.* [7]
1892 歧	Weggabelung *Fußabdruck ... Ast.* [8]
1893 翅	Flosse *Ast ... Flügel.* [10]
1894 淑	liebenswürdig *Wasser ... Onkel.* [11]

1895 椒 *Baum ... Onkel.* [12]	Gewürzpflanze
1896 盾 *Schleppe ... zehn ... Augäpfel.* [9]	Schild
1897 贩 *Muscheln ... anti-.* [8]	Hausierer
1898 扳 *Finger ... anti-.* [7]	festziehen
1899 烁 *Feuer ... Musik.* [9]	glimmend
1900 觅 *Geier ... sehen.* [8]	nachspüren
1901 妥 *Geier ... Frau.* [7]	angemessen

❖ 豸 **Leopard**

Dieses Primitivelement stellt einen **Leoparden** dar, indem es die *Kralle* mit dem ersten Teil des Elements *Sau* kombiniert. Beachten Sie, auf welche Weise der letzte Strich von *Kralle* gedreht und verlängert wird, um mit dem ersten Strich der *Sau* zusammenzufallen.

Übrigens leitet sich dieses Primitivelement vom Schriftzeichen im folgenden Rahmen her. [7]

⼂　⼃　⼄　⼓　豸　豸

1902	Leopard
豹	Leopard ... Schöpflöffel. [10]

1903	äußere Gestalt
貌	Leopard ... weiße Taube ... Menschenbeine. [14]

1904	Notiz nehmen von
睬	Augapfel ... pflücken. [13]

1905	einwilligen
允	Die Karte, mit der bestätigt wird, dass man im Falle des plötzlichen Todes in die Entnahme und Spende von Organen **einwilligt**, bezieht sich zumeist auf Innereien. Der hier gezeigte Zeitgenosse – offenbar ein professioneller Basketball-Spieler auf dem Höhepunkt seiner Karriere – **willigt** hingegen **ein**, dass seine *Ellenbogen* und langen *Menschenbeine* der Wissenschaft vermacht werden. [4]

1906	grandios
宏	Haus ... an der Seite ... Ellenbogen. [7]

1907	Baseball-Mal
垒	**Baseball-Male** sind in den Boden eingelassene Markierungen im Nationalsport der Vereinigten Staaten: *Ellenbogen* allüberall ... *Erde*. [9]

1908	Leibesfrucht
胎	Körperteil ... Plattform. [9]

1909	nachlässig
怠	Plattform ... Herz. [9]

1910	heiter
怡	Gemütszustand ... Plattform. [9]

1911		verhütten
冶	*Eis ... Plattform.* [7]	
1912		hochheben
抬	*Finger ... Plattform.* [8]	
1913		aufhören
罢	*Netz ... gehen.* [10]	
1914		herausstellen
摆	*Finger ... aufhören.* [13]	
1915		verlegen
丢	Im Sinne von verlieren. *Tausend ... Wände.* [6]	
1916		herbeiführen
致	*Bis ... Zuchtmeister.* Etwas verursachen. [10]	
1917		preisgeben
弃	*Kleinkind ... zwei Hände.* [7]	
1918		entfernen
撤	*Finger ... Aufzucht ... Zuchtmeister.* [15]	
1919		Schwefel
硫	*Stein ... Mosesbaby.* [12]	
1920		Glasur
琉	*Edelstein ... Mosesbaby.* [11]	
1921		schütter
疏	Denken Sie an etwas, von dem es wenig gibt. Die Elemente sind: *Zoo ... Mosesbaby.* Sie werden feststellen, dass das Primitiv-	

element *Zoo* hier ein bisschen anders aussieht als die in Band 1 erlernte Form (疋). Um es auf der linken Seite einfügen zu können, müssen die Striche wie unten dargestellt ein wenig komprimiert werden. [12]

⁊　⁊　龴　疋　正　疏

| 1922 | Grünzeug |

疏　Das Schlüsselwort bezieht sich auf Gemüse, sollte sich aber von jenem (RAHMEN 666) und dem *Grünfütter* (in Band 1 auf S. 361) unterscheiden. Seine Primitive: *Blumen . . . schütter.* [15]

| 1923 | abhaken |

勾　Ein *Gips*. Dies ist der einzige Fall eines Schriftzeichens, das auch gleich in den ersten Band hätte übernommen werden können, als wir es dort als Primitivelement vorstellten (S. 263). [4]

| 1924 | Graben |

沟　*Wasser . . . Gips.* [7]

| 1925 | Haken |

钩　*Metall . . . Gips.* Verwechseln Sie es nicht mit dem Primitivelement gleichen Namens. [9]

Lektion 23

1926 崩	einfallen *Berg... Gefährte.* Keine Ideen, sondern größere Gebilde. [11]
1927 岩	Felsen *Berg... Stein.* [8]
1928 峭	abschüssig *Berg... Kerze.* [10]
1929 崎	zerklüftet *Berg... seltsam.* [11]
1930 崖	Klippe *Berg... Klippe... Ziegel.* Dies ist das vollständige Schriftzeichen, von dem wir das gleichnamige Primitivelement abgeleitet hatten. [11]
1931 灿	schimmernd *Feuer... Berg.* [7]
1932 炭	Holzkohle *Berg... Asche.* [9]
1933 碳	Kohlenstoff *Stein... Holzkohle.* [14]
1934 岂	(rhetorische Frage) Der Schlüsselbegriff soll das Hilfsmittel bezeichnen, mit dem das Chinesische eine **rhetorische Frage** stellt. Die Primitivelemente: *Berg... Schlange.* [6]

| 1935 | triumphierend |

凱

Berg ... Schlange ... Tischlein. Die linke Seite des Schriftzeichens ist auf die einzelnen Primitivelemente heruntergebrochen, welche Sie vermutlich einfacher zu handhaben finden als den Schlüsselbegriff des Schriftzeichens "*(rhetorische Frage)*". [8]

| 1936 | Schlucht |

峡

Berge ... von beiden Seiten drücken. [9]

| 1937 | Cui |

崔

Das mit diesem Schriftzeichen verbundene Schlüsselwort ist ein Familienname, der oft mit **Cui** Jian assoziiert wird, einem als Vater der chinesischen Rockmusik verehrten Mann. Die Elemente: *Berg ... Truthahn.* [11]

❖ Als Primitivelement verwendet, wird dieses Zeichen *Pterodactylus* bedeuten. (Auch wenn Wissenschaftler es als eine geflügelte Echsenart klassifizieren, entnehmen wir diesem Schriftzeichen, dass es sich eigentlich um einen entfernten Verwandten des *Truthahns* handelt, der auf der Suche nach Beute über den *Bergen* kreist.)

| 1938 | beschädigen |

摧

Finger ... Pterodactylus. [14]

| ❖ | Bergziege |

屶

Ein Paar *Tierhörner* oben, ein "Schwanz" unten, und schon wird aus einem *Berg* eine **Bergziege**. [6]

    ᐯ   ᐯ   屴   屶

| 1939 | zuwiderlaufen |

逆

Die *Bergziege* in diesem Schriftzeichen rebelliert gegen die Vorstellung, eine *Landstraße* hinunter zum Bauernhof getrieben zu werden. Ihre gesamte Natur **läuft** dem Gedanken **zuwider**, die heimeligen Berge zu verlassen. [9]

1940 溯	stromaufwärts fahren *Wasser ... Bergziege ... Mond.* Eine weitere Bedeutung wäre, etwas zu seinen Ursprüngen zurückzuverfolgen. [13]
1941 塑	Plastik *Bergziege ... Mond ... Erde.* [13]
1942 盼	sehnsüchtig erwarten *Augapfel ... Teil.* [9]
1943 颁	erlassen *Teil ... Kopf.* [10]
1944 芬	Bukett *Blumen ... Teil.* Der Duft. [7]
1945 扮	darstellen Wie ein Darsteller. *Finger ... Teil.* [7]
1946 岔	sich gabeln *Teil ... Berg.* [7]
1947 颂	preisen *Öffentlich ... Kopf.* [10]
1948 讼	vor Gericht gehen *Worte ... öffentlich.* [6]
1949 滚	wälzen *Wasser ... Zylinderhut und Seidenschal ... öffentlich.* Falls es eine Hilfe sein sollte: Dies ist eines der chinesischen Schriftzeichen, das im Kompositum für "Rock 'n 'roll" vorkommt (oder genauer gesagt, "Schwingen 'n' **wälzen**"). [13]

1950	Greis
翁	*Öffentlich ... Feder.* [10]

1951	Schwirren
嗡	*Mund ... Greis.* [13]

1952	wohlsituiert
裕	Dieses Schriftzeichen zeigt den typischen *Umhang* der *Tal*bewohner, der, anders als die knapp geschneiderte Kluft der Stadtmenschen, locker und frei fließend ist. Daher rührt der **wohlsituierte** Eindruck. [12]

1953	Banyanbaum
榕	*Baum ... enthalten.* [14]

1954	verschmelzen
熔	*Feuer ... enthalten.* [14]

Lektion 24

1955 裳	*Plumpsklo ... Gewand.* [14]	Kleidung
1956 掌	*Plumpsklo ... Hand.* [12]	Handfläche
1957 撑	*Finger ... Handfläche.* [15]	stützen
1958 膛	*Fleisch ... Saal.* [15]	Brust
1959 颇	*Umhüllung ... Kopf.* [11]	recht
1960 坡	*Erde ... Umhüllung.* [8]	Abhang
1961 披	*Finger ... Umhüllung.* [8]	um die Schultern hängen
1962 菠	*Blumen ... Welle.* [11]	Spinat
1963 歼	*Knochen ... tausend.* [7]	ausrotten
1964 殖	*Knochen ... gerade.* [12]	sich fortpflanzen

1965 殊	Knochen ... zinnoberrot. [10]	unterschiedlich
1966 残	Knochen ... Festwagen. [9]	unvollständig
1967 咧	Mund ... aufreihen. [9]	grinsen
1968 裂	Aufreihen ... Gewand. [12]	Spalt
1969 毙	Vergleichen ... Tod. [10]	umkommen
1970 耿	Ohr ... Feuer. [10]	aufgeweckt
1971 辑	Wagen ... Mund ... Ohr. [13]	edieren
1972 耻	Ohr ... Fußabdruck/stoppen. [10]	Schmach
1973 摄	Finger ... Ohr ... Paar. [13]	fotografieren
1974 聪	Ohr ... generell. [15]	klug
1975 娶	Nehmen ... Frau. Vergleichen Sie damit, was eine Frau tut, wenn sie in eine Familie einheiratet (RAHMEN 1753). [11]	sich eine Frau nehmen

1976	Ranke
蔓	*Blumen ... Mandala.* [14]

1977	Haut
肤	*Fleisch ... Ehemann.* [8]

1978	jemandem unter die Arme greifen
扶	*Finger ... Ehemann.* [7]

1979	untertauchen
潜	*Wasser ... an die Stelle treten von.* [15]

1980	Schlaf-
卧	Wie in **Schlaf**wagen, **Schlaf**zimmer etc. kommt dieses Zeichen in vielen Wörtern vor, die mit **Schlaf** zu tun haben. *Feudalbeamter ... Zauberstab.* [8]

❖	Kojen
爿	Dieses Schriftzeichen zeigt die linke Seite eines Baums, der ungleich entlang der Mitte gespalten worden ist. (Die rechte Seite erscheint in RAHMEN 988.) Wenn Sie bloß wenige Sekunden darauf blicken, erkennen Sie die **Kojen** im Nu. Die Strichfolge dieses Schriftzeichens mag Sie erstaunen, obwohl sie regelgemäß ist. [4]

ㄴ   ㅓ   ㅕ   ㅟ

1981	verstecken
藏	Das Primitivelement oben verrät uns: Was auch immer dieses Schriftzeichen **verstecken** will, ist mit *Blumen* bedeckt. Die versteckten Gegenstände sind natürlich *Kojen*, und der Grund für die Tarnung ist, dass sie auf einem Festwagen während einer Karnevals-*Parade* Verwendung finden. Dort sieht Dornröschen, ausgestreckt in der obersten *Koje*, so aus, als würde sie auf einer *Blumen*decke ruhen. (Achten Sie darauf, dass der letzte Strich der *Kojen* mit dem zweiten Strich der *Parade* zusammenfällt.) Wollen wir hoffen, dass sie weiterschläft, denn

der einzige "Prinz", der sie hier wecken könnte, ist ein *Feudalbeamter* in Strumpfhosen und mit einem Tambourstab. [17]

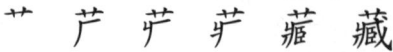

| 1982 | blendend |

熙

Verstehen Sie das Schlüsselwort im Sinne von "hervorragend" oder "prächtig". Das erste Primitivelement sieht aus wie ein *Feudalbeamter*, hat aber einen winzigen *Mund* in der Mitte – ganz, wie man es von einem besonders unterwürfigen, speichelleckenden *Feudalbeamten* erwarten würde. Jedesmal, wenn sein bereits etwas älterer Vorgesetzter einen Einfall hat, juchzt er: "Eine **blendende** Idee!"... auch dann, wenn die Idee (wie hier) darin besteht, die *Schlangenleder*-Gürtel und -schuhe seines Meisters über dem *Herdfeuer* zu erwärmen und zum Abendessen zu verspeisen.

Die Schreibfolge dürfte Ihrer Erwartung entsprechen, aber wir geben sie hier trotzdem wieder, um sie zu festigen. [14]

一 丆 丂 平 臣 臣匚 熙

| 1983 | Großtat |

勋

Schauen Sie zu, dass Sie in Ihrem Kopf eine Plakette zur Anerkennung einer **Großtat** gestalten. Diese haben die *Mitglieder* eines Vereins mit ihren *Muskeln* (also wahlweise als starke *Mitglieder* oder *mit* starken *Gliedern*) vollbracht. [9]

| 1984 | minderwertig |

劣

Wenig . . . Muskeln. [6]

| 1985 | anwerben |

募

Friedhof . . . Muskel. Beachten Sie, dass der letzte Strich von *Friedhof* geringfügig verschoben werden muss, um Platz für das Darunterstehende zu schaffen. [12]

| 1986 | zuraten |

劝

Schoß . . . Muskel. [4]

1987 劫	Gehen ... Muskel. [7]	rauben
1988 抛	Finger ... Kegel(club) ... Muskel. [7]	schleudern
1989 胁	Fleisch ... Schweiß. [8]	drohen
1990 怒	Sklave ... Herz. [9]	Zorn
1991 茄	Blumen ... hinzufügen. [8]	Aubergine
1992 彻	Menschenschlange ... schneiden. [7]	gründlich
1993 征	Im Sinne von an sich nehmen. Kolonne ... richtig. [8]	einziehen
1994 惩	Einziehen ... Herz. [12]	maßregeln
1995 徒	Eine Mensch. Menschenschlange ... laufen. [10]	Anhänger
1996 徊	Menschenschlange ... wiederkehren. [9]	unentschlossen
1997 役	Menschenschlange ... Geschoss. Dieses Schriftzeichen wird zum Beispiel für Militär**dienst** verwendet. [7]	Dienst

1998		sich halten an
循	*Menschenschlange ... Schild.* [12]	
1999		das Gegenüber
彼	*Menschenschlange ... Umhüllung.* [8]	
2000		entwickeln
衍	*Stadtstraße ... Wasser.* [9]	
2001		Gewicht
衡	Um zu vereinfachen, was sich hier auf der *Stadtstraße* befindet, können Sie an einen *Bernhardiner* mit einem *Fisch* im Maul denken – was auch das Verschwinden des *Fisch*"schwanzes" erklärt. [16]	
2002		Titel
衔	*Boulevard . . . Gold.* Der **Titel** dieses Schriftzeichens bezieht sich auf einen Rang oder ein Amt. [11]	

LEKTION 25

2003 禿	kahl *Wildreis ... Wind.* [7]
2004 頹	heruntergekommen *Kahl ... Kopf.* [13]
2005 秒	Sekunde *Wildreis ... wenig.* [9]
2006 稍	ein bisschen *Wildreis ... Kerze.* [12]
2007 穌	wiederauferstehen Die Elemente sind: *Fisch ... Wildreis*. In Kombination mit dem Schriftzeichen für *Jerusalem*, das wir später noch lernen werden (RAHMEN 2738), ist es die Umschreibung für den Namen Jesus. [13]
2008 稿	Entwurf *Wildreis ... Eiffelturm.* [15]
2009 稠	breiig *Wildreis ... Runde/Umfang.* [13]
2010 穎	clever *Löffel ... Wildreis ... Kopf.* [13]
2011 稼	Feldfrüchte *Wildreis ... Absteige.* [15]

2012 税	*Wildreis ... Teufel.* [12]	Steuern
2013 稚	*Wildreis ... Truthahn.* [13]	kindlich
2014 菌	Pilze und Bakterien. *Blumen ... eingepfercht ... Wildreis.* [11]	Erreger
2015 穗	*Wildreis ... Gunst.* [17]	Ähre
2016 秘	*Wildreis ... unbedingt.* [10]	vertraulich
2017 私	*Wildreis ... Ellenbogen.* [7]	privat
2018 秩	*Wildreis ... verlieren.* [10]	Reihenfolge
2019 锹	*Metall ... Herbst.* [14]	Schaufel
2020 梨	*Profit ... Baum.* [11]	Birne
2021 犁	*Profit ... Kuh.* [11]	Pflug
2022 萎	*Blumen ... Komitee.* [11]	welken

❖ Rumpelschirmchen

黍 Rumpelstilzchen, Sie werden sich erinnern, benutzte ein Spinnrad, um aus Stroh Gold zu spinnen. Hier sehen wir seinen exzentrischen Bruder **Rumpelschirmchen**, dessen magischer *Schirm Wildreis* in *Schneeflocken* verwandeln kann. [12]

2023 — klebrig

黏 *Rumpelschirmchen ... wahrsagen.* [17]

2024 — Volksscharen

黎 Achten Sie auf die Anordnung der Elemente: *Rumpelschirmchen ... gefesselt ... Pipette.* [15]

禾 积 黎

❖ Baron von Rumpelschirmchen

黍 Hier sehen wir den skrupellosen Onkel von *Rumpelschirmchen*. Er hat es geschafft hat, seinem Neffen die Baupläne für den magischen, *Wildreis* in *Schneeflocken* verwandelnden Schirm zu entwenden. Noch dazu hat der rührige Onkel die Technologie fortentwickelt, um ganze *Bäume* in *Schneeflocken* zu transformieren, und dann Milliarden damit gescheffelt, die Regenwälder des Amazonas zu Wintersportgebieten umzunutzen. **Baron von Rumpelschirmchen** und sein gesamtes Firmenimperium werden derzeit von Interpol untersucht. [11]

木 夫 黍

2025 — Knie

膝 *Fleisch ... Baron von Rumpelschirmchen.* [15]

2026 — Anstrich

漆 *Wasser ... Baron von Rumpelschirmchen.* [14]

2027	rosten
锈	*Metall ... elegant.* [12]

2028	die Augen zusammenkneifen
眯	*Augäpfel ... Reis.* [11]

2029	Kleister
糊	Aus *Reis* lässt sich vieles herstellen, vom Teig für *Reis*kuchen bis hin zu alkoholischen Getränken – und eben auch guter **Kleister**. Sie dürfen nur nicht so *leichtsinnig* sein, die Behälter mit den *Reis*produkten zu verwechseln (halten Sie dies alles zudem vom Primitivelement *Leim* getrennt). Schreiben Sie deshalb am besten in großen Lettern so etwas wie "*Reis*ter" auf den **Kleister**. [15]

2030	kleben
粘	*Reis ... wahrsagen.* Grenzen Sie es gut ab von den etlichen ähnlichen Schlüsselwörtern und Primitivelementen. [11]

2031	unergründlich
奥	*Tropfen ... Helm ... Reis ... Bernhardiner.* Sehen Sie sich bezüglich der Kombination der ersten beiden Primitive noch einmal RAHMEN 188 in Band 1 an. [12]

冂 奧 奥

2032	Förde
澳	*Wasser ... unergründlich.* [15]

2033	zerknirscht
懊	*Gemütszustand ... unergründlich.* [15]

2034	Chrysantheme
菊	*Blume ... gefesselt ... Reis.* [11]

2035	tiefe Wasser
淵	...sind lahm? *Wasser* ... *Krücken* ... *Reis*. [11]

⟶   氵   氵¦   淵

❖	Enthauptung
汎	Die drei *Wassertropfen* links sind dafür da, die Spuren zu beseitigen, die das mächtige *Schwert* hinterlassen hat. Von ihm tropft noch das Blut (die beiden *Tropfen* auf den Seiten des *Schwerts*) der armen Kreatur, die nun einen Kopf kürzer ist. Stellen Sie dabei sicher, die rechte Seite nicht mit dem Primitivelement zu verwechseln, das wir für *Schweiß* erlernt hatten. [7]

氵   氵刀   氵刃   汎

2036	feine Hirse
粱	*Enthauptung* ... *Reis*. [13]

2037	Dachbalken
梁	*Enthauptung* ... *Baum*. [11]

2038	rauh
糙	*Reis* ... *erschaffen*. [16]

2039	Korn
粒	*Reis* ... *Vase*. Das linke Primitiv zeigt die Bedeutung gut an. [11]

2040	Kuchen
糕	*Reis* ... *Schaf* ... *Herdfeuer*. [16]

❖	Reißwolf
敝	Wenn wir für einen Moment ignorieren, wie dieses Element eigentlich geschrieben wird, sieht die linke Seite aus wie etwas mit einer *Haube*, aus der oben und unten *Reis* austritt. Tatsächlich handelt es sich dabei um kleine Papierstückchen, die aus

einem Dokumenten-**Reißwolf** oder sog. Shredder in alle Richtungen sprühen. Der bekannte *Zuchtmeister*, der rechts daneben steht, füttert den **Reißwolf**. Um sich den rechten "Look" für seine Tätigkeit zu verschaffen, hat er zuvor noch kurz seinen Anzug, sein Hemd und seine Krawatte durch den **Reißwolf** gejagt. [11]

丶　丷　亇　朩　朩　朩　敇

2041 蔽	tarnen
	Blumen . . . Reißwolf. [14]

2042 憋	unterdrücken
	Reißwolf . . . Herz. [15]

2043 撇	beiseite legen
	Finger . . . Reißwolf. [14]

2044 弊	Betrug
	Reißwolf . . . zwei Hände. [14]

2045 莱 — Weißer Gänsefuß

Die Primitivelemente, aus denen dieses Schriftzeichen besteht, *Blumen* und *kommen*, sind einfacher als der Schlüsselbegriff, mit dem vermutlich allenfalls botanisch Beschlagene vertraut sein dürften. **Weißer Gänsefuß** (Chenopodium album) ist eine dem Amarant ähnliche Pflanze. Das Schriftzeichen wird hauptsächlich aufgrund seines phonetischen Werts für die Wiedergabe ausländischer Namen verwendet. [10]

艹　莱

2046 搂	umschlingen
	Finger . . . Braut. [12]

2047		bauen
筑	Bambus . . . festigen. [12]	
2048		Bambuskorb
箩	Bambus . . . Seidengaze. [14]	
2049		stupide
笨	Bambus . . . Schreibheft. [11]	
2050		Röhre
筒	Bambus . . . Mönch. [12]	
2051		Pfeil
箭	Bambus . . . vor. Achten Sie beim Bestimmen der besonderen Konnotation dieses Schlüsselwortes darauf, es nicht mit dem Primitivelement *Pfeil* durcheinander zu bringen, das in diesem gleichnamigen Schriftzeichen auch gar nicht vorkommt. [15]	
2052		sieben
筛	Mit einem Sieb. Bambus . . . Lehrer. [12]	
2053		Sehne
筋	Bambus . . . Körperteil . . . Kraft. [12]	

LEKTION 26

Es vermag nicht zu überraschen, dass diese Lektion, die uns das Primitivelement *Mensch* zurückbringt, recht lang ist – insgesamt 59 Schriftzeichen. Vielleicht erinnern Sie sich an den in RAHMEN 793 gegebenen Rat, einen besonders anschaulichen Bekannten oder ein entsprechendes Familienmitglied in allen Erzählungen zu verwenden, die den *Menschen* enthalten.

2054 伍	V — Wie bereits bei *II* in RAHMEN 1659 steht der Schlüsselbegriff für die Schreibweise der Zahl "5" in offiziellen Dokumenten. Die Elemente: *Mensch . . . fünf.* [6]
2055 仇	Feindschaft — *Mensch . . . Kegel(club).* [4]
2056 倡	initiieren — *Mensch . . . gedeihlich.* [10]
2057 伯	älterer Bruder des Vaters — *Mensch . . . weiße Taube.* [7]
2058 仲	Mittelteil — Zum Beispiel im **Mitt**sommer oder im **Mitt**herbst. Die Elemente: *Mensch . . . Mitte.* [6]
2059 仆	Diener — *Mensch . . . Zauberstab.* [4]
2060 估	einschätzen — *Mensch . . . altertümlich.* [7]

2061 侦	ermitteln
	Mensch . . . keusch. Hinweis: wie Detektive oder Kriminalkomissare. [8]
2062 俱	sämtlich
	Mensch . . . Werkzeug. [10]
2063 佑	segnen
	Mensch . . . rechts. [7]
2064 佐	Assistent
	Mensch . . . links. [7]
2065 侧	seitlich
	Mensch . . . Regel. [8]
2066 亿	hundert Millionen
	Mensch . . . Angelhaken. [3]
2067 仔	sorgfältig
	Mensch . . . Kind. [5]
2068 倚	sich stützen auf
	Mensch . . . seltsam. [10]
2069 俏	chic
	Mensch . . . Kerze. [9]
2070 佳	ausgezeichnet
	Mensch . . . Ziegel. [8]
2071 侍	bedienen
	Mensch . . . buddhistischer Tempel. [8]

2072 伙	Kumpan *Mensch . . . Feuer.* [6]
2073 倘	falls *Mensch . . . wertschätzen.* [10]
2074 宿	übernachten *Haus . . . Mensch . . . hundert.* [11]
2075 伏	sich beugen *Mensch . . . Chihuahua.* [6]
2076 袱	Packtuch *Umhang . . . sich beugen.* [11]
2077 偷	klauen *Mensch . . . Schlachthof.* [11]
2078 偿	zurückzahlen *Mensch . . . schmecken.* [11]
2079 伐	fällen *Mensch . . . Straßenfest.* Hinweis: Entsinnen Sie sich der Legende vom heiligen Bonifatius. Er **fällte** die dem Kriegsgott Thor geweihte heilige Eiche bei Geismar in Hessen. Ebenso könnten Sie an Karl den Großen denken, der selbiges mit der den alten Sachsen heiligen Irminsul tat. Beides gab den jeweiligen örtlichen Christen Anlass für ein großes *Straßenfest*, um die Niederlage der heidnischen Konkurrenz zu begehen. Vergewissern Sie sich nur, dass Sie Ihren speziellen *Menschen* in der Erzählung unterbringen, falls Sie sie verwenden wollen. [6]
2080 佩	am Gürtel tragen *Mensch . . . Wind . . . Zimmerdecke . . . Tuch.* Denken Sie an Gegenstände wie Pistolen und Degen, die ein Pirat **am Gürtel tragen** könnte. [8]

2081 侨	im Ausland leben *Mensch ... Engel.* [8]
2082 倾	sich neigen Nehmen Sie es wörtlich im Sinne von etwas, das sich zur Seite neigt. Die Elemente: *Mensch ... 100 Chinesische Morgen.* [10]
2083 伦	menschliche Beziehungen *Mensch ... Rettungsschwimmer.* [6]
2084 侮	beleidigen *Mensch ... jedes Mal.* [9]
2085 倍	-mal *Mensch ... Maulkorb.* Dieses Zeichen zeigt die Anzahl von Vorkommnissen und ihren Wiederholungen. [10]
2086 仿	imitieren *Mensch ... Kompass.* [6]
2087 傲	überheblich *Mensch ... Erde ... freilassen.* Die Kombination der beiden Elemente rechts trat zuvor in *schmoren* auf (RAHMEN 1732). [13]
2088 僧	buddhistischer Mönch *Mensch ... zunehmen.* [14]
2089 囚	Häftling *Eingepfercht ... Mensch.* [5]
2090 悠	gemächlich *Mensch ... Spazierstock ... Zuchtmeister ... Herz.* [11]

2091	Neffe
侄	*Mensch ... bis.* [8]

2092	Unsterblicher
仙	*Mensch ... Berg.* [5]

2093	nah dran
傍	*Mensch ... Magellan.* [12]

2094	antreiben
催	*Mensch ... Pterodactylus.* [13]

2095	Sitten
俗	Andere Täler, andere...: *Mensch ... Tal.* [9]

2096	ritterlicher Mensch
侠	*Mensch ... von beiden Seiten drücken.* [8]

2097	Russland
俄	*Mensch ... Geizhals* [9]

2098	sich versammeln
聚	Im oberen Teil werden Sie das vollständige Zeichen für *nehmen* erkennen. Mit ein wenig Erfindungsgabe können Sie die übrigen sechs Striche zu einer Gruppe von drei *Menschen* zusammenfügen, die je ein wenig aus der Form geraten sind (siehe auch RAHMEN 847). Das liegt zum einen an der vielgerühmten Freiheit, **sich zu versammeln**, die man sich hier genommen hat. Zum anderen liegt es daran, dass Groß**versammlungen** auf die *Menschen* in ihrer unmittelbaren Mitte durchaus einen deformierenden Effekt haben können. [14]

取　取　聚　聚　聚　聚

2099 符	Symbol *Bambus … bezahlen.* [11]
2100 贷	Kredit *Ersetzen … Muscheln.* [9]
2101 荷	Holland Dieses Schriftzeichen für sich wird als Abkürzung für die Niederlande verwendet, obwohl seine Aussprache auf dem älteren Namen beruht: **Holland**. *Blumen … waswelcherwerwowarum?* [10]
2102 杖	Rute *Baum … 100 Chinesische Zoll.* [7]
2103 仗	Schlacht *Mensch … 100 Chinesische Zoll.* [5]
2104 从	Dickicht *Fließband … Fußboden.* [5]
2105 耸	mit den Achseln zucken *Fließband … Ohr.* [10]
2106 挫	vereiteln *Finger … sitzen.* [10]
2107 诬	falsch beschuldigen *Worte … Hexe.* [9]
2108 葛	Kudzu Eine Schlingpflanze. *Blumen … Nickerchen.* [12]

2109 褐	braun *Umhang ... Nickerchen.* [14]
2110 竭	aufbrauchen *Vase ... Nickerchen.* [14]
2111 歇	Rast machen *Nickerchen ... gähnen.* [13]
2112 揭	entlarven Sie heben sacht mit Ihrem *Finger* den Sombrero des Gesellen an, der dort hinten an der Wand lehnt und ein *Nickerchen* hält, nur um zu **entlarven**, dass es sich um eine ganze Familie handelt, die sich hier ein gemeinsames Päuschen von der Tagesarbeit genehmigt. [12]

LEKTION 27

2113	lüstern
淫	*Wasser ... Geier ... Träger.* [11]

2114	Beleg
凭	*Ernennen ... Wind.* Wie in *Beweis*. [8]

2115	geradewegs
挺	*Finger ... Königshof.* [9]

2116	wiedergutmachen
赎	*Muschel ... verkaufen.* [12]

2117	Dachziegel
瓦	Der **Dachziegel** in diesem Schriftzeichen fügt vier Primitivelemente zusammen: *Zimmerdecke ... Pflug ... Angelhaken ... und Tropfen*. Da die Schreibweise etwas überraschend ist, vergewissern Sie sich, Ihre Erzählung an die Strichfolge anzupassen. [4] 一 厂 瓦 瓦

2118	Porzellan
瓷	*Nächster/zweiter ... Dachziegel.* [10]

2119	simulieren
拟	*Finger ... mittels.* [7]

2120	Flasche
瓶	*Puzzle ... Dachziegel.* [10]

2121 宫	Palast Hier besteht ein **Palast** aus einem *Haus* mit *Rückgrat*. [10]
2122 铝	Aluminium *Metall ... Rückgrat.* [11]
2123 萤	Glühwürmchen *Treibhaus ... Insekt.* [11] 芦　萤
2124 莹	kristallklar *Treibhaus ... Jade.* [10] 芦　莹
2125 蒙	Mongolei Wie bei *Lausanne* und *England* (RAHMEN 315 und 1323) zeigt uns dieser Rahmen das erste Zeichen des vollständigen Kompositums für einen Eigennamen. Seine Primitivbestandteile: *Treibhaus ... Zimmerdecke ... Sau.* [13] 芦　芦　蒙
2126 朦	schummrig *Mond ... Mongolei.* [17] 月　朦
2127 捞	herausfischen *Finger ... Mühsal.* [10]

LEKTION 28

2128	wirbeln
旋	Ein *Spruchband* ... *Zoo*. Tipp: Denken Sie an ein Karussell. [11]

2129	küssen
吻	*Mund* ... *Ringelschwanz*. [7]

2130	fluchtartig
匆	Lassen Sie aus Ihrer *Pipette* nur einen Tropfen hochwirksamer "Schweinerei-Vorbei"-Lösung auf den *Ringelschwanz* fallen und sehen Sie, wie sein Eigentümer **fluchtartig** das Weite sucht. [5] ／ 勹 勺 勿 匆

2131	Zwiebel
葱	*Blumen* ... *fluchtartig* ... *Herz*. [12]

2132	Zinn
锡	*Metall* ... *mühelos*. [13]

2133	wachsam
惕	*Gemütszustand* ... *mühelos*. [11]

2134	Louvre
卢	*Zauberstab* ... *Flagge*. Dieses Schriftzeichen findet Verwendung in der lautlichen Umschrift des Musée du **Louvre** in Paris. [5]

2135	Schublade
屈	*Flagge* ... *Generation*. [8]

2136 屑	Krümel *Flagge . . . Kerze.* [10]
2137 尿	Urin Das von uns **Urin** genannte besondere *Wasser* wird von vielen Tieren als eine Art *Flagge* verwendet, um ihr Revier zu markieren. [7]
2138 犀	Nashorn *Flagge . . . Schneeflocken . . . Kuh.* [12]
2139 迟	säumig *Flagge . . . Pipette . . . Landstraße.* Beachten Sie, dass das Element Lineal sich geringfügig von den ersten beiden Elementen in diesem Schriftzeichen unterscheidet. [7]
2140 刷	Bürste *Flagge . . . Tuch . . . Säbel.* [8]
2141 漏	leck sein *Wasser . . . Flagge . . . Regen.* [14]
2142 屁	Furz *Flagge . . . vergleichen.* [7]
2143 屈	sich unterwerfen *Flagge . . . hinaus-.* [8]
2144 掘	ein Loch schaufeln *Finger . . . sich unterwerfen.* [11]
2145 履	Fußbekleidung *Flagge . . . Menschenschlange . . . umkehren.* [15]

2146		Kot
屎	*Flagge ... Reis.* [9]	
2147		immer wieder
屢	*Flagge ... Braut.* [12]	
2148		Wandschirm
屏	*Flagge ... Puzzle.* [9]	
2149		Augenbrauen
眉	Über den *Augen* sehen wir eine *Flagge*, die in zwei Farben geteilt ist. Das liegt daran, dass die **Augenbrauen** verschieden gefärbt sind, z.B. die eine rot und die andere blau. [9]	

⁻ ⁻ ⁻ 尸 眉

2150		schmeicheln
媚	*Frau ... Augenbrauen.* [12]	
2151		tagsüber
昼	*Lineal ... Tagesanbruch.* [9]	
2152		aufklären
启	*Tür ... Mund.* [7]	
2153		Schulter
肩	*Tür ... Mond.* [8]	
2154		eifersüchtig
妒	*Frau ... Tür.* [7]	
2155		Kochstelle
炉	*Feuer ... Tür.* [8]	

2156 芦 *Blumen . . . Tür.* [7]	Schilf
2157 扇 *Tür . . . Feder.* [10]	Fächer

LEKTION 29

2158 奈	nicht umhin können
	Bernhardiner ... Altar. [8]
2159 款	Geldsumme
	Soldat ... Altar ... gähnen. [12]
2160 凜	frostig
	Eis ... Zylinderhut ... wiederkehren ... Altar. [15]
2161 祟	böser Geist
	Hinaus- ... Altar. [10]
2162 祝	Gutes wünschen
	Jemandem. Altar ... Teenager. [9]
2163 祥	glückverheißend
	Altar ... Schaf. [10]

❖ 尉 — **Kardinal Richelieu**

Von Ihrer Lektüre der "Drei Musketiere" her werden Sie sich vielleicht noch an **Kardinal Richelieu** erinnern als einen ehrgeizigen hochrangigen Kirchenmann, der in seinem politischen Einfluss fast an den König selbst heranreichte. Das Zeichen symbolisiert dies, indem es eine *Flagge* zeigt, die über einen *Altar* gebreitet und dort ange*leimt* ist. [11]

尸　尿　尉

2164 蔚	farbenprächtig
	Blumen ... Kardinal Richelieu. [14]

2165		trösten
慰	Kardinal Richelieu ... Herz. [15]	
2166		Knoblauch
蒜	Das Schriftzeichen für **Knoblauch** zeigt zwei Altäre in voller Größe nebeneinander unter einem *Blumengebinde*. [13]	
2167		Palme
棕	Baum ... Religion. [12]	
2168		Universum
宙	Haus ... Spross. [8]	
2169		Achse
轴	Wagen ... Spross. [9]	
2170		Ärmel
袖	Umhang ... Spross. [10]	
2171		Tempel
庙	Höhle ... Spross. Seien Sie sicher, ihn vom *Buddhistischen Tempel* (RAHMEN 169) getrennt zu halten. [8]	
2172		Flöte
笛	Bambus ... Spross. [11]	
2173		fällig werden
届	Flagge ... Spross. Wie eine Schuld zur Zahlung. [8]	
2174		stöhnen
呻	Mund ... Affe. [8]	

2175 坤	*Erde . . . Affe.* [8]	feminin
2176 审	*Haus . . . Affe.* [8]	eingehend
2177 婶	*Frau . . . eingehend.* [11]	Tantchen
2178 畅	*Affe . . . Ferkel.* [8]	ungehemmt
2179 巢	*Fluss . . . Frucht.* [11]	Nest
2180 棵	*Baum . . . Frucht.* Dies ist wieder eines jener "Zähleinheitsworte", auf die wir gelegentlich treffen. Es wird für grüne, nicht-tierische Lebewesen verwendet, wie Bäume und Gräser. [12]	Flora
2181 裸	*Umhang . . . Frucht.* [13]	nackt
2182 裹	Etwas vollständig mit einer Umhüllung versehen. Die Elemente: *Zylinderhut und Seidenschal . . . Frucht.* Achten Sie darauf, wie das Primitivelement *Frucht* die beiden letzten Striche des "Baums", wie im Primitivelement für einen *Holzpfahl*, ablöst und den senkrechten Mittelstrich verkürzt. [14]	einwickeln

亠　東　裹

Lektion 30

2183 析	Baum ... Kriegsbeil. [8]	analysieren
2184 晰	Sonne ... analysieren. [12]	ausgeprägt
2185 芹	Blumen ... Kriegsbeil. [7]	Sellerie
2186 祈	Altar ... Kriegsbeil. [8]	erflehen
2187 欣	Kriegsbeil ... gähnen. [8]	enthusiastisch
2188 掀	Finger ... enthusiastisch. [11]	den Deckel lüften
2189 惭	Gemütszustand ... abhacken. [11]	vom Gewissen geplagt
2190 崭	Berg ... abhacken. [11]	sich auftürmend
2191 浙	Wasser ... Rabatt. [10]	Provinz Zhejiang
2192 誓	Rabatt ... Worte. [14]	Schwur

2193 拆	*Finger ... tadeln.* [8]	auseinander nehmen
2194 炸	*Feuer ... Säge.* [9]	detonieren
2195 诈	*Worte ... Säge.* [7]	schwindeln
2196 归	*Säbel ... Besen.* [5]	zurückkehren
❖ 刍	Das hier verwendete **Haarnetz** hat die strubbeligen Borsten eines alten *Besens* des Friseurs *gefesselt* und hält sie zusammen (mit einem rosa Schleifchen, um es etwas modischer aussehen zu lassen). [5]	Haarnetz

勹　刍

2197 皱	*Haarnetz ... Umhüllung.* [10]	Falten
2198 煞	*Haarnetz ... Zuchtmeister ... Herdfeuer.* [13]	Kobold
2199 趋	*Laufen ... Haarnetz.* [12]	hasten
2200 雏	*Haarnetz ... Truthahn.* [13]	Küken

	Trottel
㣇	❖ Es sollte nicht allzu schwer sein, die Primitivelemente – *Besen* ... *Krone* ... *Schoß* – zu einem einprägsamen Bild eines Dorf-**Trottels** zusammenzufügen (vor allem, wenn Sie auf dem Dorf aufgewachsen sind). [7] ヨ 彐 㣇

2201	durchtränken
浸	*Wasser* ... *Trottel*. [10]

2202	sich auf's Ohr hauen
寝	*Haus* ... *Schildkröte* ... *Trottel*. [13]

2203	eindringen
侵	*Mensch* ... *Trottel*. [9]

2204	stabil
稳	*Wildreis* ... *hastig*. [14]

2205	abblocken
挡	*Finger* ... *tätig sein als*. [9]

2206	häuten
剥	*Schneemann* ... *Säbel*. [10]

2207	in der Hand halten
秉	Zum Beispiel Zügel. Ein *Rechen* wird im Primitivelement *Wildreis* geschrieben. Beachten Sie die Überlappung. [8]

2208	Ehefrau
妻	*Nadel* ... *Rechen* ... *Frau*. Zwar fügen sich die Elemente zusammen, achten Sie jedoch beim *Rechen* auf die Strichfolge und den verkürzten Griff. [8]

LEKTION 30 | 129

一 ㇹ 圭 妻

2209

凄　　　　　　　　　　　　　　　　　　　betrübt

Eis ... Ehefrau. [10]

2210

捷　　　　　　　　　　　　　　　　　　　flink

Um sich dieses Schriftzeichen zu merken, denken Sie an den berühmten Kalligraphen und Begründer der esoterischen buddhistischen Tradition: Kūkai. Man sagt, er sei in der Lage gewesen, fünf Gedichte gleichzeitig zu schreiben, indem er Pinsel in seinem Mund sowie seinen Händen und Füßen hielt. Sie übertrumpfen ihn hier noch, indem Sie an Ihren *Fingern zehn* kleine *Rechen* befestigen. Tauchen Sie sie in Tinte und sehen Sie, wie **flink** sie über das Papier streifen, wobei jeder seine eigene Spur hinterlässt. Zunächst sieht es nach wenig mehr aus als eine verschmierte *Spur von Fußstapfen*, aber als Sie genau hinsehen, erkennen Sie, dass es sich um chinesische Schriftzeichen in der Form eines klassischen Gedichts handelt! [11]

扌 扩 扴 拝 拝 捷 捷

2211

肅　　　　　　　　　　　　　　　　　　　feierlich

Eindeutig haben wir hier jemanden auf *Krücken*, der einen *Rechen* schwingt. Das Paar abgetrennter *Tierbeine* lässt ein Nagetier vermuten, das sich unter den Blättern befunden hat und vom *Rechen* erwischt worden ist, worüber es sich lauthals beschwert. Warum dabei der Mensch an *Krücken* geht, und was die ganze Situation eigentlich so **feierlich** macht, überlassen wir ganz Ihrer Fantasie. [8]

肀 肀 肃 肅 肅

2212

嘯　　　　　　　　　　　　　　　　　　　heulen

Mund ... feierlich. Es gibt viele Arten, zu **heulen**, und viele Dinge, die **heulen**. Kaum ein einziges deutsches Wort kann all dies umfassen, vom Rauschen des Windes über das Schreien eines Wildtieres bis hin zum Donnern der See. Aber dieses Schriftzeichen tut genau das. [11]

2213 萧	desolat
	Blumen ... feierlich. [11]

2214 兼	doppelt
	Oben haben wir *Tierhörner* und einen einzelnen waagerechten Strich, damit sie einen Halt finden. Darunter sehen wir einen *Rechen* mit zwei Griffen. Schließlich erkennen wir ein Paar von Strichen, welche sich von den Griffen abspreizen, was anzeigt, dass diese unter dem Druck und der Spannung zerbersten. Das Gesamtbild zeigt jemanden, der ein **Doppel**leben führt (und dabei jemanden *hörnt?*) bis er unter dem Druck Risse bekommt und letztlich zerbricht. Nehmen Sie sich die Zeit, dieses Bild in dem Schriftzeichen zu erkennen, und es wird sich, trotz des ersten Anscheins, mühelos behalten lassen. [10]

丷 丛 屵 书 书 兼 兼

2215 赚	Geld verdienen
	Muscheln ... doppelt. [14]

2216 嫌	nicht mögen
	Frau ... doppelt. [13]

2217 谦	genügsam
	Worte ... doppelt. [12]

2218 歉	Entschuldigung
	Doppelt ... gähnen. [14]

2219 廉	preiswert
	Höhle ... doppelt. [13]

2220	Sichel
镰	*Metall ... preiswert.* [18]

2221	aufschlagen
睁	*Augäpfel ... streiten.* Wie Sie aufgrund des ersten Primitivelements gleich erraten haben werden, bezieht sich dieses Schriftzeichen auf das **Aufschlagen** der *Augen*. [11]

2222	sich abrackern
挣	*Finger ... streiten.* [9]

2223	chinesische Zither
筝	*Bambus ... streiten.* [12]

2224	Weiher
塘	Neueste Nachrichten! Ganz anders als bisher in der Geschichte des Sports angenommen, haben Archäologen an einer Ausgrabungsstätte in China kürzlich tief in der *Erde* Artefakte gefunden. Sie deuten darauf hin, dass die Ursprünge des Synchronschwimmens auf die *Tang*-Dynastie zurückgehen. Knappe Badeanzüge und Nasenklammern am Grunde eines einst natürlichen *Weihers* dürften überzeugenden wissenschaftlichen Beweis dafür liefern, dass die Schwimmer hier synchron ausgestorben sind. [13]

2225	Leibeigener
隶	Dieser Kombination sind wir bereits in Band 1 begegnet (RAHMEN 956), aber dabei ist uns zu jener Zeit nicht aufgefallen, dass es sich hier um einen **Leibeigenen** handelt, der *Schneeflocken* mit einem *Rechen* harkt. [8]

2226	festnehmen
逮	*Landstraße ... Leibeigener.* [11]

2227 慷	großzügig
	Gemütszustand . . . wohlbehalten. [14]

2228 糠	Spreu
	Reis . . . wohlbehalten. [17]

2229 笋	Bambussprosse
	Bambus . . . Direktor. [10]

2230 耍	tricksen
	Kamm . . . Frau. Sie könnten mit den *Kämmen* einer *Frau* etwas herum**tricksen**, indem Sie sie je nachdem in Farbstoff, Enthaarungsmittel oder Katzenminze stippen. [9]

2231 耐	-fest
	Eine Nachsilbe, um "sicher vor" oder "geschützt gegen" anzuzeigen, wie in wind**fest**, wasser**fest**, feuer**fest**. Das Zeichen besteht aus: *Kamm . . . Leim.* [9]

2232 喘	keuchen
	Mund . . . Goldgräber. [12]

2233 揣	mutmaßen
	Finger . . . Goldgräber. [12]

❖ 曹	Kadett
	Die drei Primitivelemente für **Kadett** zeigen einen jungen Rekruten während seiner Grundausbildung: *Einen Tag* nach dem anderen macht er sich *krumm*, und jeder dieser Tage wird auf der Strichliste abgehakt. Zum Glück endet diese Zeit irgendwann, und in der gedruckten Form können Sie den fertigen **Kadetten** erkennen, wie er nach dem monatelangen Schleifen stolz und kerzengerade dasteht, mit breitem Kreuz und schmalen Hüften. [11]

| 一 | 厂 | 冃 | 襾 | 卌 | 曲 | 曹 |

2234 槽	**Trog** Baum ... Kadett. [15]
2235 遭	**auf etwas stoßen** Zumeist auf etwas Schlechtes. Die Elemente: *Kadett ... Landstraße.* [14]
2236 糟	**in schlechtem Zustand** Reis ... Kadett. [17]
2237 抖	**schaudern** Finger ... Großer Wagen. [7]

Lektion 31

2238 惜	nachtrauern *Gemütszustand ... Vergangenheit.* [11]
2239 措	arrangieren *Finger ... Vergangenheit.* [11]
2240 腊	Pökelfleisch *Fleisch ... Vergangenheit.* [12]
2241 蜡	Wachs *Insekt ... Vergangenheit.* [14]
2242 猎	jagen *Rudel wilder Hunde ... Vergangenheit.* [11]
2243 燕	Schwalbe Eine **Schwalbe** macht bekanntlich noch keinen Sommer, aber zwei Handvoll ergeben immerhin eine nahrhafte Mahlzeit. Die Primitive: *Zwanzig ... Mund ... Norden ... Herdfeuer.* Beachten Sie, wie der *Mund* zwischen den beiden Seiten von *Norden* steht, wobei Sie es vielleicht hilfreich finden werden, auf das Bild *zweier Leute, die* Rücken an Rücken *auf dem Boden sitzen* zurückzugreifen, das in RAHMEN 454 geschildert worden war. [16] 廿　甘　㽞　𦰌　燕
2244 遮	abschirmen *Labyrinth ... Herdfeuer ... Landstraße.* [14]

2245 畔	Litoral *Reisfeld ... Hälfte.* Es handelt sich um ein Ufergelände. [10]
2246 拌	vermengen *Finger ... Hälfte.* [8]
2247 叛	verraten *Hälfte ... anti-.* [9]
2248 券	Eintrittskarte *Viertel ... Dolch.* [8]
2249 藤	Rattan *Blume ... Mond ... Viertel ... Schneeflocken.* [18]
2250 鼎	Dreifuß *Augapfel ... Kojen ... Scheibe.* Der *Augapfel* nimmt so viel Platz ein, dass der zweite Strich der *Kojen* und der erste der *Scheibe* gekürzt werden müssen. Achten Sie besonders sorgfältig auf die Strichfolge. [13] 目　目　尸　月　月　月　月 月　鼎
2251 芝	Sesam *Blumen ... Zeichen des Zorro.* [6]
2252 贬	abwerten *Muschel ... ermattet.* [8]
2253 泛	unspezifisch *Wasser ... ermattet.* [7]

2254

歪 *Negativ ... richtig.* [9]

schräg

Lektion 32

2255　矯	richtigstellen *Wurfpfeil ... Engel.* [11]
2256　矮	untersetzt *Wurfpfeil ... Komitee.* [13]
❖　矣	Armbrust Falls Sie jemals eine **Armbrust** gespannt haben, sollten sich die Elemente *Ellenbogen* und *Wurfpfeil* für Sie mühelos mit diesem Primitivelement verbinden lassen. [7] 厶　矣
2257　唉	Oh weh... *Mund ... Armbrust.* Der Schlüsselbegriff soll den klagenden Seufzer aus dem *Munde* eines Kriegers wiedergeben, dessen *Armbrust* soeben mit Ablauf der Garantie kaputt gegangen ist. **Oh weh, oh weh...** [10]
2258　埃	feiner Staub *Erde ... Armbrust.* [10]
2259　挨	erleiden *Finger ... Armbrust.* [10]
2260　簇	Häufung *Bambus ... Sippe.* [17]
2261　茅	Reet *Blumen ... Speer.* [8]

2262 橘		Mandarine

Baum ... Speer ... Motorradhelm ... Tierbein ... Mund. Vielleicht wollen Sie noch einmal zu RAHMEN 451 des ersten Bandes zurückkehren, um sich ins Gedächtnis zu rufen, wie Sie die letzten Elemente zu einem einfach zu behaltenden Bild zusammengefügt hatten. [16]

2263 舒   sich räkeln

Hütte ... gewähren. [12]

2264 览   ansehen

Der einzige Unterschied zwischen diesem Schriftzeichen und jenem für *kurz davor sein* (RAHMEN 1010) besteht darin, dass das letzte Element von *Sonne* zu *sehen* wechselt. Denken Sie an den gern gegebenen Rat, "vorausschauend" zu agieren, und passen Sie ihn an die Schlüsselbegriffe an: "Wenn man *kurz davor ist*, muss man sich die Dinge gut **ansehen**." [9]

❖ Als Primitivelement nimmt dieses Zeichen die konkretere Bedeutung *Lupe* an.

2265 揽   an sich ziehen

Finger ... Lupe. Zum Beispiel eine Aufgabe. [12]

2266 肾   Niere

Touché! ... Körperteil. [8]

2267 竖   vertikal

Touché! ... Vase. [9]

2268 弘   prächtig

Bogen ... Ellenbogen. [5]

| 2269 | Barbar |

夷 Bernhardiner ... Bogen. Achten Sie darauf, wie die Strichfolge den Schreibgrundsätzen folgt und nicht die Primitivelemente einzeln abbildet. [6]

一　弓　夷　夷

| 2270 | Tante mütterlicherseits |

姨 Frau ... Barbar. [9]

| ❖ | Familienfehde |

畾 Zwei *Reisfelder*, jedes jeweils durch einen Steinwall im Norden und Süden abgeteilt und gesichert (die drei *Einsen*), geben ein gutes Bild einer frühen historischen **Familienfehde** ab. [13]

一　田　亩　畐　畾

| 2271 | Trennlinie |

疆 *Bogen ... Erde ... Famlienfehde.* [19]

| 2272 | steif |

僵 *Mensch ... Famlienfehde.* [15]

| 2273 | Haferbrei |

粥 *Zwei Bögen ... Reis.* [12]

弓　弱　粥

| 2274 | Zikade |

蝉 *Insekt ... Liste.* [14]

| 2275 | Meditation |

禅 Dies ist das Schriftzeichen für das chinesische **Chan** (oder Zen). Seine Elemente sind: *Altar ... Liste.* [12]

2276	zum Kochen bringen
沸	*Wasser ... Dollarzeichen.* [8]

2277	streichen
拂	*Finger ... Dollarzeichen.* [8]

2278	rasieren
剃	*Jüngerer Bruder ... Säbel.* [9]

2279	etwas übergeben
递	*Jüngerer Bruder ... Landstraße.* [10]

2280	Leiter
梯	*Baum ... jüngerer Bruder.* [11]

2281	Rotz
涕	Dass der *jüngere Bruder* ein ziemlicher **Rotz**löffel sein kann, zeigt dieses Schriftzeichen anschaulich, indem es den **Rotz** als eklige *Wasser*tropfen direkt neben ihn gesellt. [10]

2282	verfault
朽	*Baum ... Fangschlinge.* Wie das Primitivelement auf der linken Seite andeutet, bezieht sich dieses Schriftzeichen oft auf Holz. Sie können es beim Schaffen einer Erzählung aber auch im weiteren Sinne verwenden. [6]

2283	engagieren
聘	*Ohr ... Spross ... Fangschlinge.* [13]

2284	große Schwester
姊	Um den *großen Bruder* (RAHMEN 93) und den *älteren Bruder* (107) zu komplementieren, benötigen wir neben der *älteren Schwester* (1344) noch die **große Schwester**. Die Elementkombination rechts von der *Frau* ist selten, deswegen sollte ihrer Schreibweise besondere Aufmerksamkeit gewidmet werden.

Die ersten beiden Striche rechts gleichen der *Fangschlinge*, bis auf dass der erste Strich von rechts nach links gezogen wird, wie bei der *Schleppe*. Denken Sie also an eine *Fangschlinge*, die Sie mit der Hand über den Boden *schleppen*. Das Schriftzeichen endet mit den letzten beiden Strichen eines *Flaschengeists*, der sich in der *Fangschlinge* verfangen hat und sich windet, um herauszukommen. Was all das nun mit Ihrer **großen Schwester** zu tun hat, müssen wir Ihnen zur Ausgestaltung überlassen. [7]

女 女 奵 姉 姉

| 2285 | Einbuße |

亏

Die *Fangschlinge* mit einem zusätzlichen waagerechten Strich verschafft uns einen Schlangenhaken, eine *Fangschlinge* am Ende einer langen Stange, um gefährliche Reptilien einzusammeln. Oder, wie in diesem Falle, einen schleimigen Makler, dessen Rat Sie die **Einbuße** Ihrer Ersparnisse verdanken. [3]

万 亏

❖ In Übereinstimmung mit der obigen Erzählung wird dieses Zeichen *Schlangenhaken* bedeuten, wenn es als Primitivelement Verwendung findet.

| 2286 | dreckig |

污

Wasser . . . Schlangenhaken. [6]

| 2287 | prahlen |

夸

Bernhardiner . . . Schlangenhaken. Wie auch immer Sie entscheiden, die beiden Primitive zueinander in Beziehung zu setzen: Halten Sie das Bild fest für die folgenden beiden Rahmen. [6]

| 2288 | zusammenbrechen |

垮

Erde . . . prahlen. [9]

2289 挎	am Arm tragen *Finger ... prahlen.* [9]
2290 鳄	Krokodil *Fisch ... Quasselstrippe ... Schlangenhaken. Oder Alligator.* [17]
2291 愕	erstaunt *Gemütszustand ... Quasselstrippe ... Schlangenhaken.* [12]

Lektion 33

2292 躺	liegen *Leib ... wertschätzen.* [15]
2293 躲	sich drücken Wie ein Drückeberger. *Leib ... Bluken.* [13]
2294 躬	sich biegen *Leib ... Bogen.* [10]
2295 嗜	schmachten *Mund ... alter Mann ... plappernde Zunge.* [13]
2296 姥	Großmutter mütterlicherseits *Frau ... alter Mann.* [9]
2297 拷	foltern *Finger ... eine Prüfung ablegen.* [9]
2298 屿	Inselchen *Berg ... anbieten.* [6]
2299 暑	Sommerhitze *Sonne ... Marionette.* [12]
2300 睹	wahrnehmen Mit den Augen. *Augäpfel ... Marionette.* [13]
2301 署	unterzeichnen *Netz ... Marionette.* [13]

2302 薯	Kartoffel *Blumen ... unterzeichnen.* [16]
2303 赌	wetten *Muscheln ... Marionette.* [12]
2304 奢	extravagant *Bernhardiner ... Marionette.* [11]
2305 堵	verstopfen *Erde ... Marionette.* [11]
2306 煮	sieden *Marionette ... Herdfeuer.* [12]
2307 诸	verschiedene *Worte ... Marionette.* [10]
2308 储	Vorrat anlegen *Mensch ... verschiedene* [12]
2309 屠	metzeln *Flagge ... Marionette.* [11]
2310 棺	Sarg *Baum ... Bürokrat.* [12]
2311 爹	Vati *Vater ... viele.* [10]
2312 斧	Axt *Vater ... Kriegsbeil.* [8]

2313 咬	**beißen** *Mund ... Umgang pflegen mit.* [9]
2314 胶	**Gummi** *Fleisch ... Umgang pflegen mit.* Denken Sie an die zähe Flüssigkeit, die aus Bäumen und Pflanzen sickert – nicht das, womit Sie Blasen machen, bevor Sie es unter Ihren Schreibtisch kleben. [10]
2315 狡	**listig** *Rudel wilder Hunde ... Umgang pflegen mit.* [9]
2316 捉	**fangen** Stellen Sie sich beim Erlernen dieses Schriftzeichens vor, wie Sie Tiere oder Insekten **fangen**. Die Elemente: *Finger ... Unterschenkel.* [10]
2317 促	**drängen** *Mensch ... Unterschenkel.* [9]
2318 趴	**sich auf den Bauch legen** *Holzbein ... acht.* [9]
2319 踏	**betreten** *Holzbein ... Wasser ... Sonne.* [15]
2320 践	**auf etwas herumtrampeln** *Holzbein ... Festwagen.* [12]
2321 跃	**einen Satz machen** Springen, nicht formulieren. *Holzbein ... jung sterben.* [11]
2322 蹄	**Hufe** *Holzbein ... Imperator.* [16]

2323	auf etwas treten
踩	*Holzbein . . . pflücken.* [15]

2324	hüpfen
蹦	*Holzbein . . . einfallen.* [18]

2325	absacken
跌	*Holzbein . . . verlieren.* Sie können an Marktpreise oder Produktivität denken. [12]

2326	kicken
踢	*Holzbein . . . mühelos.* [15]

2327	Fußspuren
踪	*Holzbein . . . Religion.* Halten Sie es von dem ähnlichen Primitivelement aus Band 1 (dort S. 188) getrennt. [15]

2328	grätschen
跨	*Holzbein . . . prahlen.* [13]

❖	Zellstoff
枭	Dieses Primitivelement soll **Zellstoff** heißen, weil viele *Baum-Waren* aus diesem Grundstoff bestehen. [13]

品 枭

2329	aufbrausend
躁	*Holzbein . . . Zellstoff.* [20]

2330	zwitschern
噪	*Mund . . . Zellstoff.* Sie könnten hier auch das zusammengesetzte Primitivelement ignorieren und stattdessen auf all die *Münder* neben und in dem *Baum* abstellen. [16]

2331 澡	**Bad** *Wasser ... Zellstoff.* [16]
2332 藻	**Algen** *Blumen ... Bad.* [19]
2333 燥	**ausgedörrt** *Feuer ... Zellstoff.* [17]
2334 操	**Übung** *Finger ... Zellstoff.* [16]
2335 猾	**durchtrieben** *Rudel wilder Hunde ... Skelett.* [12]
2336 髓	**Mark** Wie in Knochen- oder Rücken**mark**. *Skelett ... links ... Körperteil ... Landstraße.* Beachten Sie, dass die Primitivelemente in der hier angegebenen Reihenfolge geschrieben werden. [21]

Lektion 34

2337 陌	Feldweg *Zinnen ... hundert.* [8]
2338 隙	Riss *Zinnen ... klein ... Springquell.* [12]
2339 陡	jäh *Zinnen ... laufen.* [9]
2340 陪	begleiten *Zinnen ... Maulkorb.* [10]
2341 障	Barriere *Zinnen ... Kapitel.* [13]
2342 隧	Tunnel *Zinnen ... zufriedenstellen.* [14]
2343 陋	dürftig *Zinnen ... drittes ... Angelhaken.* Die Schreibweise folgt den Primitiven. [8]
2344 隐	versteckt *Zinnen ... hastig.* [11]
2345 陕	Provinz Shaanxi *Zinnen ... von beiden Seiten drücken.* [8]

Maulwurfhügelmiliz

Die **Maulwurfhügelmiliz** ist eine Eliteeinheit von kleinen *Erd*hügeln mit winzigen *Tierbeinchen*. Beim Drill in der Kaserne werden ihnen eigens entworfene *Wandersmann*-Beine angelegt, damit sie in vertretbarer Zeit gegen den Gegner marschieren können. Wenn Sie bedenken, mit welcher aggressiven Inbrunst Gartenbesitzer und Landwirte üblicherweise **Maulwurfshügel** einebnen, können Sie sich ohne weiteres vorstellen, was diese **Miliz** antreibt und gegen wen sie vorgeht. [8]

2346		Mausoleum
陵	*Zinnen ... Maulwurfhügelmiliz.* [10]	

2347		Kante
棱	*Baum ... Maulwurfhügelmiliz.* [12]	

2348		Wassernuss
菱	*Blumen ... Maulwurfhügelmiliz.* [11]	

2349		schikanieren
凌	*Eis ... Maulwurfhügelmiliz.* [10]	

Kessel

Dies wird ein eher ungewöhnlicher **Kessel**. Ausgehend vom unteren Rand des Primitivelements, sehen wir eine belastbare *Reißzwecke* in den Boden gesteckt (weswegen der "Haken" an ihrem Ende nicht zu sehen ist), um so einen Ständer für den **Kessel** abzugeben. Darüber befindet sich ein Paar *Tierhörner*, die als zwei "Beine" unten an dem Gefäß angebracht sind. Das Ganze befindet sich unter einer großen *Glashaube* zum Dünsten. Ach ja, und der *eine Mund* bezieht sich auf die winzige Öffnung oben, die den Dampf austreten lässt – ganz, wie man sich einen altertümlichen Dampfdruckkochtopf vorstellen könnte. [10]

一 冂 冃 冄 冎 鬲

2350		schmelzen
融	Kessel ... Insekt. [16]	

2351		trennen
隔	Zinnen ... Kessel. [12]	

2352		stehlen
窃	Loch ... schneiden. [9]	

2353		graben
挖	Finger ... Loch ... Angelhaken. [9]	

2354		Gardine
帘	Loch ... Tuch. [8]	

2355		spähen
窥	Das Schriftzeichen bezieht sich eigentlich auf das Blicken durch ein Spähloch, aber hier können wir einen Juristen sehen, der nach einem *Loch* in den *Vorschriften* **späht**, durch das sein Mandant dann kriechen kann. [13]	

2356		am Ende seiner Mittel
穷	Loch ... Muskel. [7]	

2357		eng
窄	Halten Sie Ihr Bild hier deutlich getrennt von jenem für *schmal* (RAHMEN 1588). Seine Elemente: *Loch* ... *Säge*. [10]	

2358		auspressen
榨	Baum ... eng. Wie Saft aus Orangen. [14]	

2359 窟	Schlupfwinkel Ein Versteck für Gauner, Banditen etc. Die Primitive: *Loch ... sich unterwerfen*. [13]
2360 窘	in der Patsche *Loch ... Monarch*. [12]
2361 窜	davonlaufen *Loch ... Fleischspieß*. [12]
2362 腔	Hohlraum Im Inneren des Körpers. *Fleisch ... leer*. [12]
❖ 咼	Speiseröhre *Mund ... innen*. Gehen Sie sicher, dies nicht mit RAHMEN 841 durcheinander zu bringen, welcher dieselben Primitivelemente verwendet, aber sie anders anordnet. Stellen Sie sich vor, wie die **Speiseröhre** vom *Mund* tief nach *innen* reicht – in dieselbe Richtung wie die Elemente. [7] 口　咼
2363 窩	Bau So wie die *Mündung* sich auf eine ganze Reihe von Dingen beziehen konnte, kann dieses Zeichen in Komposita mit Bedeutung eines **Baus** auftreten – alles von einem Hornissennest über allgemeine Höhlungen bis zu einem Fuchsbau. Suchen Sie sich eines aus, aber halten Sie es von dem Primitivelement in Band 1 (dort S. 330) getrennt. *Loch ... Speiseröhre*. [12]
2364 涡	Strudel *Wasser ... Speiseröhre*. [10]

2365	Topf
锅	*Metall... Speiseröhre.* Schaffen Sie hier das Bild eines Koch**topfs**, das sich sicher vom *Dreifuß* unterscheidet (RAHMEN 2250). [12]

2366	Unglück
祸	*Altar... Speiseröhre.* [11]

2367	Schnecke
蜗	*Insekt... Speiseröhre.* [13]

2368	Besucher
宾	Wenn eine ganze Brigade von *Truppen* unerwartet Ihr *Haus* aufsucht, um sich ein wenig zu entspannen, geben Sie sich zwar Mühe, damit Ihre **Besucher** sich ganz zu Hause fühlen, wünschen sich aber insgeheim, dass sie das auch bald wieder sind. [10]

2369	nah am Wasser
滨	*Wasser... Besucher.* [13]

Lektion 35

2370		strammziehen
绷	*Faden ... Gefährte.* [11]	

2371		Faser
纤	Dieses Schriftzeichen kommt in Komposita für verschiedene **Faser**arten vor und sollte mit der Eigenschaft von Feinheit und Zartheit verbunden werden, welche wir dem Wort beilegen. Die Elemente, mit denen Sie hier arbeiten müssen, sind: *Faden ... tausend.* [6]	

2372		mehr als genug
绰	*Faden ... hervorragend.* [11]	

2373		vertraut machen
绍	*Faden ... einberufen.* [8]	

2374		Garn
纱	*Faden ... wenig.* [7]	

2375		Geflecht
络	*Faden ... jeder.* [9]	

2376		Seidenstoff
绸	*Faden ... Runde.* [11]	

2377		Daune
绒	*Faden ... Straßenfest ... Nadel.* [9]	

纟 纟 纩 绒

2378 绕		umwinden
	Faden ... Speerwerfer. [9]	

2379 绽		ausgefranster Saum
	Faden ... bestimmen. [11]	

2380 绵		fortlaufend
	Stellen Sie sich einen einzigen, ununterbrochen **fortlaufenden** *Faden* vor, aus dem alle Ihre *weißen Badetücher* zu Hause bestehen. Das mag effizient sein, könnte aber auch zu Schwierigkeiten beim Wäschewaschen führen. [11]	

2381 缔		einen Vertrag schließen
	Faden ... Imperator. [12]	

2382 纺		spinnen
	Textil: *Faden ... Kompass.* [7]	

2383 缠		aufspulen
	Faden ... Höhle ... Computer. [13]	

2384 绘		malen
	Wie in Gemälden. *Faden ... Zusammenkunft.* [9]	

2385 纷		unordentlich
	Faden ... Teil. [7]	

2386 绣		besticken
	Faden ... elegant. [10]	

2387 缕		Strähne
	Faden ... Braut. [12]	

2388 缩	schrumpfen *Faden ... übernachten.* [14]
2389 纳	annehmen *Faden ... drittes. In der Bedeutung von entgegennehmen, empfangen.* [7]
2390 综	zusammenfassen *Faden ... Religion.* [11]
2391 绅	Landadel *Faden ... Affe.* [8]
2392 绪	Einleitung *Faden ... Marionette.* [11]
2393 绞	verzwirnen *Faden ... Umgang pflegen mit.* [9]
❖ 爰	Zugvögel Dieses Primitivelement ist kinderleicht. Es stellt Vogel*krallen* (oder hier vielmehr: Enten*krallen*) dar, die miteinander verbunden sind. Achten Sie auf den zusätzlichen waagerechten Strich in dem Zeichen für *Freund*, der den Anschein einer "zwei" in der Mitte des Schriftzeichens vermittelt. Das betont noch einmal die Zusammengehörigkeit der **Zugvögel**. [9] ⺍ ⺿ 孚 歺 爰
2394 缓	ohne Hast *Faden ... Zugvögel.* [12]
2395 暖	warm *Sonne ... Zugvögel.* [13]

2396 援	den Rücken stärken Unterstützen, beistehen: *Finger . . . Zugvögel*. [12]
❖ 肙	Aphthe Ein *Mund* und *Fleisch* verbinden sich hier, um uns das störende kleine Geschwür an der Innenseite der Wange zu bescheren, das wir **Aphthe** nennen. [7] 口　肙
2397 绢	feste Seide Bei diesem Schriftzeichen handelt es sich um einen literarischen Begriff, der sich auf dünne aber **feste Seide** bezieht. Es besteht aus den Elementen *Faden* und *Aphthe*. [10]
2398 捐	spenden *Finger . . . Aphthe.* [10]
❖ 敫	Brieftaube Hier könnten Sie an die erste **Brieftaube** der niedergeschriebenen Geschichte denken: die *weiße Taube*, welche Noah aus der Arche *freiließ*, um trockenes Land ausfindig zu machen. Beim ersten Mal kehrte sie zurück. Nach sieben Tagen *ließ* Noah die *weiße Taube* wieder *frei*, und diesmal brachte sie einen Olivenzweig im Schnabel mit. Von ihrem dritten und letzten Flug kehrte sie nicht wieder, und Noah wusste somit, dass sie Land gefunden hatte. Die Teilkombination dieses Primitivelements ist, wie Sie sich erinnern werden, bereits mit einem deutlich anderen Bild in Band 1 verwendet worden (RAHMEN 497). [13] 白　㫃　敫

2399 缴	aushändigen
	Faden ... Brieftaube. [16]
2400 邀	jmds. Anwesenheit erbitten
	Brieftaube ... Landstraße. [16]
2401 缆	Kabel
	Faden ... Lupe. [12]
2402 哟	Oha!
	Mund ... sich verabreden. [9]
2403 颈	Genick
	Spule ... Kopf. [11]
2404 茎	Stengel
	Blumen ... Spule. [8]
2405 径	Fußweg
	Menschenschlange ... Spule. [8]
2406 劲	kräftig
	Spule ... Muskel. [7]
❖ 乌	Feger
	Der **Feger** ist kleiner und kompakter als die vollständige Form *Besen*. Wenn Sie den zweiten, waagerechten Strich des *Besens* nehmen, ihn nach oben biegen und als erstes zeichnen, folgt der Rest ganz natürlich. Nehmen Sie sich einen Moment Zeit, dies anhand der unten gezeigten Reihenfolge nachzuvollziehen. [3]

乚　⼇　⼄

2407	Grund
缘	Dieses Schlüsselwort ist im Sinne einer Ursache zu verstehen Die Elemente, mit denen Sie hier arbeiten müssen, sind: *Faden* ... *Feger* ... *Sau*. Der letzte Strich des *Fegers* fällt mit dem ersten Strich der *Sau* zusammen. [12]

2408	jung
幼	*Kokon* ... *Muskel*. [5]

2409	Bach
溪	*Wasser* ... *Geier* ... *Kokon* ... *Bernhardiner*. [13]

2410	abgelegen
幽	*Berg* ... zwei *Kokons*. [9]

2411	schwer zu verstehen
玄	Die mysteriöse Zusammenfügung eines *Zylinderhuts* mit einem *Kokon* ist als solche bereits **schwer zu verstehen**, was Ihnen hier nützen könnte. [5]

亠 玄

2412	Saite
弦	Als man die Tatwaffe untersucht, ist *schwer zu verstehen*, warum der am Tatort zurück gelassene *Bogen*, mittels dessen die tödliche Pfeile auf den Musikkritiker verschossen worden waren, mit einer Cello-**Saite** anstatt einer *Bogen*sehne bespannt ist. Die Nachricht eines enttäuschten Virtuosos? [8]

2413	Nutzvieh
畜	*Schwer zu verstehen* ... *Reisfeld*. [10]

2414	ansammeln
蓄	*Blumen* ... *Nutzvieh*. [13]

❖ 兹	Mona Lisa Beachten Sie die hiesige Verdoppelung des Elements *schwer zu verstehen*. Falls es irgendein Kunstwerk gibt, das man als doppelt *schwer zu verstehen* bezeichnen kann, dann ist es Da Vincis **Mona Lisa** mit ihrem unergründlichen Gesichtsausdruck. [9] <div align="center">亠　玄　兹</div>
2415 磁	Magnetismus *Stein ... Mona Lisa.* [14]
2416 滋	nähren *Wasser ... Mona Lisa.* [12]
2417 慈	barmherzig *Mona Lisa ... Herz.* [13]
2418 累	ermüdet *Reisfeld ... Zahnseide.* [11]
2419 螺	Spirale Wie ein Schneckenhaus. *Insekt ... ermüdet.* [17]
2420 紫	violett *Dies (literarisch) ... Zahnseide.* [12]
2421 繁	zahlreich *Behende ... Zahnseide.* [17]
2422 絮	redselig *So wie ... Zahnseide.* [12]

❖ 亠	Kapelle

Das *Haus* mit dem "Kreuz" auf dem Dach wird uns als Primitivelement mit der Bedeutung **Kapelle** dienen. Wir sind der Verwendung von Piktogrammen zwar bisher lieber aus dem Weg gegangen, denken aber, dass auch Sie das "Kreuz" als Ersatz für den "Schornstein" oben auf dem *Haus* für eine hilfreiche Ausnahme halten werden. [4]

十 亠

2423 — Tau

索   *Kapelle ... Zahnseide.* [10]

❖ — Sonntagsschule

字   Die *Kapelle* mit den *Kindern* darin wird zum Primitivelement mit der Bedeutung **Sonntagsschule**. [7]

亠 字

2424 — Hals

脖   Nicht zu verwechseln mit RAHMEN 2403. *Fleisch ... Sonntagsschule.* [11]

2425 — vital

勃   *Sonntagsschule ... Muskel.* [9]

Lektion 36

2426		entladen
卸	Das linke Primitivelement ist die Vereinigung eines *Steckenpferds* mit einem *Fußabdruck*. Rechts steht der *Stempel*. [9]	

2427		sich zur Wehr setzen
御	*Menschenschlange . . . entladen.* [12]	

2428		Laich
卵	Dieses Schriftzeichen zeigt einen *Brieföffner* mit ein paar *Tropfen* ungeklärter Herkunft. Das Schlüsselwort verrät es: Er ist mit **Laich** aus dem nächstgelegenen Tümpel beschmiert. Welch' unglückselige Kreatur genau nun ihr Gelege auf diesem Brieföffner wiederfindet, und was der Eigentümer der Schreibtischwaffe damit zu tun hat, sind Angelegenheiten, die wir lieber Ihrer als unserer Fantasie überlassen möchten. [7]	

′　𠃊　𠃋　𠂹　卯　卵　卵

❖		Küken
孚	Ein *Geier* und ein *Kind* fügen sich hier zu dem etwas schauerlichen Bild eines Horstes voller **Küken** zusammen. [7]	

爫　孚

2429		brüten
孵	*Laich . . . Küken.* [14]	

2430		weibliche Brust
乳	*Küken . . . Angelhaken.* [8]	

2431	mit Auftrieb
浮	Eine Umschreibung für "passives Schwimmen". *Wasser . . . Küken.* [10]

2432	Kriegsgefangener
俘	*Mensch . . . Küken.* [9]

2433	Granatapfel
榴	*Baum . . . bleiben.* [14]

2434	Großvater
爷	*Vater . . . Siegelholz.* [6]

2435	zweifeln
疑	Der existentielle Zustand, in dem man an allem und jedem **zweifelt**, wird hier dargestellt als *jemand, der auf dem Boden sitzt*, und zwar inmitten eines *Zoos* mit einem *Wurfpfeil* im Hinterteil und einem *Siegelholz* in der Hand. Wie um alles in der Welt bin ich hierhin gekommen? Ist dies die Wirklichkeit oder nur ein Traum? [14]

匕　矣　矣　疑

❖ Als Primitivelement verwendet wird dieses Schriftzeichen eine *in Falten gelegte Stirn* bedeuten, wie sie jemand zeigt, der ernsthaft *zweifelt*.

2436	gerinnen
凝	*Eis . . . in Falten gelegte Stirn.* [16]

2437	exquisit
玲	*Edelstein . . . Befehl.* [9]

2438	Glöckchen
铃	*Metall . . . Befehl.* [10]

2439 怜	bemitleiden *Gemütszustand ... Befehl.* [8]
2440 岭	Gebirgskette *Berg ... Befehl.* [8]
2441 伶	Mime *Mensch ... Befehl.* [7]
2442 涌	sprudeln *Wasser ... Siegelwachs.* [10]
2443 桶	Eimer *Baum ... Siegelwachs.* [11]
2444 诵	vortragen *Worte ... Siegelwachs.* [9]
2445 范	Vorbild *Blumen ... Wasser ... Fingerabdruck.* [8]
2446 扼	erwürgen *Finger ... Klippe ... Fingerabdruck.* [7]
2447 卷	Prüfungsbogen *Viertel ... Fingerabdruck.* [8]
2448 倦	überdrüssig Weniger Dinge wird der *Mensch* im Laufe eines Schuljahres **überdrüssiger**, als vor einem *Prüfungsbogen* zu sitzen. [10]

2449	Kreis
圈	Das Schlüsselwort bezieht sich sowohl auf die geometrische Figur als auch eine umschriebene Gruppe, wie in einem "Freundes**kreis**". Die Primitive: *Eingepfercht . . . Prüfungsbogen*. [11]

❖	Klingelschild
夗	Anstatt am *Tagesende* nach Hause zu kommen und mühsam mit den Haustürschlüsseln zu hantieren, plazieren Sie einfach Ihren *Fingerabdruck* auf dem beleuchteten **Klingelschild**, und: presto – drinnen sind Sie! [5]

夕 夗

2450	Groll
怨	*Klingelschild . . . Herz.* [9]

2451	gewunden
宛	*Haus . . . Klingelschild.* [8]

❖ Als Primitivelement verwendet bedeutet dieses Schriftzeichen *Briefkasten* – hergeleitet von dem *Haus* mit Ihrem *Klingelschild* daran – in den Ihr Briefträger die Post steckt.

2452	Handgelenk
腕	*Fleisch . . . Briefkasten.* [12]

2453	einfühlsam
婉	*Frau . . . Briefkasten.* [11]

2454	Schüssel
碗	*Stein . . . Briefkasten.* [13]

2455	aschfahl
苍	*Blumen . . . Magazin.* [7]

2456 抢 *Finger ... Magazin.* [7]	entreißen
2457 诡 *Worte ... Gefahr.* [8]	hinterhältig
2458 跪 *Holzbein ... Gefahr.* [13]	knien
❖ 镸	Reißverschluss

Jenes *Werkzeug*, das aus zwei Reihen *Heftklammern* mit etwas dazwischen besteht, soll hier *Reißverschluss* heißen (immer noch deutlich bequemer zum Schließen der Hose, als sie zuzutackern). Beachten Sie, dass das zwischenstehende Primitivelement jeweils nach der ersten Reihe der *Heftklammern* auf der linken Seite geschrieben wird. [10]

ᶠ   ᶠ⁊   ᶠ⁊   ᶠᶾ   镸

2459 舆 *Reißverschluss ... Wagen.* [14]	publik

ᶠ   伜   闬   甶   舆

LEKTION 37

2460 酌	einschenken
	Whiskeyflasche ... Schöpflöffel. [10]

2461 酬	vergüten
	Whiskeyflasche ... Staat. [13]

2462 酷	brutal
	Whiskeyflasche ... ansagen. [14]

2463 醇	-anol
	Bezeichnung eines Alkohols, wie z.B. in Ethanol. *Whiskeyflasche ... genießen.* [15]

2464 醋	Essig
	Whiskeyflasche ... Vergangenheit. [15]

❖ 丬	Schoko-Schildkröte
	Eine **Schoko-Schildkröte** ist eine klebrig-schokoladige Süßigkeit in Form einer *Schildkröte*, die es am *Tagesende* als Nachtisch an der Esstafel oder als Betthupferl auf Ihrem Kopfkissen gibt. Sie müssen sich nur vorstellen, wie die *Schildkröte* zum Leben erwacht, wenn Sie hineinbeißen. [6]

丬 丬

2465 酱	Paste
	Das Schriftzeichen für **Paste** erscheint auch in dem Begriff für Sojasauce, so dass sie es schon mehrfach gesehen haben könnten, ohne es bewusst zu bemerken. Die Primitivelemente: *Schoko-Schildkröte ... Whiskeyflasche.* [13]

2466	Auszeichnung
奖	Schoko-Schildkröte ... Bernhardiner. [9]

2467	dicke Flüssigkeit
浆	Schoko-Schildkröte ... Wasser. Beachten Sie, dass das untere Element das vollständige Schriftzeichen für Wasser verwendet. Es dürfte helfen, wenn Sie zu RAHMEN 137 in Band 1 zurückkehren und die dortige Erzählung einbinden. [10]

2468	Paddel
桨	Schoko-Schildkröte ... Baum. [10]

2469	Jiang
蒋	Jiang ist der Nachname des *General*issimus' Chiang Kai-shek (oder nach heutiger Orthographie **Jiang** Jieshi), Oberhaupt der Nationalistischen Regierung der Republik China bis 1975. Praktischerweise sind die Primitivelemente: *Blumen* ... *General*. [12]

❖	Fußsoldaten
卒	Die hier dargestellten **Fußsoldaten** sind keine gewöhnliche in Reih' und Glied auftretende Infantrie, sondern eigens produzierte und ausgeklügelte Fußpfleger für die Befehlshaber. Sehen Sie hier, wie sie vom *Fließband* marschieren in ihren *Zylinderhüten* mit fußlangen *Nadeln* in der Hand, um die Blasen ihrer Vorgesetzten aufzustechen. [8]

亠　从　卒

2470	betrunken
醉	Whiskeyflasche ... Fußsoldaten. [15]

2471	entzwei
碎	Stein ... Fußsoldaten. [13]

2472 翠	smaragdgrün *Feder ... Fußsoldaten.* [14]
2473 粹	unvermischt *Reis ... Fußsoldaten.* Das Schlüsselwort hat den Beiklang von etwas Reinem und Unverfälschtem. [14]
❖ 夋	Dirne Sie sollten keine Schwierigkeiten haben, das Schriftzeichen für *einwilligen* und ein Paar *wandernder Beine* mit einer Straßen-**Dirne** in Verbindung zu bringen. (Beachten Sie, dass in vielen Zeichensätzen die *Menschenbeine* in *einwilligen* eher wie ein Paar *Tierbeine* erscheinen.) [7] 厶　允　夋
2474 酸	sauer *Whiskeyflasche ... Dirne.* [14]
2475 梭	Schiffchen *Baum ... Dirne.* Denken Sie an ein hölzernes Weber**schiffchen**, das hin und her über den Webstuhl gleitet. [11]
2476 峻	steil aufragend *Berg ... Dirne.* [10]
2477 俊	gutaussehend *Mensch ... Dirne.* [9]
2478 奠	etablieren Eine Institution. Die Elemente: *Häuptling ... Bernhardiner.* [12]
2479 蹲	hocken *Holzbein ... Häuptling ... angeleimt.* [19]

2480		hänseln
逗	*Bohne ... Landstraße.* [10]	

2481		Schrank
橱	*Baum ... Küche.* [16]	

2482		Gekicher
嘻	*Mund ... freudig.* [15]	

2483		loben
嘉	*Trommel ... hinzufügen.* Sie könnten auch mit dem Schriftzeichen für *freudig* beginnen und einfach das Element *Mund* herüberrücken, um Platz für die Vervollständigung des Schriftzeichens für *hinzufügen* zu schaffen. [14]	

2484		Bündnis
盟	*Hell ... Schüssel.* [13]	

2485		Menzius
孟	Dieses Schriftzeichen ist am ehesten bekannt als der Anfang des Namens eines der gefeiertesten Philosophen Chinas: **Menzius** (oder Mengzi, ca. 385–303 v. Chr.). Seine Primitive: *Kind ... Schüssel.* [8]	

2486		ungestüm
猛	*Rudel wilder Hunde ... Menzius.* [11]	

2487		Salz
盐	*Erde ... Zauberstab ... Schüssel.* [10]	

2488		Helm
盔	Um dieses Schlüsselwort nicht mit dem gleichnamigen Primitivelement zu verwechseln, stellen Sie sich einen ganz anderen Typ **Helm** vor und verknüpfen Sie ihn energisch mit den Elementen: *Asche ... Schüssel.* [11]	

2489 盒	Kassette *Passen ... Schüssel.* [11]
2490 盛	in voller Blüte *Werden zu ... Schüssel.* [11]
2491 盏	kleiner Becher *Festwagen ... Schüssel.* [10]
2492 盗	Meisterdieb *Nächster ... Schüssel.* [11]
2493 磕	anstoßen *Stein ... gehen ... Schüssel.* [15]
2494 盈	prall gefüllt *Faust ... wieder ... Schüssel.* [9]
2495 盆	Becken *Teil ... Schüssel.* Für die besondere Konnotation denken Sie an ein Wasch**becken**. [9]
2496 蕴	umfassen *Blumen ... Faden ... Sonne ... Schüssel.* [15]
❖ 业	Stierkämpfer Im Nachgang zu der in RAHMEN 1010 erlernten Erzählung verleihen wir diesem Primitivelement die Bedeutung **Stierkämpfer**. [5] 丨　业　业

2497 鉴	begutachten *Stierkämpfer ... Gold.* [13]
2498 滥	ausschweifend *Wasser ... versteckte Kamera.* [13]
❖ 尢	Frankentöle Sie werden sich an das Primitivelement für die bizarre Transformation des kleinen Chihuahuas in ein *Frankenhündchen mit Frankenbein* aus Band 1 erinnern (dort S. 134). Hier sehen wir ein späteres, jedoch nicht minder grauenhaftes Experiment mit einem größeren *Bernhardiner*. Wir nennen das Ergebnis die **Frankentöle**. [3] 丿 𠂇 尢
2499 尴	peinlich berührt *Frankentöle ... versteckte Kamera.* [13]
2500 尬	verlegen sein *Frankentöle ... einführen.* [7]
❖ 尤	Frankentölus Rex Die Verwandlung des ersten Strichs der *Frankentöle* in eine *Krone* verschafft uns das *krönende* Experiment des verrückten Wissenschaftlers: Eine Kreatur, die sich mit den wildesten Bestien der Kreidezeit messen kann – der **Frankentölus Rex**. [4] 𠄌 𠂉 尤
2501 沈	Shen *Wasser ... Frankentölus Rex.* [7]
2502 枕	Kopfkissen *Baum ... Frankentölus Rex.* [8]

2503 耽	sich etwas gönnen *Ohr . . . Frankentölus Rex.* [10]
2504 衅	Zank *Blut . . . Hälfte.* [11]
2505 垦	Neuland gewinnen *Silber . . . Erde.* [9]
2506 狠	schonungslos *Rudel wilder Hunde . . . Silber.* [9]
2507 恳	ernstlich *Silber . . . Herz.* [10]
2508 艰	beschwerlich *Schoß . . . Silber.* [8]
2509 爵	Oberschicht *Geier . . . Netz . . . Silber . . . angeleimt.* Nicht nur die Europäer kennen eine Geschichte des Adels und der Aristokratie. Auch China hatte seine **Oberschicht**. [17]
2510 嚼	kauen *Mund . . . Oberschicht.* [20]
2511 卿	Minister *Brieföffner . . . Silber.* Stellen Sie sicher, das Primitivelement *Silber* IN dem *Brieföffner* zu plazieren. Das Schlüsselwort bezieht sich auf hohe Regierungsbeamte in der chinesischen Geschichte. [10]
2512 恨	hassen *Gemütszustand . . . Silber.* [9]

2513		laut und klar
朗	Heiligenschein ... Mond. [10]	
2514		Wolf
狼	Rudel wilder Hunde ... Heiligenschein. [10]	
2515		Verpflegung
粮	Reis ... Heiligenschein. [13]	
2516		brauen
酿	Whiskeyflasche ... Heiligenschein. [14]	
2517		ausgehungert
饥	Essen ... Tischlein. [5]	
2518		begnadigen
饶	Essen ... Speerwerfer. [9]	
2519		Schmuck
饰	Essen ... zurückgelehnt ... Tuch. [8]	
2520		Getränk
饮	Essen ... gähnen. [7]	
2521		zerfressen
蚀	Als Verb. Essen ... Insekt. [9]	
2522		gesättigt
饱	Essen ... wickeln. [8]	
2523		Brot
馒	Essen ... Mandala. [14]	

2524 饼 *Essen ... Puzzle.* [9]	Keks
2525 饺 *Essen ... Umgang pflegen mit.* [9]	Maultasche
2526 饿 *Essen ... Geizhals.* [10]	hungrig
2527 溉 *Wasser ... da.* [12]	bewässern
2528 慨 *Gemütszustand ... da.* [12]	empört

Lektion 38

2529	Apfel
苹	*Blumen . . . Seerose.* [8]

2530	Wasserlinse
萍	*Apfel . . . Wasser.* Die **Wasserlinse** ist eine kulinarische Delikatesse für Enten (und aus diesem Grund auch als "Entengrütze" bekannt). [11]

艹 氵 萍

2531	Waage
秤	*Wildreis . . . Seerose.* Nicht zu verwechseln mit dem gleichnamigen Primitivelement. [10]

2532	verwechseln
淆	*Wasser . . . Garbe . . . besitzen.* [11]

2533	Chinesischer Beifuß
艾	Unter den *Blumen* oben sehen wir eine *Garbe*, was uns den **Chinesischen Beifuß** verleiht – eines jener Kräuter, die in der Moxibustion (Hitzetherapie) Verwendung finden. [5]

2534	Au weia!
哎	*Mund . . . Chinesischer Beifuß.* [8]

2535	Zhao
赵	*Laufen . . . Garbe.* Bei dem Schlüsselwort handelt es sich um einen geläufigen Nachnamen. [9]

2536	klettern
攀	*Forst* mit zwei *Garben . . . Bernhardiner . . . Hand.* [19]

	木　朷　林　樊　攀
2537 刹	Töten ... Säbel. [8] — bremsen
2538 枫	Baum ... Wind. [8] — Ahorn
2539 钢	Metall ... Hügelrücken. [9] — Stahl
2540 岗	Berg ... Hügelrücken. [7] — Anhöhe
2541 纲	Faden ... Hügelrücken. [7] — Leitlinie
2542 屯	Eins ... Grube ... Angelhaken. [4] — einlagern

一　冂　屯

❖ Die Bedeutung als Primitivelement ist *Regenwurm* – ein wenig anschaulicher als das Schlüsselwort. Wenn Sie sich vorstellen können, wie Sie eine Lieferung *Regenwürmer einlagern*, haben Sie alles, was Sie brauchen.

2543 吨	Mund ... Regenwurm. [7] — Ton
2544 顿	Regenwurm ... Kopf. [10] — Pause

2545	pur
纯	Faden ... Regenwurm. Seien Sie sicher, das Schlüsselwort von jenem für *unvermischt* (RAHMEN 2398) getrennt zu halten; beide Wörter haben eine Bedeutung von "rein". [7]

2546	Beißer
齿	Wie in "Zähne". *Fußabdruck ... Mensch ... Grube.* [8]

2547	Dienstjahr
龄	Dieses Schlüsselwort bezieht sich auf Umstände wie ein **Dienstjahr** im Militär oder die Zeit, die ein Schiff bereits benutzt wird. Seine Elemente: *Beißer ... Befehl.* [13]

2548	stürmisch
汹	Die Bedeutung dieses Schriftzeichens kann wörtlich oder metaphorisch sein. Die Elemente sind: *Wasser ... schrecklich.* [7]

2549	Zaun
篱	*Bambus ... verlassen.* [16]

2550	Brauch
仪	*Mensch ... Rechtschaffenheit.* Ähnlich wie aber doch anders als z.B. eine *Zeremonie* (RAHMEN 902). [5]

2551	Untat
辜	*Altertümlich ... Paprikastaude.* [12]

2552	Ausdrucksweise
辞	*Zunge ... Paprikastaude.* [13]

2553	schlachten
宰	*Haus ... Paprikastaude.* [10]

2554		differenzieren
辨	Zwei *Paprikstauden* ... *Säbel*. [16]	

辛　刹　辨

2555		Zopf
辫	Zwei *Paprikstauden* ... *Faden*. [17]	
2556		Arm
臂	*Scharfe Sauce* ... *Fleisch*. [17]	
2557		spalten
劈	*Scharfe Sauce* ... *Dolch*. [15]	
2558		Gleichnis
譬	*Scharfe Sauce* ... *Worte*. [20]	
2559		entlegen
僻	Sehen Sie die Person, die Ihren *Menschen* repräsentiert, allein an einem **entlegenen** Ort. Wie sich herausstellt, hat sie sich zu oft an der *scharfen Sauce* bedient, und das Resultat sind derartig unangenehme Ausdünstungen aus allen Körperöffnungen, dass sie sich nun nicht mehr länger in Gesellschaft aufhalten kann. [15]	
2560		sich verwickeln
纠	*Faden* ... *Füllhorn*. [5]	
2561		husten
咳	*Mund* ... *Eichel*. [9]	
2562		grölen
嚷	*Mund* ... *Taubenschlag*. [20]	

2563		einlegen
镶	Metall ... Taubenschlag. [22]	
2564		Bollwerk
塞	Hamsterkäfig ... Erde. [13]	
2565		Gatter
寨	Hamsterkäfig ... Stange. [14]	

LEKTION 39

2566 晴	wolkenlos-heiter Sonnig. *Sonne . . . Teleskop/blau oder grün.* [12]
2567 猜	vermuten *Rudel wilder Hunde . . . Teleskop.* [11]
2568 靖	befrieden *Vase . . . Teleskop.* [13]
2569 债	Schulden *Mensch . . . Verantwortung.* [10]
2570 牲	Haustier *Kuh . . . Körperzelle.* [9]
2571 隆	furios *Zinnen . . . Wandersmann . . . Zimmerdecke . . . Körperzelle.* [11]
2572 腥	Fischgeruch *Fleisch . . . Stern.* [13]
2573 猩	Orang-Utan *Rudel wilder Hunde . . . Stern.* [12]
2574 醒	erwachen *Whiskeyflasche . . . Stern.* [16]
2575 寿	langes Leben *Gebüsch . . . Leim.* Der letzte Strich von *Gebüsch* schwingt nach links, um Platz für den *Leim* zu schaffen. [7]

> ❖ Die Bedeutung des Schriftzeichens wechselt zu *langer, grauer Bart*, wenn es als Primitivelement verwendet wird.

2576 疇	die Flur
	Reisfeld ... langer, grauer Bart. [12]

2577 涛	Brandung
	Wasser ... langer, grauer Bart. [10]

2578 铸	Metall gießen
	Der Sinn des **Metallgießens** ist nicht nur, ihm Form zu verleihen, sondern auch eine längere Lebensdauer. Der Beweis dafür besteht in dem *langen, grauen Bart*, der einem gegossenen Stück *Metall* hier gewachsen ist. [12]

2579 祷	beten
	Altar ... langer, grauer Bart. [11]

2580 筹	Vorkehrungen treffen
	Bambus ... langer, grauer Bart. [13]

2581 契	Vertrag
	Gebüsch ... Schwert ... Bernhardiner. [9]

2582 拜	anhimmeln
	Hand ... Zimmerdecke ... Gebüsch. [9]

❖ 夆	Dornenhecke
	Denken Sie hier an die Horden von Möchtegern-Prinzen, die auf dem Weg zu Dornröschen in der **Dornenhecke** verendeten – oder sich zumindest blutige *wandernde Beine* holten. Das Bild der spitzen Dornen wird bei den folgenden Schriftzeichen hilfreich sein. [7]
	夂　夅　夆

| 2583 | Schneide |

锋 Metall . . . Dornenhecke. Dieses Schriftzeichen steht für eine scharfe Spitze oder **Schneide**. [12]

| 2584 | jemanden treffen |

逢 Dornenhecke . . . Landstraße. [10]

| 2585 | nähen |

缝 *Faden . . . jemanden treffen.* [13]

| 2586 | zerzaust |

蓬 Wenn es stimmt, dass der Regen gleichermaßen auf die Gerechten und die Ungerechten fällt, kann man ähnliches auch von *Blüten* sagen, die im Frühlingswind wehen: Sie stieben umher, und machen keinen Unterschied darin, *wen sie treffen*: die **zerzausten** und die gut gekämmten Köpfe gleichermaßen. Machen Sie sich also nicht zu viele Sorgen wegen Ihrer Frisur. [13]

| 2587 | Plane |

篷 *Bambus . . . jemanden treffen.* [16]

| 2588 | Biene |

蜂 *Insekt . . . Dornenhecke.* [13]

| 2589 | Gipfel |

峰 *Berg . . . Dornenhecke.* [10]

| 2590 | blindlings |

瞎 *Augäpfel . . . Schädigung.* [15]

| 2591 | verwalten |

辖 Gutes **Verwalten** ist eine hohe Kunst, hat aber auch den Ruch des etwas Langweiligen. Für letzteres sehen Sie hier ein schönes Bild, denn Sie sind damit beschäftigt, alle *Schädigungen* an den

Dienst*wagen* von Mitarbeitern der örtlichen Stadt**verwaltung** zu erfassen (die im großen und ganzen daher rühren, dass sich die Damen und Herren weder an Geschwindigkeitsbegrenzungen noch an Parkverbote halten). [14]

2592	Lücke
豁	*Schädigung ... Tal.* [17]

2593	Korea
韩	*Sprühregen ... Dornbusch.* [12]

2594	zuwiderhandeln
违	*Dornbusch ... Landstraße.* [7]

2595	Breitengrad
纬	*Faden ... Dornbusch.* Das Gegenstück zum Längengrad. [7]

2596	ein Instrument spielen
奏	*Bonsai ... Himmel.* [9]

2597	zusammentragen
凑	*Eis ... ein Instrument spielen.* [11]

2598	Qin
秦	*Bonsai ... Wildreis.* **Qin** Shi Huang war der Begründer und erste Kaiser der **Qin**-Dynastie. Er führte gewaltige Projekte (wie die Große Mauer, die Terrakotta-Krieger etc.) um den Preis vieler Leben durch. Geben Sie gut acht, das Schriftzeichen nicht mit dem soeben oben in RAHMEN 2596 erlernten zu verwechseln. [10]

2599	einfältig
蠢	*Frühling ... zwei Insekten.* [21]

❖ 圣	Vogelscheuche Der *Ausfallschritt* und die *Maisstaude* verbinden sich für uns zu einer **Vogelscheuche**. [5] 又 圣
2600 泽	Sumpf *Wasser . . . Vogelscheuche.* [8]
2601 译	übersetzen *Worte . . . Vogelscheuche.* [7]
2602 择	auswählen *Finger . . . Vogelscheuche.* [8]
2603 捧	mit beiden Händen tragen *Finger . . . darbringen.* [11]
2604 砖	Backstein *Stein . . . Maiskolben-Pfeife.* [9]
2605 唾	Speichel *Mund . . . herabhängen.* [11]

Lektion 40

2606	rezitieren
吟	Da wir bereits Schriftzeichen für Gedicht (RAHMEN 355) und Lied (RAHMEN 476) erlernt haben, ist es wichtig, diesem Schlüsselwort sein ganz eigenes Bild zuzuweisen. Die Elemente sind dieselben wie in RAHMEN 1245, nur ihre Position hat sich verändert: *Mund ... Uhr*. [7]

2607	gierig
贪	*Uhr ... Muscheln*. [8]

2608	Instrument mit Saiten
琴	Ein Paar von *Edelsteinen ... Uhr*. [12]

2609	raffinieren
炼	Man **raffiniert** Dinge, indem man sie dem *Feuer* aussetzt. Dies gilt für eine Reihe von Gegenständen, von Metallen bis hin zu Milch (indem man sie pasteurisiert). Hier probieren Sie das Verfahren an einer alten *Ricksha mit Verdeck* und hoffen, dass das *Feuer* eine Art alchemistischer Magie entfaltet, mittels derer es Ihre *Ricksha* zu einer Miniatur aus purem Gold transmutiert. Versuchen können Sie es ja einmal... [9]

2610	sich sonnen
晒	*Sonne ... Wilder Westen*. [10]

2611	verschütten
洒	*Wasser ... Wilder Westen*. [9]

2612	nisten
栖	*Baum ... Wilder Westen*. [10]

| 2613 | Kastanie |

栗 *Wilder Westen . . . Baum.* Halten Sie das Schriftzeichen in diesem Rahmen getrennt vom vorigen – die Primitivelemente sind dieselben! [10]

| 2614 | aufopfern |

牺 Wie das Schriftzeichen in RAHMEN 910, kann dieses für Tieropfer verwendet werden, aber es kann auch bedeuten, etwas zugunsten einer Sache von höherem Wert **aufzuopfern**. Seine Elemente: *Kuh . . . Wilder Westen.* [10]

| 2615 | Tümpel |

潭 Der *Wilde Westen* und die *Sonnenblume* malen für uns das Bild eines einsamen Cowboys, der ziellos und von seiner angebeteten Prärieschönheit träumend umherläuft, während er die Blätter einer *Sonnenblume* ausrupft: "Sie liebt mich, sie liebt mich nicht. Sie liebt mich...". Dabei bemerkt er das *Wasser* nicht, das sich zu seinen Füßen sammelt, stolpert und fällt in einen **Tümpel**.

Achten Sie darauf, die rechte Seite dieses Schriftzeichens und das Schriftzeichen für "Eintrittskarte" auseinander zu halten (RAHMEN 1256). [15]

| 2616 | umkippen |

覆 *Wilder Westen . . . Menschenschlange . . . umkehren.* [18]

| 2617 | flattern |

飘 *Eintrittskarte . . . Wind.* [15]

| 2618 | widmen |

献 *Süden . . . Chihuahua.* [13]

Lektion 41

2619 阔	luxuriös *Tor ... lebendig.* [12]
2620 润	befeuchten *Wasser ... Tor ... Edelstein.* [10]
2621 阁	Kabinett *Ein Regierungs**kabinett**. Seine Elemente: Tor ... jeder.* [9]
2622 搁	beiseite schieben *Finger ... Kabinett.* [12]
2623 闹	Unruhe stiften *Tor ... Markt.* [8]
2624 阅	durchlesen *Tor ... Teufel.* [10]
2625 闷	stickig *Tor ... Herz.* [7]
2626 闭	zumachen *Tor ... Flaschengeist.* [6]
2627 闪	Blitz *Tor ... Mensch.* [5]
2628 阀	Ventil *Tor ... fällen.* [9]

2629 闸	Tor ... Radieschen. [8]	Schleusentor
2630 阐	Tor ... Liste. [11]	erläutern
2631 涧	Wasser ... Zwischenraum. [10]	Klamm
2632 菲	Blumen ... Kerker. [11]	gering
2633 辈	Kerker ... Wagen. [12]	Lebenszeit
2634 悲	Kerker ... Herz. [12]	bekümmert
2635 徘	Menschenschlange ... Kerker. [11]	zaudernd
2636 喉	Mund ... Fürst. [12]	Schlund
2637 猴	Rudel wilder Hunde ... Fürst. [12]	Affe

Lektion 42

2638	Leber
肝	Fleisch ... Wäscheständer. [7]

2639	Veröffentlichung
刊	Das Endprodukt. Seine Elemente: Wäscheständer ... Säbel. [5]

2640	Unzucht
奸	Frau ... Wäscheständer. [6]

2641	Schweiß
汗	Wasser ... Wäscheständer. [6]

2642	Schaft
杆	Der *Trocken-Baum* ist ein besonderes botanisches Wunder, das man ausschließlich in einer bestimmten Wüstenregion in Mittelaustralien findet (bezüglich der genauen Koordinaten unterliegen wir strenger Verschwiegenheitspflicht). Er heißt so, weil er sogar Dürreperioden überstehen kann, welche die übrige Vegetation dahinraffen. Die örtliche Bevölkerung hat herausgefunden, dass der lange **Schaft** des *Baumes* zu unterirdischen Quellen führt. [7]

2643	Balkon
轩	Wagen ... Wäscheständer. [7]

2644	rar
罕	Locher ... Wäscheständer. [7]

2645	Stange
竿	Bambus ... Wäscheständer. [9]

2646	kühn
悍	*Gemütszustand ... Dürre.* [10]

2647	appellieren
吁	*Mund ... Kleiderbahn.* [6]

2648	bestreichen
涂	*Wasser ... Waage.* [10]

2649	dartun
叙	*Waage ... Schoß. Etwas erzählen oder berichten.* [9]

2650	geruhsam
徐	*Menschenschlange ... Waage.* [10]

2651	schief
斜	*Waage ... Großer Wagen.* [11]

2652	Fanfare
喇	*Mund ... Bündel ... Säbel.* [12]

2653	ähä-ähä-ähä
嗽	Das Geräusch eines (Raucher-)Hustens, auf den dieses Zeichen sich bezieht. Die Elemente: *Mund ... Bündel ... gähnen.* [14]

2654	angewiesen sein auf
赖	*Bündel ... belastet.* [13]

2655	faul
懒	*Gemütszustand ... angewiesen sein auf.* [16]

2656	grazil
嫩	*Frau ... Bündel ... Zuchtmeister.* [14]

2657	Vorstandsmitglied
董	*Blumen . . . schwergewichtig.* [12]

Lektion 43

2658 疗	*Erkrankung ... (Perfek)-t.* [7]	heilen
2659 痰	*Erkrankung ... Entzündung.* [13]	Schleim
2660 症	*Erkrankung ... richtig.* [10]	Krankheit
2661 疼	*Erkrankung ... Winter.* [10]	wehtun
2662 痒	*Erkrankung ... Schaf.* [11]	jucken
2663 瘫	*Erkrankung ... schwierig.* [15]	Lähmung
2664 疫	*Erkrankung ... Geschoss.* [9]	Epidemie
2665 癌	*Die Erkrankung ... Waren ... Berg.* [17]	Krebs
2666 疲	*Erkrankung ... Umhüllung.* [10]	ausgelaugt
2667 痴	*Erkrankung ... wissen.* [13]	idiotisch

2668	Geschwulst
瘤	*Erkrankung ... bleiben.* [15]

2669	Geschwür
疮	*Erkrankung ... Magazin.* [9]

2670	rapide
疾	Sie haben bereits *schnell* (RAHMEN 1274) und *geschwind* (RAHMEN 1287). Um das alles gut auseinander halten zu können, wäre es möglich, hier an eine "**rapide** Verschlechterung" zu denken, hervorgerufen durch *Wurfpfeile* (in welcher Weise, überlassen wir ganz Ihnen). [10]

2671	Sucht
瘾	*Erkrankung ... versteckt.* [16]

2672	Spur
痕	*Erkrankung ... Silber.* [11]

2673	zusammenfließen
汇	*Wasser ... Kiste.* [5]

2674	rechteckiger Rahmen
框	*Baum ... Kiste ... Edelstein.* Das Schriftzeichen kann in Wörtern verwendet werden, die sich auf **rechteckige Rahmen** um Bilder, Türen, Fenster etc. beziehen. [10]

2675	rechteckiger Korb
筐	*Bambus ... Kiste ... König.* Heutzutage kann dieses Schriftzeichen für Körbe in verschiedenen Formen verwendet werden, aber ursprünglich bezog es sich nur auf aus Bambusstreifen geflochtene **rechteckige Körbe**. [12]

竹 竺 筀 筐

2676	zerschlagen
砸	*Stein ... Kiste ... Tuch.* [10]

2677	Handwerker
匠	*Kiste ... Kriegsbeil.* [6]

2678	Bandit
匪	*Kiste ... Kerker.* [10]

2679	verbergen
匿	*Kiste ... Disneyland.* [10]

2680	Tasche
兜	Dieses Schriftzeichen besteht aus einer einer *weißen Taube*, die zwischen zwei sich gegenüber liegenden *Kisten* umherflattert, sowie einem *Paar Menschenbeine*. [11]

白　伯　甸　兜

2681	gigantisch
巨	Wenn Sie sich dieses Schriftzeichen ansehen, und die Strichfolge ignorieren, sehen Sie eine *Kiste* mit einer anderen umgedrehten *Kiste* darinnen. Im erbitterten Wettbewerb um die weltgrößte *Kiste* im Guinness-Buch der Rekorde hat jemand die *Kiste* des vorigen Rekordinhabers wiederum in eine *Kiste*, so **gigantisch** wie ein ganzer Häuserblock, gestellt. [4]

一　コ　彐　巨

 ❖ In Übereinstimmung mit dem Schlüsselwort wird dieses Zeichen *Riese* oder *Gigant* bedeuten, wenn wir es als Primitivelement verwenden. Ein *Riese* wie aus den Märchen Ihrer Kindheit, z.B. dem Tapferen Schneiderlein, passt gut.

2682	Spind
柜	*Baum ... Riese.* [8]

2683	Kanal
渠	Wasser ... Riese ... Baum. [11]
2684	sich widersetzen
拒	Finger ... Riese. [7]
2685	Drehmoment
矩	Während Sie Ihre Physik-Kenntnisse bezüglich dieses Schlüsselwortes auffrischen, kommt Ihnen vielleicht bereits eine Idee für die Elemente: *Wurfpfeil ... Riese.* [9]
2686	Distanz
距	Holzbein ... Riese. [11]
2687	tätlich werden
殴	Region ... Geschoss. [8]
2688	sich übergeben
呕	Mund ... Region. [7]
2689	menschlicher Körper
躯	Leib ... Region. [11]
2690	das Kinn recken
昂	Sonne ... Briefmarkensammlung. [8]
2691	zäumen
抑	Finger ... Briefmarkensammlung. [7]
2692	großblütige Pflanze
葵	Blumen ... Tipi ... Himmel. [12]

| ❖ | {1301} | Strickleiter |

登

Das in Band 1 für *besteigen* erlernte Schriftzeichen wird uns hier als Primitivelement mit der Bedeutung **Strickleiter** dienen. [12]

| 2693 | | die Augen aufreißen |

睁 *Augapfel ... Strickleiter.* [17]

| 2694 | | Sitzbank |

凳 *Strickleiter ... Tischlein.* [14]

| 2695 | | transparent |

澄 *Wasser ... Strickleiter.* [15]

| ❖ | | Biwakzelt |

寮

Der *Bernhardiner* und seine Überschneidung mit dem Element *Tipi* führen uns zum Primitivelement **Biwakzelt**. *Sonne* und *klein* erschließen sich bei diesem Mini-Zelt eigentlich von selbst. Jetzt müssen Sie nur noch den großen Hund einfügen, der es bewacht. [12]

大 大 大 夶 寮

| 2696 | | Kollege |

僚 *Mensch ... Biwakzelt.* [14]

| 2697 | | zuweisen |

拨 *Finger ... Kurier.* [8]

| 2698 | | besprengen |

泼 *Wasser ... Kurier.* [8]

| ❖ | | Rettungs-Chihuahua |

友

Die Kombination der Elemente *Chihuahua* und *Freund* verschaffen uns den **Rettungs-Chihuahua**. Sie müssen nur auf die

Strichfolge achten. Verwechseln Sie es nicht mit jenem Primitivelement *Kurier*, das in den vorigen beiden Rahmen auftrat. Falls es Ihnen hilft: Die **Rettungs-Chihuahuas** sind branchengemäß insgesamt noch jünger und fitter als die schon etwas älteren *Kuriere*, welche zwar nicht mehr für den **Rettungs**dienst geeignet sind, aber auch noch nicht von ihrer Rente als Sozialleistung leben wollen. Bei den jüngeren fehlt der erste Anstrich (siehe RAHMEN 1302). [5]

友 犮

2699 拔	herausreißen
Finger . . . Rettungs-Chihuahua. [8]	

Lektion 44

2700		Fichte
杉	Baum ... Hahnenschwanz. [7]	

2701		galant
彬	Baum ... Fichte. [11]	

2702		Hemd
衫	Umhang ... Hahnenschwanz. [8]	

2703		offenkundig
彰	Kapitel ... Hahnenschwanz. [14]	

2704		voluminös
膨	Fleisch ... Trommel ... Hahnenschwanz. [16]	

2705		sickern
渗	Wasser ... Schlägerei. [11]	

2706		diagnostizieren
诊	Worte ... Cocktail. [7]	

2707		nutzen
趁	Sie **nutzen** das gute Wetter, verlassen die Bar und *laufen* eine Runde mit Ihrem täglichen *Cocktail*. [12]	

❖		Kinderpunsch
翏	Anstatt des niedlichen kleinen Papierschirms, der normalerweise mit einem Shirley Temple serviert wird, hat dieser **Kinderpunsch** ein Paar gar nicht so niedlicher mechanischer *Flügel*, welche die Umstehenden mit dem Inhalt des *Cocktails* bespritzen – zur großen Freude der **Kinder**. [11]	

羽 翏

| 2708 | leerstehend |

寥 Haus ... Kinderpunsch. [14]

| 2709 | abwegig |

谬 Worte ... Kinderpunsch. [13]

| 2710 | Schippe |

铲 Metall ... Produkte. [11]

| 2711 | Sa(bine) |

萨 Dieses Schriftzeichen wird phonetisch in vielen Namen verwendet – einschließlich **Sa(bine)**, bei der es das erste Zeichen darstellt. Seine Elemente: *Blumen ... Zinnen ... Produkte*. [11]

| 2712 | Liu |

刘 Schottenrock ... Säbel. [6]

| 2713 | letzte Ruhestätte |

坟 Erde ... Schottenrock. [7]

| 2714 | Maserung |

纹 Faden ... Schottenrock. [7]

| 2715 | fasten |

斋 Schottenrock ... Kamm. [10]

| 2716 | Fleck |

斑 Schottenrock zwischen zwei Bällen. [12]

王 玨 斑

2717	Pharmazeutikum
剂	Wenn Sie an das Schlüsselwort **Pharmazeutikum** denken, kommen Ihnen Chemikalien in den Sinn, die als Medizin verwendet werden (obwohl das Schlüsselwort eigentlich noch weiter ist). In China – wie im Westen – ist eines der ältesten, allen Mischungen zugrunde liegenden Prinzipien die "Homöopathie", das heißt: die Vorstellung, dass die Medizin Symptome hervorrufen soll, die *zugleich* auch solche der Erkrankung (oder ihnen zumindest so ähnlich wie möglich) sind. Umfasst sind Medikamente in allen Formen, chemische Wirkstoffe sowie Mixturen vielerlei Art. Sie müssen sich nur vorstellen, wie ein Apotheker Kräuter mit einem langen blitzenden *Säbel* zurechtraspelt, und schon haben Sie das vollständige Bild eines **Pharmazeutikums**. [8]

2718	pressen
挤	*Finger ... zugleich.* [9]

2719	Wirbelsäule
脊	*Mensch ... Wunderkerze ... Fleisch.* [10]

2720	Brief
函	*(Perfek)-t ... Wunderkerze ... Grube.* [8]

⼂　了　函

2721	Durchlass
涵	*Wasser ... Brief.* [11]

2722	widerspiegeln
映	*Sonne ... Zentrum.* Wie in Spiegeln oder auf anderen reflektierenden Oberflächen. [9]

2723	Unheil
殃	*Knochen ... Zentrum.* [9]

2724 秧	Wildreis ... Zentrum. [10]	Junges
2725 焕	Feuer ... Biedermeierkorsett. [11]	in Glanz erstrahlend
2726 肥	Fleisch ... Mosaik. [8]	fett
2727 爬	Kralle ... Mosaik. [8]	kriechen
2728 疤	Erkrankung ... Mosaik. [9]	Narbe

LEKTION 45

2729	zuckrig
甜	Eine *Zunge* und *süß* stehen recht selbstverständlich für **zuckrig**. Da dies sogar ein bisschen zu selbstverständlich ist, um es sich gut merken zu können, stellen Sie sich hier besser bildlich vor, wie Sie mit Ihrer langen *Zunge* tütenweise **zuckriges** *Süß*holz raspeln – oder gar, wie Sie sie als Stiel für Zuckerwatte (was könnte *süßer* sein?) verwenden. Beachten Sie auch, dass wir hier zur Schlüsselwortbedeutung des Elements 甘 zurückgekehrt sind. Vom folgenden Rahmen an werden wir wieder seine Primitivbedeutung verwenden. [11]

2730	etw. mit Intarsien versehen
嵌	*Berg ... Weidenkörbchen ... gähnen.* [12]

2731	Zange
钳	*Metall ... Weidenkörbchen.* [10]

2732	Ehevermittler
媒	*Frau ... soundso.* [12]

2733	Kohle
煤	*Feuer ... soundso.* [13]

2734	Strategem
谋	Eine List. *Worte ... soundso.* [11]

2735	Schach
棋	*Baum ... Wäschekorb.* [12]

2736	hinters Licht führen
欺	*Wäschekorb ... gähnen.* [12]

2737	Flagge
旗	*Spruchband . . . Wäschekorb.* Vergewissern Sie sich, dass Sie das Bild einer **Flagge** erschaffen, welches sich so gut wie irgend möglich von dem unterscheidet, das Sie für das Primitivelement mit der derselben Bedeutung verwenden. [14]

2738	heiser
嘶	*Mund . . . Sphinx.* [15]

2739	reißen
撕	*Finger . . . Sphinx.* [15]

❖ {1338}	Herkules
甚	Das abstrakte Schlüsselwort *ungemein* legt als solches kein unverwechselbares Bild nahe. Deswegen ersetzen wir es mit der Figur des **Herkules**, bekannt für seine *ungemeine* Körperkraft und das Lösen *ungemein* schwieriger Aufgaben. [9]

2740	ertragen
堪	*Erde . . . Herkules.* [12]

2741	sichten
勘	*Herkules . . . Muskel.* [11]

2742	entsenden
遣	*Geldbeutel . . . Dirigent . . . Landstraße.* Denken Sie daran, das Element *Landstraße* hier als letztes zu schreiben. [13]

2743	rügen
谴	*Worte . . . entsenden.* [15]

2744	Sack
囊	Dieses Schriftzeichen ist exakt dasselbe wie das Primitivelement *Taubenschlag*, außer, dass noch ein *Geldbeutel* und eine *Krone* in den *Zylinderhut* gesteckt sind. Achten Sie gut auf die Strichfolge

am Anfang, und Sie werden sehen, wie der vierte Strich des *Geldbeutels* auch beim Zeichnen des *Zylinderhuts* verwendet wird sowie sein letzter Strich mit dem zweiten der Krone zusammenfällt. [22]

2745	bersten
溃	*Wasser . . . teuer.* [12]

LEKTION 46

2746 宜	geziemend Passend oder angemessen. Die Elemente sind: *Haus ... Vitrine*. [8]
2747 谊	Freundschaft *Worte ... geziemend*. [10]
2748 租	mieten *Wildreis ... Vitrine*. [10]
2749 粗	grobkörnig *Reis ... Vitrine*. [11]
2750 阻	blockieren *Zinnen ... Vitrine*. [7]
2751 桑	Maulbeerbaum *Trippelschritte überall ... Baum*. [10]
2752 嗓	Kehle *Mund ... Maulbeerbaum*. [13]
2753 叠	aufschichten *Trippelschritte, Trippelschritte überall ... Krone ... Vitrine*. [13]
2754 锄	Hacke *Metall ... assistieren*. [12]
2755 碰	zusammenprallen *Mensch ... Seit' an Seit'*. [13]

2756 谱	**Noten** Musikalische. *Worte ... allgemein.* [13]
2757 壶	**Kanne** *Soldat ... Krone ... Branche.* [10]
2758 凿	**ein Loch bohren** Das Element *Branche* oben und *Grube* unten werden Ihnen vertraut sein. Die übrige Fünfstrichfigur in der Mitte, die so aussieht wie *Tierhörner* auf einem *Wäscheständer*, lässt sich vermutlich einfacher merken als das Währungssymbol für den chinesischen Yuan: ¥. Wie der Zufall es will, haben Sie diese letzte Figur bereits zuvor gesehen, als sie als Teil eines größeren Primitivelements auftrat (RAHMEN 1259 und 2618). [12]
2759 湿	**feucht** *Wasser ... Sonne ... Branche.* [12]
2760 哑	**stumm** *Mund ... Asien.* [9]
2761 晋	**befördert werden** *Asien ... Sonne.* Achten Sie darauf, dieses Schriftzeichen nicht mit jenem für *allgemein* zu verwechseln (RAHMEN 1348). [10]
2762 哄	**übertölpeln** *Mund ... gemeinsam.* [9]
2763 洪	**Flut** *Wasser ... gemeinsam.* [9]
2764 烘	**etwas am Feuer wärmen** *Feuer ... gemeinsam.* [10]

2765 戴	aufsetzen Wie Brillen oder Hüte. *Erntedankfest ... Gehirn ... gemeinsam.* [17]
2766 翼	Flügel *Flügel ... Gehirn ... gemeinsam.* Von diesem Schriftzeichen haben wir das gleichbedeutende Primitivelement hergeleitet. [17]
2767 恭	respektvoll *Gemeinsam ... Liebesbrief.* [10]
2768 拱	sich wölben *Finger ... gemeinsam.* [9]
2769 撰	abfassen Einen Text, wie z.B. eine Abschlussarbeit. Die Primitivelemente sind: *Finger ... zwei Schlangenhäute ... gemeinsam.* [15]
2770 糞	Sprühregen *Reis ... gemeinsam.* [12]
2771 殿	Zeremonienhalle *Flagge ... gemeinsam ... Geschoss.* [13]
2772 暴	rabiat *Sonne ... gemeinsam ... Schneeflocken.* [15] 日　㬢　暴
2773 瀑	Wasserfall *Wasser ... rabiat.* [18]

2774

爆 explodieren

Feuer ... rabiat. [19]

Lektion 47

2775 拥	umgeben *Finger ... Setzkasten/gebrauchen.* [8]
2776 佣	jemanden einstellen *Mensch ... Setzkasten.* [7]
2777 甩	im hohen Bogen schmeißen Denken Sie bei diesem Schriftzeichen an einen *Setzkasten* mit "Schwänzen" verschiedener Tiere. [5]
2778 庸	stinknormal *Höhle ... Rechen ... Setzkasten.* Hier müssen Sie nur auf den Griff des *Rechens* achten, der als letztes gezogen wird. [11] 庐 庎 肩 庸
2779 触	berühren *Winkelmaß ... Insekt.* Die Bedeutung dieses Schlüsselwortes ist, die Haut in Kontakt mit etwas anderem zu bringen, in diesem Fall mit einem *Winkelmaß*. [13]
2780 蟹	Krebstier *Aufschnüren ... Insekt.* [19]
2781 懈	schlaff *Schlaff*heit als *Gemütszustand* zu bezeichnen, der *aufgeschnürt* ist wie ein offener Wanderstiefel, ist die schöne Metapher dieses Schriftzeichens. [16]

| 2782 | Bd. |

册

Die Abkürzung für einen Buchband. Dieses Schriftzeichen ähnelt dem Primitivelement *Wälzer* in Band 1 (dort Seite 388), aber die Schreibweise ist ganz anders. [5]

刀　刑　册

| 2783 | wegstreichen |

删　*Bd. ... Säbel.* [7]

| 2784 | Gatter |

栅

Hier haben wir ein ganz besonderes **Gatter**. Üblicherweise besteht ein solcher Zaun aus Pflöcken oder ähnlichem – hier aber haben wir ein **Gatter** aus aufgereihten *Bäumen*, die miteinander durch die aufgeschlagenen und an den Buchdeckeln zwischen den *Bäumen* befestigten *Bde.* eines Lexikons verbunden sind. Auf diese Weise können diejenigen innerhalb des **Gatters** nicht nur den Schatten der *Bäume* genießen, sondern auch gleich noch etwas für ihre Bildung tun. [9]

| 2785 | Koralle |

珊　*Edelstein ... Bd.* [9]

| 2786 | überall |

遍　*Einband ... Landstraße.* [12]

| 2787 | parteiisch |

偏　*Mensch ... Einband.* [11]

LEKTION 48

2788		widerstehen
抵	*Finger ... Visitenkarte.* [8]	

2789		Gauner
氓	*Zugrunde gehen ... Volk.* [8]	

2790		säugen
哺	*Mund ... Hundemarke.* [10]	

2791		Flussmündung
浦	*Wasser ... Hundemarke.* [10]	

2792	Rohrkolben
蒲	Praktischerweise finden sich **Rohrkolben** mit ihren charakteristischen *Blüten* in Sümpfen und nahe *Flussmündungen*. Es ist aber auch möglich, dass Sie wie im vorigen Rahmen denken: Die pelzigen *Blüten* der **Rohrkolben** sehen ein wenig aus wie Tierschwänze – also stellen Sie sich vor, was für einen bissigen Zeitgenossen Sie aus dem *Wasser* zutage fördern, wenn Sie versuchen, eine vollständig heraus zu ziehen! [13]

2793	mager
薄	Für das Schriftzeichen **mager** benötigen Sie ein Bild, das zu etwas Dünnem und Schwachem passt: wie ein *Rohrkolben*, der bei Ihrem **mageren** Waldi dort *angeleimt* ist, wo ihm in einem Kampf mit der dicken Nachbartöle rückwärtig etwas abgebissen worden ist. [16]

2794		Geschäft
铺	Ein Ladengeschäft. *Metall ... Hundemarke.* [12]	

2795 捕	fassen In Gewahrsam nehmen. *Finger . . . Hundemarke.* [10]
2796 敷	auftragen *Hundemarke . . . freilassen.* Dieses Schlüsselwort beschreibt, was Sie tun, wenn Sie sich mit Cremes, Pudern oder ähnlichem versehen. Kehren Sie kurz zurück zu RAHMEN 1732, um sich selbst daran zu erinnern, wie die linke Hälfte des Elements *freilassen* komprimiert wird. [15]
2797 膊	von der Schulter bis zum Handgelenk *Fleisch . . . Aufkleber.* [14]
2798 傅	Mentor *Mensch . . . Aufkleber.* [12]
2799 缚	vertäuen *Faden . . . Aufkleber.* [13]
2800 簿	Registerband Sie könnten an ein Gästebuch oder ähnliches denken. *Bambus . . . Wasser . . . Aufkleber.* [19]
2801 郁	deprimiert *Besitzen . . . Stadtwall.* [8]
2802 郭	äußere Stadtmauer *Genießen . . . Stadtwall.* Auf diesem Schriftzeichen basiert das Primitivelement mit der Bedeutung *Stadtwall*. [10]
2803 廓	unbeschränkt *Höhle . . . äußere Stadtmauer.* [13]

2804	Deng
邓	Schoß/rechte Hand ... Stadtwall. Dieses Schlüsselwort ist der Familienname von **Deng** Xiaoping, einem berühmten Führer der Kommunistischen Partei Chinas. Bekannt als der Architekt eines "Sozialismus' chinesischer Prägung" führte er China in eine als solche bezeichnete "sozialistische Marktwirtschaft". [4]
2805	gemein
鄙	Mund ... Nadel ... wiederkehren ... Stadtwall. [13]
2806	Jerusalem
耶	Einmal mehr bitten wir um Erlaubnis, ein Schlüsselwort einzuführen, das sich größtenteils auf den Lautwert des Schriftzeichens bezieht. In diesem Fall handelt es sich um das erste der vier für die Umschrift der Stadt **Jerusalem** verwendeten Zeichen. Seine Elemente sind: Ohr ... Stadtwall. [8]
2807	in die Post tun
邮	Spross ... Stadtwall. Das, was Sie tun, wenn Sie einen Brief in den Briefkasten werfen. [7]
2808	Nation
邦	Das *Gebüsch* links ist krumm, da es zu nah am *Stadtwall* gepflanzt worden ist und nicht natürlich wachsen kann. Das ist gar keine schlechte Metapher dafür, was mit einer **Nation** geschehen kann, wenn sie sich gegenüber der Außenwelt abschottet, als sei sie eine zu bewachende Festung. Wenn der *Stadtwall* eingerissen würde, könnte nicht nur das *Gebüsch* gerade wachsen, auch das Volk im Inneren dürfte es mehr genießen. An diese Primitivkombination werden Sie sich aus RAHMEN 1386 erinnern. [6]
2809	fesseln
绑	Faden ... Nation. [9]

2810 郊	*Umgang pflegen mit . . . Stadtwall.* [8]	Vorort
2811 邻	*Befehl . . . Stadtwall.* [7]	Nachbar
2812 廊	*Höhle . . . Bursche.* [11]	Korridor

LEKTION 49

2813 缎	Satin *Faden ... Abschnitt.* [12]
2814 刁	verschlagen Die Elemente sind, in der Reihenfolge ihrer Schreibweise: *Kleiderhaken ... Tropfen*. Beachten Sie, dass der *Tropfen* von links unten nach rechts oben gezogen wird, ganz ähnlich wie der zweite Schritt des Primitivelements "Eis." [2]
2815 叼	im Mund halten Mit den Lippen oder Zähnen. *Mund ... verschlagen.* [5]
2816 钙	Kalzium *Metall ... richtig ... Kleiderhaken*. Sehen Sie gut hin, wie der letzte Strich von *richtig* in das Element *Kleiderhaken* übergeht. [10]
2817 殷	leidenschaftlich *Schleppe ... weiß ... Kleiderhaken ... Geschoss*. So ungewöhnlich die linke Seite dieses Schriftzeichens aussehen mag, ist sie doch ziemlich einfach, wenn Sie sie in der Reihenfolge der Primitive schreiben. [10] 丆 户 𠂤 殷
2818 伺	aufwarten *Mensch ... anführen.* [7]
2819 饲	heranziehen Und zwar Tiere mit *Essen ... anführen.* [8]

2820	Passagierschiff
舶	Arbeiten Sie mit den Elementen *Boot* und *weiße Taube*, um das Bild eines großen **Passagierschiffs** zu schaffen, welches die Ozeane überquert und sich von kleineren Booten und Schiffen deutlich unterscheidet. [11]

2821	Kriegsschiff
舰	*Boot . . . sehen.* [10]

2822	navigieren
航	*Boot . . . Wirbelwind.* [10]

2823	Steuerruder
舵	*Boot . . . es.* [11]

2824	Kabine
舱	*Boot . . . Magazin.* [10]

2825	leichtes Boot
艇	*Boot . . . Königshof.* [12]

2826	entlang
沿	*Wasser . . . Rülpser.* Das Schlüsselwort findet in Ausdrücken Verwendung wie "den Strand **entlang**". [8]

2827	Blei
铅	*Metall . . . Rülpser.* [10]

2828	Fuchs
狐	*Rudel wilder Hunde . . . Melone.* [8]

2829	Blütenblatt
瓣	*Zwei Paprikstauden . . . Melone.* [19] 辛　辡　辦

Lektion 50

2830	überlaufen
溢	*Wasser ... Nutzen.* Vermeiden Sie hier das Bild, das Sie für *überfließen* hatten (RAHMEN 725), obwohl die Bedeutung im Grunde dieselbe ist. [13]

2831	Engpass
隘	*Zinnen ... Nutzen.* [12]

2832	Morgen- und Abendrot
霞	"Morgenstund' hat Gold im Mund", soweit wissen wir. Aber was ist mit jenen roten Wolken, die das **Morgen-** oder auch **Abendrot** kennzeichnen? Dieses Schriftzeichen zeigt es uns: Es handelt sich um *Wetter* mit einer *Zahnspange*... [17]

2833	Ammoniak
氨	*Luft ... friedlich.* [10]

2834	Sauerstoff
氧	*Luft ... Schaf.* [10]

2835	Atmosphäre
氛	*Luft ... Teil.* [8]

2836	Wasserstoff
氢	*Luft ... Spule.* [9]

2837	Chlor
氯	*Luft ... Schneemann.* [12]

2838 霸	Tyrann *Regen ... Leder ... Fleisch.* [21]
2839 靴	Stiefel *Leder ... umwandeln.* [13]
2840 鞭	Peitsche *Leder ... bequem.* [18]
2841 鞠	sich verneigen *Leder ... gefesselt ... Reis.* [17]

Lektion 51

2842	Spross
芽	*Blumen ... Stoßzahn.* Seien Sie vorsichtig, damit Sie dieses Schriftzeichen nicht mit dem gleichbedeutenden Primitivelement verwechseln, das wir im ersten Band erlernt hatten. [7]

2843	verblüfft
讶	*Worte ... Stoßzahn.* [6]

2844	vornehm
雅	*Stoßzahn ... Truthahn.* [12]

2845	übel
邪	Nicht Übelkeit, sondern Bosheit. *Stoßzahn ... Stadtwall.* [6]

2846	kennen
悉	*Fährten ... Herz.* [11]

2847	Zudecke
毯	*Fell ... Entzündung.* [12]

2848	Milli-
毫	*Tiara ... Fell.* Dieses Schriftzeichen kommt in Wörtern wie **Millimeter**, **Milligramm** und **Millisekunde** vor. [11]

❖	Weihnachtsbaum
耒	Der erste Strich dieses Schriftzeichens, die *Zimmerdecke,* durchschneidet das Element für *noch nicht*, weil der **Weihnachtsbaum**, den Sie mühsam nach Hause geschleppt haben, zwar *noch nicht* dekoriert ist, sich aber als zu groß für das Wohn-

zimmer erwiesen hat. Also sägen Sie kurzerhand ein Loch in die *Zimmerdecke* und lassen die Spitze aus dem Fußboden des darüber gelegenen Schlafzimmers ragen. Das gibt Ihnen eine gute Plattform, um die Dekoration vorzunehmen, wenn auch leider der Rauscheengel in diesem Jahr Schwierigkeiten haben wird, auf die Lichter und das Lametta herunter zu blicken. [6]

一 耒

2849 耗	verbrauchen
	Weihnachtsbaum ... Fell. [10]

2850 耕	beackern
	Weihnachtsbaum ... Brunnen. [10]

2851 籍	Aufzeichnungen
	Bambus ... Weihnachtsbaum ... Vergangenheit. Offizielle Dokumente und Register. [20]

2852 藉	in Unordnung
	Blumen ... Weihnachtsbaum ... Vergangenheit. [17]

2853 畏	bangen
	Gehirn ... Haarspange. [9]

2854 喂	Hallo...
	Mund ... bangen. Aus Gründen, die wir nur vermuten können, hat das Chinesische diese Elemente zu dem Wort kombiniert, das man verwendet, wenn man sich am Telefon meldet. [12]

2855 胀	aufgebläht
	Fleisch ... lang. [9]

2856 帐	Zelt
	Tuch ... lang. [8]

Lektion 52

2857   Ansehen
誉   *Begeisterung ... Worte.* [13]

2858   Säbel
剑   *Festival der Volksmusik ... Säbel.* Dies ist das Schriftzeichen, von dem sich das gleichnamige Primitivelement in Band 1 ableitet. [9]

2859   sich zurückhalten
敛   *Festival der Volksmusik ... Zuchtmeister.* [11]

2860   auflesen
捡   *Finger ... Festival der Volksmusik.* Das Schriftzeichen bezeichnet das **Auflesen** kleiner Objekte mit den Fingern. [10]

2861   sparsam
俭   *Mensch ... Festival der Volksmusik.* [9]

2862   unterschreiben
签   Grenzen Sie es gut zu RAHMEN 2301 ab. Um sich zum jährlichen *Festival der Volksmusik* anzumelden, müssen die Teilnehmer zunächst, Schreibstift im Mund, einen hohen Maibaum aus *Bambus* emporkraxeln, um dort die Teilnahmebedingungen zu **unterschreiben**. [13]

2863   Roch
鹏   Der **Roch** – ein mythischer Raub*vogel* von einer Größe, die es ihm ermöglichte, das Schiff von Sindbad dem Seefahrer zu versenken – richtet nur deswegen so viel Zerstörung an, weil er einfach keinen passenden *Gefährten* findet. Wo sind bloß die *Vogel*psychologen, wenn man einen braucht? [13]

2864	zwitschern
鸣	Mund … Vogel. Wie das Schriftzeichen unverkennbar deutlich macht, bedeutet es wortwörtlich, *Vogel*laute von sich zu geben. [8]

2865	Schwan
鸿	Yangtse … Vogel. [11]

2866	Goldamsel
莺	Treibhaus … Vogel. [10]

2867	Taube
鸽	Passen … Vogel. [11]

2868	Kranich
鹤	Bei dem Element auf der rechten Seite handelt es sich natürlich um den *Vogel*. Aber gehen Sie mit Sorgfalt an jenes auf der linken Seite. Es lässt den "Schornstein" auf dem *Haus* mit dem ersten Strich des *Truthahns* zusammenfallen. Sie könnten an ein *Truthahn-Haus* (oder *Truthahngehege*) denken. Nun unterscheidet sich der **Kranich** vom Rest der Vögel im *Truthahn-Haus*, weil er derjenige ist, der stets "wie ein Kran" seinen Hals oben herausstreckt, sich umsieht und dem kurzhalsigen übrigen Geflügel berichtet, was auf dem Bauernhof sonst so passiert. [15]

2869	Elster
鹊	Vergangenheit … Vogel. [13]

2870	Möwe
鸥	Region … Vogel. [9]

2871	Gans
鹅	Geizhals … Vogel. [12]

| 2872 | Rabe |

鸦 — *Stoßzahn . . . Vogel.* Abseits der wissenschaftlichen Einteilung besteht im gewöhnlichen Gebrauch der Unterschied zwischen dem **Raben** hier und der *Krähe* im folgenden Rahmen darin, dass der erstere ein wenig literarischer klingt. [9]

| 2873 | Krähe |

乌 — Der einzige Unterschied zwischen diesem Schriftzeichen und jenem für "Vogel" ist, dass der dritte Strich, der kleine *Tropfen*, in dem wir den Schnabel erkannt hatten, fehlt. Diese **Krähe** hat offenbar nichts, worüber sie herumkrähen könnte.[4]

| 2874 | tuten |

鸣 — Von all den verschiedenen Klängen, welche dieses Schriftzeichen lautmalerisch abbilden kann, haben wir uns für ein **Tuten** entschieden – wie ein altes Automobil, oder vielleicht eine Turbo-*Krähe* auf der *Landstraße*. (Da sie keinen Schnabel hat, überlassen wir es Ihnen, wo sich der *Mund* befindet.) [7]

| 2875 | zerstößeln |

捣 — Normalerweise **zerstößelt** man Kräuter zu einer medizinischen Mixtur. Hier aber umfassen Ihre *Finger* einen gigantischen Stößel oder ein Pistill, mit dem Sie an einer weitaus herausfordernderen Zerkleinerungsarbeit dahin**stößeln** und -mahlen: einer ganzen *Insel*. [10]

扌 扌 扌 扌 捣 捣

| 2876 | Wohnsitz |

寓 — *Haus . . . Sprechende Grille.* [12]

| 2877 | blöde |

愚 — *Sprechende Grille . . . Herz.* [13]

| 2878 | zufällig |

偶 — *Mensch . . . Sprechende Grille.* [11]

2879	Bottich
缸	Blechdose ... Stahlträger. [9]

2880	Ofen
窑	Loch ... Blechdose. [11]

❖	Storch
雚	Hier haben wir einen senilen alten *Truthahn*, der sich für einen **Storch** hält. Das Element *Quasselstrippe* bezieht sich auf das unablässige Gerede des *Truthahns*, der sein Bestes tut, das Baby in seinem kurzen Schnabel zu halten und gleichzeitig der ganzen Nachbarschaft die Neuankunft zu verkünden. Die duftenden *Blumen* sind beigegeben, um den Geruch des Bündels zu verbessern. [17]

艹　喆　雚

2881	Krug
罐	Blechdose ... Storch. Von diesem Schriftzeichen haben wir das Primitivelement der moderneren *Blechdose* abgeleitet. [23]

2882	eingießen
灌	Wasser ... Storch. [20]

❖	Feldflasche
匋	Eine *gefesselte Blechdose* verschafft uns eine **Feldflasche**. [8]

勹　匋

2883	Töpferwaren
陶	Zinnen ... Feldflasche. [10]

2884	in einem Behälter waschen
淘	Wasser ... Feldflasche. [11]

2885 掏	Finger ... Feldflasche. [11]	herausholen
2886 谣	Worte ... Dosenöffner. [12]	Gerücht
2887 冤	Krone ... Kaninchen. [10]	Ungerechtigkeit
2888 挽	Finger ... Hase. [10]	aufrollen
2889 勉	Hase ... Muskel. [9]	sich bemühen
2890 馋	Essen ... Hase ... Eis. [14]	gefräßig
2891 橡	Baum ... Elefant. [15]	Gummibaum
2892 豫	Gewähren ... Elefant. [15]	gemütlich

LEKTION 53

2893	Numerale
码	*Stein ... Pferd.* Dieses Schlüsselwort bezieht sich auf alle Arten von **Numeralen** – Telefonnummern, Seitenzahlen usw. [8]

2894	zähmen
驯	*Pferd ... Flut.* [6]

2895	Matteo
玛	*Edelstein ... Pferd.* Dieses Schriftzeichen wird aufgrund seines Lautwerts häufig in Eigennamen verwendet. Als Beispiel wählen wir den Namen **Matteo** in Würdigung des herausragenden jesuitischen Gelehrten aus dem 16. Jahrhundert **Matteo** Ricci (1552–1610). Seine Kenntnisse der chinesischen Sprache und Kultur halfen ihm, Brücken zwischen China und Europa zu bauen. Unter anderem ist er bekannt für das Werk "Eine Abhandlung über Mnemotechniken", welches eine Methode zum Auswendiglernen darlegt, die auf der mittelalterlichen Idee eines "Gedächtnispalasts" fußt. [7]

2896	stationiert sein
驻	*Pferd ... Kerzenständer.* [8]

2897	arrogant
骄	*Pferd ... Engel.* [9]

2898	galoppieren
驰	*Pferd ... Skorpion.* [6]

2899	Gras-Egel
蚂	Nach allem, was wir wissen, hat man noch nie einen **Gras-Egel** in freier Wildbahn angetroffen. Also müssen Sie hier einen erfinden und damit die Bedeutung dieses Schlüsselworts er-

fassen, dessen Schriftzeichen in Komposita für verschiedene Insekten wie Heuschrecken, Libellen, Ameisen sowie natürlich **Gras**hüpfer und **Egel** vorkommt. Seine Elemente: *Insekt . . . Pferd*. [9]

2900	steuern
驶	*Pferd . . . Historie*. Gefährte wie z.B. Schiffe oder Flugzeuge. [8]

2901	stören
骚	Beachten Sie zunächst die Strichfolge und den *Tropfen*. Denken Sie dann an ein fleischfressendes *Insekt*, das am Unterbauch eines *Pferdes* hängt und mit einer *Gabel* kleine *Tropfen* zum Abendessen extrahiert. Sehen Sie es vor sich, wie es an seinem kleinen Tisch sitzt mitsamt Lätzchen und Weinglas, sowie einem großen "Bitte nicht **stören**"-Schild daneben. [2]

马　驲　驲　骚

2902	lenken
驾	*Hinzufügen . . . Pferd*. [8]

2903	Esel
驴	*Pferd . . . Tür*. [7]

2904	emporsteigen
腾	*Fleisch . . . Viertel . . . Pferd*. [13]

2905	Maultier
骡	*Pferd . . . ermüdet*. [17]

2906	traben
骤	Denken Sie an die **Trab**rennen, die in Hamburg, Berlin und auch Gelsenkirchen ausgetragen werden, und bei denen sich *Pferde* zum **Traben** *versammeln* (wobei die Jockeys, die sie in den zweirädrigen Sulkys hinter sich herziehen, gar nicht mitzählen). [17]

2907 闯	stürmen Tor... Pferd. Nicht das Wetter, sondern z.B. eine Barrikade. [6]
2908 驱	ausweisen Aus einer *Region* vertreiben. *Pferd... Region*. [7]
2909 驳	widerlegen *Pferd... Garben* aufeinander gestapelt. [7]
2910 骗	täuschen *Pferd... Einband*. [12]
2911 唬	bluffen Das Primitivelement rechts ist das vollständige Schriftzeichen für *Tiger* und enthält deshalb den *Wind* (siehe RAHMEN 1459). [11]
2912 虏	gefangennehmen *Tiger... Muskel*. [8]
2913 虐	despotisch *Tiger*... umgedrehter *Besen*. [9] 虍 虐 虐 虐
2914 滤	filtern *Wasser... grübeln*. [13]

Lektion 54

	Sonnenbrille
❖ 舛	Das Element *Tagesende* fügt unserem *Monokel* noch eine zweite Linse hinzu. Das wiederum verschafft uns eine *Sonnenbrille*, deren Funktion es ja letztlich auch ist, das Tageslicht zu verdunkeln. [6]

夕　夕 　夗 　舛

2915	Augenblick
瞬	*Augapfel ... Geier ... Krone ... Sonnenbrille.* [17]

	Kürbislaterne
❖ 桀	Stellen Sie sich einen **Kürbis** bei Nacht vor, aus dem oben *Reis* herausspritzt wie explodierendes Feuerwerk. Die *Sonnenbrille* zeigt, dass es sich dabei nicht um einen gewöhnlichen Gartenkürbis handelt, sondern um eine beispielsweise an Halloween so beliebte grinsende **Kürbislaterne**. [12]

米　桀

2916	Chinesisches Einhorn
麟	*Reh ... Kürbislaterne.* Ganz offensichtlich ist das **chinesische** Konzept eines **Einhorns** ein anderes als das europäische. [23]

2917	Phosphor
磷	*Stein ... Kürbislaterne.* [17]

2918	Lippe
唇	*Zeichen des Drachen ... Mund.* Beachten Sie die unterschiedliche Weise, auf die das erste Primitivelement in diesem und dem folgenden Rahmen geschrieben wird. Hier finden Sie den zweiten Strich deutlich verlängert. [10]

2919 辱		Schande
	Zeichen des Drachen . . . Leim. [10]	

| 2920 震 | | beben |
| | *Wetter . . . Zeichen des Drachen.* [15] | |

| 2921 振 | | vibrieren |
| | *Finger . . . Zeichen des Drachen.* [10] | |

| 2922 郑 | | Zheng |
| | *Goldenes Kalb . . . Stadtwall.* Dieses Schlüsselwort ist ein weiterer häufiger Nachname. [8] | |

| 2923 掷 | | schmeißen |
| | *Finger . . . Zheng.* [11] | |

| 2924 魄 | | Elan |
| | *Weiß . . . Gespenst.* [14] | |

| 2925 槐 | | Japanischer Schnurbaum |
| | Oder auch Styphnolobium japonicum: *Baum . . . Gespenst.* [13] | |

| 2926 魅 | | verhexen |
| | *Gespenst . . . noch nicht.* [14] | |

| 2927 瑰 | | wunderbar |
| | *Edelstein . . . Gespenst.* [13] | |

| 2928 魂 | | Seele |
| | *Schwaden . . . Gespenst.* [13] | |

| 2929 愧 | | beschämt |
| | *Gemütszustand . . . Gespenst.* [12] | |

2930	Anführer
魁	Gespenst ... Großer Wagen. [12]

2931	diesig
胧	Mond ... Drache. [9]

2932	Feldrain
垄	Eine Art, Land zu markieren und von den Nachbarn abzugrenzen, ist das Einrichten eines **Feldrains**, der dann als Grenzstreifen dient. Eine andere Art ist, einen *Drachen* auf die Grenze zu setzen. "Gute Zäune schaffen gute Nachbarn", notierte sich der amerikanische Dichter Robert Frost. Furchterregende *Drachen* hingegen sorgen vermutlich für noch bessere Nachbarn. (Dieses Schriftzeichen erscheint häufig in Begriffen bezüglich Monopolstellungen, was wiederum eine ganz andere Rolle für den *Drachen* nahelegt.) [8]

2933	verwöhnen
宠	Wenn viele Leute schon ihre Haushunde und -katzen **verwöhnen**... stellen Sie sich erst einmal vor, auf welche Weise sie einen *Drachen* als Haustier **verwöhnen** müssten. [8]

2934	kolossal
庞	Höhle ... Drache. [8]

2935	sich nähern
拢	Finger ... Drache. [8]

2936	taub
聋	Drache ... Ohr. [11]

2937	Käfig
笼	Bambus ... Drache. Gehen Sie sicher, das Bild eines **Käfigs** zu erschaffen, das nicht mit dem in Band 1 erlernten Element *Hamsterkäfig* in Konflikt gerät. [11]

Lektion 55

2938	rücken
挪	Wenn Sie mit dem Spiel "Monopoly" vertraut sind, kennen Sie sowohl das Feld als auch die Ereigniskarte, die Sie direkt ins Gefängnis **rücken** lassen (ohne über "Los" und an Geld zu kommen). Sehen Sie hier sowohl Ihre zitternden *Finger* beim Würfeln oder Ziehen der Karte – sowie anstatt des üblichen Gefängnis-Feldes in der Ecke des Spielbretts eine kleine Insel mit der berüchtigten Haftanstalt *Alcatraz* darauf. [9]
2939	Fahrzeuge
辆	*Wagen ... Joch.* [11]
2940	verhehlen
瞒	Die Bedeutung des Schlüsselwortes ist "die Wahrheit zu verbergen". Seine Elemente: *Augäpfel ... Blumen ... Joch.* [15]
2941	Schildkröte
龟	*Gefesselt ... Elektrizität.* Beachten Sie, wie der obere Teil des letzten Strichs vom zweiten verschluckt wird. [7]
❖	Steckdose
黾	Die Zeichen für *Mund* und *Elektrizität* verbinden sich hier für uns zum Primitivelement **Steckdose**. [8]

口　黾

2942	Fliege
蝇	*Insekt ... Steckdose.* [14]
2943	Seil
绳	*Faden ... Steckdose.* [11]

2944 淹	überschwemmen
	Wasser . . . Drachenflieger. [11]

2945 俺	wir (ausschließend)
	Dieses Schriftzeichen sollte als Teil eines Paares mit *wir (einschließend)* gesehen werden (RAHMEN 1504). Dort war(en) die Person(en), mit der/denen man sprach, eingeschlossen, hier ist/sind sie ausgeschlossen. Die Elemente sind: *Mensch . . . Drachenflieger.* [10]

2946 钮	Schaltfläche
	Metall . . . Clown. [9]

2947 羞	schüchtern
	Wolle . . . Clown. [10]

2948 纽	New York
	Wie bei dem Schriftzeichen erlebt, dem wir im ersten Band das Schlüsselwort *Lausanne* zugewiesen hatten, ist dieses Zeichen das erste im Kompositum für **New York**. Seine Primitivelemente: *Faden . . . Clown.* [7]

2949 赫	prominent
	Blutrot . . . blutrot. [14]

2950 奕	frisch und munter
	Apfel . . . Bernhardiner. [9]

2951 迹	Anzeichen
	Z.B. **Anzeichen** oder Spuren, wie Detektive ihnen nachgehen. Die Elemente: *Apfel . . . Landstraße.* [9]

2952 蛮	barbarisch
	Apfel . . . Insekt. [12]

| 2953 | Bier |

啤 *Mund ... nieder.* Dieses Schriftzeichen wird von dem allgemeinen Zeichen für "Alkohol" gefolgt (siehe RAHMEN 1126), um den Begriff **Bier** zu bilden. [11]

| 2954 | Milz |

脾 Wie in der westlichen Überlieferung, in der die **Milz** schwarze Galle (daher wörtlich "Melancholie") als eine der vier das Gemüt beeinflussenden grundlegenden Körperflüssigkeiten erzeugt, wird auch im Chinesischen dieses Schriftzeichen oft mit Verstimmungen in Verbindung gebracht. Seine Komponenten: *Körperteil ... nieder.* [12]

| 2955 | Denkmal |

碑 *Stein ... nieder.* [13]

| 2956 | ermahnen |

嘱 *Mund ... zugehören.* [15]

| 2957 | IV |

肆 Diesem Schriftzeichen weisen wir die Bedeutung der römischen Ziffer **IV** zu, weil es in Bankpapieren hilft, Betrügereien zu vermeiden, die mit dem einfacheren Zeichen (RAHMEN 4) bewerkstelligt werden könnten. Das Element auf der rechten Seite, den *Pinsel,* kennen Sie.

Das Element auf der linken Seite ist eine Variante des Schriftzeichens, das wir für *lang* gelernt haben (RAHMEN 1428). Dann wird die Geschichte leider etwas kompliziert, aber Sie müssen halt lernen, wie man das dargestellte Element schreibt. Falls es eine Hilfe darstellt, können Sie bei der Figur an eine Skizze von vier (**IV**) Strähnen nassen Haars denken, die Sie über Ihren *Ellenbogen* zum Trocknen hängen. Stellen Sie sich das vor, während Sie die unten angegebene Strichfolge nachvollziehen. [13]

一 厂 F F 镸 镸 肆

❖ Mörser

臼   Das Primitivelement **Mörser** (ein Gefäß, in dem man etwas mit einem Stößel zerdrückt oder zerreibt) sollte nicht mit demjenigen für *Reißverschluss* verwechselt werden. [6]

′ 𠂉 𠂊 𠁼 臼 臼

2958 hineinstecken

插   *Finger ... tausend ... Mörser.* [12]

2959 ruinieren

毀   Nehmen wir das Schlüsselwort ganz wörtlich und denken daran, ein Gebäude in eine Ruine zu verwandeln. Hierzu gibt man *Stahlträger* in einen an einem Katapult befestigten *Mörser* und schleudert sie dann wie *Geschosse* gegen das Gebäude. [13]

臼 皇 毀

2960 Maus

鼠   Der *Mörser* obenauf verrät uns, dass diese **Maus** einen sehr seltsam aussehenden Kopf hat. Der Rest ihres Körpers verwendet eine neue Kombination aus Elementen, die wir bereits kennen gelernt haben. Wenn Sie genau hinsehen, entdecken Sie ein Paar aus *Pflügen* unten, an denen "*Regen*tropfen" aus dem Element *Regen* hängen, und einen *Angelhaken* als Schwanz. Dieses Schriftzeichen zu schreiben, ist zwar etwas ungewöhnlich, macht jedoch Spaß, so dass Sie sich die Zeit nehmen sollten, die Elemente zu einem möglichst denkwürdigen Bild zusammenzufügen. [13]

臼 臼 臼 鼠 鼠 鼠

2961 Bruder der Mutter

舅   *Mörser ... Mann.* [13]

❖ 舀	**Kelle** Denken Sie an eine spezielle **Kelle**, wie z.B. für Eiscreme, um die Bestandteile zusammenzufügen: eine *Kralle* und einen *Mörser*. [10] ⼪ 舀
2962 滔	**Wellen schlagend** *Wasser ... Kelle.* [13]
2963 稻	**ungeschälter Reis** *Wildreis ... Kelle.* [15]
2964 蹈	**aufstampfen** *Holzbein ... Kelle.* [17]
❖ 叟	**Rührbesen** Hier sehen wir einen recht arbeitsintensiven **Rührbesen**: Jemand mit einem großen hölzernen *Mörser* auf dem *Schoß*, der den Teig mit einem *Spazierstock* bearbeitet. Beim Verwenden des Elements dürfen Sie natürlich an einen moderneren, elektrisch betriebenen Apparat denken. [9] ′ ⼁ ⼳ ⼳⼁ ⼳⼁ 臼 甶 叟
2965 嫂	**Frau des älteren Bruders** *Frau ... Rührbesen.* [12]
2966 搜	**durchsuchen** *Finger ... Rührbesen.* [12]
2967 瘦	**ausgezehrt** *Erkrankung ... Rührbesen.* [14]

2968	Seefahrzeuge
艘	Dieses Schriftzeichen ist ein Zähleinheitswort für Boote und Schiffe. Seine Elemente: *Boot . . . Rührbesen*. [15]

❖	Schlagloch
臽	Wenn man einmal darüber nachdenkt, ist ein **Schlagloch** eigentlich eine Art *Mörser*, der in der Mitte einer Straße versenkt ist. Und während das Loch dann von Bauarbeitern wieder aufgefüllt wird, ist es üblicherweise mit einem Seil oder ähnlichem abgesperrt – beziehungsweise *gefesselt* – an dem ein Schild hängt mit der Aufschrift "Straßenarbeiten". [8]

⺈　臽

2969	Flamme
焰	Stellen Sie sich hier eine einzelne **Flamme** vor, je größer desto besser, damit Sie dieses Schriftzeichen nicht mit dem einfachen Primitivelement *Flammen* verwechseln, das wir im ersten Band erlernt hatten. Die Elemente: *Feuer . . . Schlagloch*. [12]

2970	Füllung
馅	Das Schlüsselwort dieses Schriftzeichens bezieht sich auf die **Füllung**, die man in Pasteten, Klöße oder Backwaren tut. Die Elemente sind: *Essen . . . Schlagloch*. [16]

2971	steckenbleiben
陷	*Zinnen . . . Schlagloch*. [10]

❖	Kreuzstich
※	Denken Sie bei diesen vier x-en an die gute alte Handarbeitstechnik des **Kreuzstichs**, wie bei gestickten Namensschildern, Wahlsprüchen oder ähnlichem. [8]

╱　 ✗　 ✗/✗　 ✗✗/✗　 ✗✗/✗✗

| 2972 | offenherzig |

爽

Bernhardiner ... *Kreuzstich*. Die Strichfolge könnte Ihnen zunächst etwas ungewöhnlich vorkommen. [11]

一 𠂉 𠬝 爽 爽

| 2973 | verzieren |

缀

Die *Fäden* am Ende dieses *Kreuzstichs* sind wie ein Saum, der das fertige Produkt zusätzlich **verziert**. Achten Sie darauf, wie die vier "Stiche" in einer anderen Reihenfolge geschrieben werden als im vorigen Rahmen. [11]

纟 纠 纫 缀 缀

| ❖ | Almanach der Bauernregeln |

囟

Der kleine Kasten mit einer oben herausragenden Antenne lässt an ein elektronisches Gerät denken. Auf dem Bildschirm sehen wir nur eine *Garbe* – was anzeigt, dass es sich um einen mobilen **Almanach der Bauernregel** handelt. Man kann ihn auch unterwegs ganz nach Bedarf konsultieren. [6]

丿 冂 肉 囟

| 2974 | töricht |

傻

Nehmen Sie sich genug Zeit mit diesem Schriftzeichen, damit Sie alle Elemente sicher in Beziehung zueinander bringen: *Mensch* ... *Almanach der Bauernregeln* ... *Tierbeine* ... *Wandersmann*. [13]

Komposita

Komposita

Die 26 hier versammelten Schriftzeichen lern man am besten in Paaren oder "Komposita". Vollständiger Begriff und Bedeutung jeder Zusammensetzung stehen jedem Paar voran.

蝴蝶 Schmetterling

2975 蝴	**Schmetterling** (Vorderteil) Da das chinesische Wort für **Schmetterling** zwei Schriftzeichen benötigt, können wir sie auf einmal erlernen, indem wir das erste als das **Vorderteil** und das zweite als das **Hinterteil** verstehen. Die Elemente zum Erinnern des **Vorderteils** (Kopf, Brust und Vorderflügel) sind: *Insekt . . . leichtsinnig.* [15]
2976 蝶	**Schmetterling** (Hinterteil) Und hier sind die Elemente zum Einprägen von des **Schmetterlings Hinterteil** (Unterleib und hintere Flügel): *Insekt . . . Stammbaum.* [15]

蜘蛛 Spinne

2977 蜘	**Spinne** (Vorderteil) *Insekt . . . wissen.* Denken Sie an eine Schwarze Witwe. Das **Vorderteil** ist derjenige Teil, der *weiß,* wann ein Eindringling ins Netz gegangen ist. [14]
2978 蛛	**Spinne** (Hinterteil) *Insekt . . . zinnoberrot.* Das **Hinterteil** der Schwarzen Witwe trägt das charakteristische *zinnoberrote* Sanduhr-Muster. [12]

骆驼 Kamel

2979 骆 *Pferd ... jeder.* [9]	Kamel (Vorderteil)
2980 驼 *Pferd ... es.* [8]	Kamel (Hinterteil)

蜻蜓 Libelle

2981 蜻 *Insekt ... blau oder grün/Teleskop.* [14]	Libelle (Vorderteil)
2982 蜓 *Insekt ... Königshof.* [12]	Libelle (Hinterteil)

凤凰 Phönix

2983 凤 *Wind ... Schritt.* [4]	männlicher Phönix
2984 凰 *Wind ... Kaiser.* [11]	weiblicher Phönix

玻璃 Glas

2985 玻 *Edelstein ... Umhüllung.* [14]	Glas (Vorderseite)

2986	Glas (Rückseite)
璃	*Edelstein ... verlassen.* [14]

橄欖 Olive

2987	Olive (A)
橄	*Baum ... wagemutig.* [15]

2988	Olive (B)
欖	*Baum ... Lupe.* [13]

芙蓉 Hibiskus

2989	Hibiskus (A)
芙	*Blumen ... Ehemann.* [7]

2990	Hibiskus (B)
蓉	*Blumen ... enthalten.* [13]

咖啡 Kaffee

2991	Kaffee (erster Tropfen)
咖	*Mund ... hinzufügen.* [8]

2992	Kaffee (letzter Tropfen)
啡	*Mund ... Kerker.* [11]

葡萄 Weintrauben

2993	Weintrauben (A)
葡	*Blumen ... gefesselt ... Hundemarke.* [12]

2994	Weintrauben (B)
萄	*Blumen . . . Feldflasche.* [11]

蘑菇 Pilz

2995	Pilz (Kappe)
蘑	*Blumen . . . schleifen.* [19]

2996	Pilz (Stiel)
菇	*Blumen . . . Schwester des Vaters.* [11]

吩咐 instruieren

2997	in-
吩	*Mund . . . Teil.* [7]

2998	-struieren
咐	*Mund . . . bezahlen.* [8]

乒乓 Ping-pong

Diese Zeichenkombination wird als informeller Name für das Tischtennisspiel verwendet.

2999	Ping
乒	*Truppen* auf linkem Bein. [6]

3000	pong
乓	*Truppen* auf rechtem Bein. [6]

Nachschriften

Nachschrift 1

WENN SIE ES bis hierhin geschafft haben, sich erfolgreich Ihren Weg durch alle 3.000 Schriftzeichen der vorangegangenen Lektionen zu bahnen, haben Sie jedes Recht, einen großen Seufzer der Erleichterung auszustoßen. Bevor bei Ihnen jedoch allzu große Behaglichkeit aufkommt, möchten wir gleich einige Nachschriften anfügen.

Zunächst war das Hauptkriterium bei der Erstellung einer Liste von Schriftzeichen für diese Bände die Häufigkeit ihrer Verwendung. Zugleich aber führten andere Erwägungen dazu, dass wir eine kleine Zahl von Zeichen hineinschlüpfen lassen haben, welche die Häufigkeitskriterien knapp verfehlten. Einige davon dienten dazu, das Erlernen wichtiger Primitivelemente zu verstärken. Andere halfen dabei, die auf diesen Seiten verfolgte besondere Methode der Anordnung zu verdeutlichen. Wiederum andere waren schlicht so einfach zu erlernen, dass wir nicht widerstehen konnten, für sie eine Ausnahme zu machen.

Bei dieser gewählten Vorgehensweise war eine Gruppe von Zeichen, die aufgrund ihrer Häufigkeit eigentlich in die Lektionen gehört hätte, zunächst beiseite zu lassen. Es handelt sich insgesamt um 18 Stück, und wir haben sie nun hier für Sie versammelt. Die Hälfte von ihnen werden als, zum Teil sehr geläufige, Nachnamen verwendet, die andere Hälfte für diverse Eigennamen.

Wir würden empfehlen, dass Sie die folgenden Seiten als eine erste Herausforderung Ihrer in diesen zwei Bänden erworbenen Fähigkeiten in der wirklichen Welt annehmen. Wenn Sie diesen Test bestanden haben, wartet eine zweite Nachschrift darauf, dass Sie letzte Hand anlegen.

Wir beginnen mit neun Nachnamen. In einem Fall ist die Latinisierung des Namens mit einem Schlüsselwort identisch, das in einer früheren Lektion mit einem anderen Schriftzeichen erschien. Wir haben es mit einer "-2" markiert.

3001 曹 [11] Cao

Als Primitivelement verwendet, trug dieses Zeichen die Bedeutung *Kadett* (Seite 126).

3002	潘	[15]	Pan
3003	谭	[19]	Tan
3004	姚	[9]	Yao-2
3005	薛	[7]	Xue
3006	彭	[12]	Peng
3007	冯	[5]	Feng
3008	魏	[17]	Wei
3009	岳	[8]	Yue

Den Schriftzeichen in den nächsten neun Rahmen kann man häufig in Eigennamen begegnen. Sie werden hier ohne besondere Reihenfolge angeführt.

3010	莉	[10]	Jasmin
	Findet häufig in Mädchennamen Verwendung.		
3011	湘	[12]	Provinz Hunan
	Eine Kurzbezeichnung für den Namen der Provinz.		
3012	甸	[7]	Außenbezirke

3013	沧	[7]	dunkelblau
3014	穆	[16]	ehrerbietig
3015	娜	[10]	*na*

Das Zeichen wird oft benutzt, um den Klang *na* umzuschreiben, der in Namen wie An*na* und Dia*na* vorkommt.

3016	琼	[12]	feine Jade
3017	琳	[12]	Kleinod
3018	钧	[9]	30 Pfund

Eine altertümliche Gewichtseinheit, die ungefähr 15 Kilogramm beträgt (siehe RAHMEN 924); erscheint oft in Jungennamen.

Nachschrift 2

Um mit angemessenem Ernst zu schließen, führen wir noch ein besonderes Schriftzeichen ein, das sich nicht unter den nahezu 50.000 Zeichen befindet, die von den größten Wörterbüchern der chinesischen Gegenwartssprache abgedeckt werden. Dem Zeichen, das in seiner Verdoppelung für eine in der Provinz Shaanxi berühmte Nudelart steht, sagt man nach, dass es das komplexeste heutige chinesische Schriftzeichen darstellt, und es ist Gegenstand von Legenden. Es gibt sogar ein kleines Liedchen, um sich seine Schreibweise einzuprägen.

Zwei der benötigten Primitivelemente sind traditionelle Schriftzeichen, deren vereinfachte Form auf diesen Seiten vorgestellt worden ist:

Zunächst das Schriftzeichen für *lang*, 长:

― 厂 F ⺒ 巨 ⻓ 长 長

Sodann als zweites das Schriftzeichen für *Pferd*, 马:

― 厂 F ⺒ 厏 马 馬

Dies mag nach einer Menge Arbeit aussehen, aber die Rechtfertigung dafür folgt bereits auf der nächsten Seite...

Und schließlich, die Erzählung aller Erzählungen ...

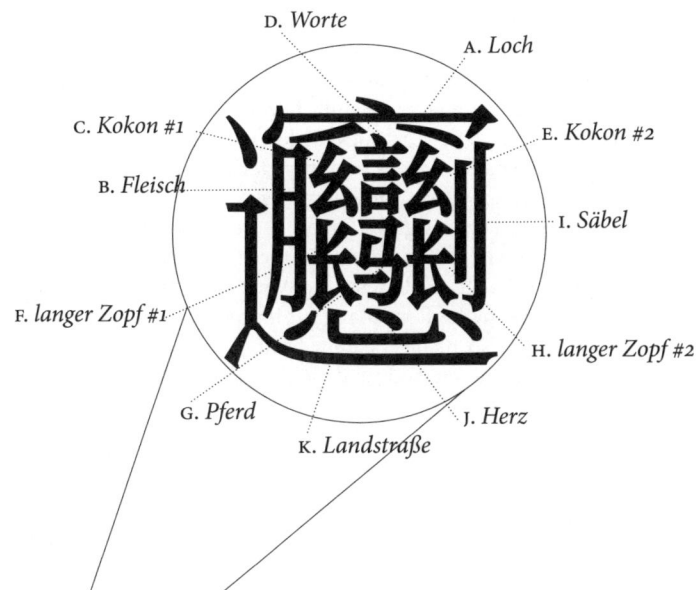

A. *Loch*
B. *Fleisch*
C. *Kokon #1*
D. *Worte*
E. *Kokon #2*
F. *langer Zopf #1*
G. *Pferd*
H. *langer Zopf #2*
I. *Säbel*
J. *Herz*
K. *Landstraße*

50.001

Biang

Vielleicht haben Sie schon einmal von dem gefeierten Sänger und Liedermacher Fu-Lan-Ke Sinotra gehört – landauf, landab berühmt für seine zeitlosen Klassiker wie "Hong Kong, Hong Kong", "Strangers in Shanghai" (im örtlichen Dialekt: "Strangers in the Nai") und natürlich "Mai Wei".

Es wird erzählt, dass Fu-Lan-Ke eines nachts einen seltsamen Traum hatte, welcher zur Komposition einer seiner berühmtesten Balladen führte. Sinotra berichtet in seinen Lebenserinnerungen, dass er davon träumte, auf einer entlegenen *Landstraße* auf seinem prächtigen *Ross* **Biang** in Richtung der Stadt Guangzhou zu reiten. Das *Pferd* trabte stolz dahin, den Schwanz zu zwei *langen*, im Wind flatternden *Zöpfen* geflochten. Ohne Vorwarnung jedoch brach in seinem Traum das Reittier plötzlich zusammen und verendete. Tage gingen ins Land, ohne dass jemand die einsame *Landstraße* passierte, und Fu-Lan-Ke wurde immer schwächer und orientierungsloser.

Dem Hungertod nahe und in einem Akt der Verzweiflung, zog er seinen treuen *Säbel* aus der Scheide, schnitt ein *Loch* in das *Fleisch* des *Pferdes* und nahm das *Herz* heraus, um es zu essen. Noch an den Kadaver gelehnt, begann er leise ein Klagelied anzustimmen. Die *Worte* des Liedes drangen bis zu zwei in der Nähe hängenden *Kokons* und inspirierten die wunderschönen Schmetterlinge darin, auszubrechen und ihren ersten Flug anzutreten. Dies als gutes Omen deutend, rief Fu-Lan-Ke im Schlaf laut aus: "Fly me to Guangzhou!". Er erwachte in kalten Schweiß gebadet und brachte die Worte sofort zu Papier, womit er sein sagenhaftes Ross **Biang** für immer unsterblich machte.

Seien Sie also nicht erstaunt, wenn Sie Nudelverkäufer das Lied pfeifen hören, während sie ihre **Biang-Biang**-Nudeln in Form schlagen. [46]

Indizes

INDEX I

Handgeschriebene Zeichen

Dieser Index führt alle Schriftzeichen dieses Buches in der Reihenfolge ihres Erscheinens auf. Sie sind in einem typischen Zeichensatz gedruckt, mit dem man Kindern beibringt, wie man die Zeichen mit einem Stift schreibt – wie auch bereits zuvor in diesem Buch. Darunter steht die Aussprache (in Mandarin). Einige Zeichen haben mehrere Aussprachen. Sie lassen sich durch Nachschlagen in einem Wörterbuch unter der hier angegebenen Aussprache ermitteln.

叭	咕	胆	咱	肿	串	吓	罩	兽	嚣
bā	gū	dǎn	zán	zhǒng	chuàn	xià	zhào	shòu	xiāo
1501	1502	1503	1504	1505	1506	1507	1508	1509	1510

矗	颠	巩	叨	刮	盯	呵	姑	婴	姆
chù	diān	gǒng	dāo	guā	dīng	hē	gū	yīng	mǔ
1511	1512	1513	1514	1515	1516	1517	1518	1519	1520

兢	奋	夹	颊	厕	硕	砌	哨	晃	泪
jīng	fèn	jiā	jiá	cè	shuò	qì	shào	huàng	lèi
1521	1522	1523	1524	1525	1526	1527	1528	1529	1530

泄	泊	沾	渺	汰	咏	腺	鲁	坦	坝
xiè	bó	zhān	miǎo	tài	yǒng	xiàn	lǔ	tǎn	bà
1531	1532	1533	1534	1535	1536	1537	1538	1539	1540

涯	娃	肘	碍	夺	灼	炒	灶	哩	厘
yá	wá	zhǒu	ài	duó	zhuó	chǎo	zào	lǐ	lí
1541	1542	1543	1544	1545	1546	1547	1548	1549	1550

鲤	嘿	熏	丹	炯	晌	淌	宁	寡	喧
lǐ	hēi	xūn	dān	jiǒng	shǎng	tǎng	níng	guǎ	xuān
1551	1552	1553	1554	1555	1556	1557	1558	1559	1560

棚	柏	朴	朵	杠	椅	樱	梢	杜	杰
péng	bǎi	pǔ	duǒ	gàng	yǐ	yīng	shāo	dù	jié
1561	1562	1563	1564	1565	1566	1567	1568	1569	1570

桐 tóng 1571	宋 Sòng 1572	桂 guì 1573	淋 lìn 1574	焚 fén 1575	厢 xiāng 1576	昧 mèi 1577	朱 zhū 1578	株 zhū 1579	萌 méng 1580
苟 gǒu 1581	苛 kē 1582	萝 luó 1583	膜 mó 1584	暮 mù 1585	寞 mò 1586	猫 māo 1587	狭 xiá 1588	狸 lí 1589	犹 yóu 1590
燃 rán 1591	咒 zhòu 1592	嗅 xiù 1593	牢 láo 1594	牡 mǔ 1595	宪 xiàn 1596	赞 zàn 1597	伞 sǎn 1598	舍 shè 1599	啥 shá 1600
洽 qià 1601	旺 wàng 1602	碧 bì 1603	琐 suǒ 1604	汪 wāng 1605	柱 wǎng 1606	珠 zhū 1607	噩 è 1608	栓 shuān 1609	柱 zhù 1610
钥 yào 1611	钻 zuàn 1612	钞 chāo 1613	锁 suǒ 1614	销 xiāo 1615	锣 luó 1616	迫 pò 1617	迁 qiān 1618	逼 bī 1619	辽 liáo 1620
逻 luó 1621	逞 chěng 1622	轨 guǐ 1623	轧 yà 1624	辐 fú 1625	链 liàn 1626	煎 jiān 1627	喻 yù 1628	榆 yú 1629	胳 gē 1630
厦 shà 1631	牵 qiān 1632	浑 hún 1633	晕 yūn 1634	炕 kàng 1635	膏 gāo 1636	淳 chún 1637	亨 hēng 1638	哼 hēng 1639	鲸 jīng 1640
壳 ké 1641	洁 jié 1642	枚 méi 1643	牧 mù 1644	玫 méi 1645	敦 dūn 1646	墩 dūn 1647	瞻 zhān 1648	谓 wèi 1649	询 xún 1650
讥 jī 1651	罚 fá 1652	订 dìng 1653	谅 liàng 1654	诺 nuò 1655	讯 xùn 1656	谍 dié 1657	碟 dié 1658	贰 èr 1659	腻 nì 1660
嘎 gā 1661	域 yù 1662	栽 zāi 1663	戚 qī 1664	蔑 miè 1665	喊 hǎn 1666	溅 jiàn 1667	浇 jiāo 1668	涩 sè 1669	址 zhǐ 1670
赴 fù 1671	趟 tàng 1672	堤 dī 1673	津 jīn 1674	键 jiàn 1675	婿 xù 1676	袜 wà 1677	衰 shuāi 1678	衷 zhōng 1679	猿 yuán 1680

吊 diào 1681	币 bì 1682	帕 pà 1683	帖 tiě 1684	帆 fān 1685	幅 fú 1686	锦 jǐn 1687	沛 pèi 1688	柿 shì 1689	棘 jí 1690
蕾 lěi 1691	尝 cháng 1692	坛 tán 1693	枣 zǎo 1694	吞 tūn 1695	妖 yāo 1696	沃 wò 1697	袄 ǎo 1698	轿 jiào 1699	垃 lā 1700
啼 tí 1701	蒂 dì 1702	顷 qǐng 1703	匙 chí 1704	乖 guāi 1705	乘 chéng 1706	剩 shèng 1707	毕 bì 1708	棍 gùn 1709	谐 xié 1710
柴 chái 1711	沦 lún 1712	敏 mǐn 1713	霉 méi 1714	迄 qì 1715	砍 kǎn 1716	坎 kǎn 1717	炊 chuī 1718	钦 qīn 1719	剖 pōu 1720
菩 pú 1721	黯 àn 1722	赢 yíng 1723	芒 máng 1724	荒 huāng 1725	谎 huǎng 1726	茫 máng 1727	坊 fáng 1728	芳 fāng 1729	访 fǎng 1730
淦 gǎn 1731	熬 áo 1732	膀 bǎng 1733	磅 bàng 1734	榜 bǎng 1735	锐 ruì 1736	虹 hóng 1737	蝠 fú 1738	浊 zhuó 1739	蝗 huáng 1740
蛙 wā 1741	烛 zhú 1742	茧 jiǎn 1743	蚕 cán 1744	胞 bāo 1745	炮 pào 1746	袍 páo 1747	雹 báo 1748	豪 háo 1749	啄 zhuó 1750
琢 zhuó 1751	遂 suì 1752	嫁 jià 1753	肠 cháng 1754	杨 yáng 1755	烫 tàng 1756	荡 dàng 1757	姜 jiāng 1758	详 xiáng 1759	羡 xiàn 1760
栏 lán 1761	唯 wéi 1762	雀 què 1763	堆 duī 1764	雕 diāo 1765	截 jié 1766	霍 huò 1767	雌 cí 1768	焦 qiáo 1769	瞧 jiāo 1770
礁 jiāo 1771	蕉 jiāo 1772	翘 qiào 1773	塌 tā 1774	翰 hàn 1775	耀 yào 1776	戳 chuō 1777	咽 yān 1778	姻 yīn 1779	墙 qiáng 1780
旷 kuàng 1781	矿 kuàng 1782	庆 qìng 1783	嘛 ma5 1784	磨 mó 1785	脏 zāng 1786	赃 zāng 1787	桩 zhuāng 1788	忠 zhōng 1789	恕 shù 1790

惑 huò 1791	愈 yù 1792	惠 huì 1793	忌 jì 1794	患 huàn 1795	惹 rě 1796	恒 héng 1797	悟 wù 1798	悼 dào 1799	惧 jù 1800
慎 shèn 1801	惰 duò 1802	恢 huī 1803	惶 huáng 1804	忆 yì 1805	悄 qiǎo 1806	恍 huǎng 1807	恰 qià 1808	愉 yú 1809	怔 zhēng 1810
怖 bù 1811	慌 huāng 1812	愣 lèng 1813	悦 yuè 1814	憎 zēng 1815	惟 wéi 1816	悔 huǐ 1817	慕 mù 1818	添 tiān 1819	媳 xí 1820
熄 xī 1821	泌 mì 1822	瑟 sè 1823	蜜 mì 1824	蛾 é 1825	扒 pá 1826	扣 kòu 1827	拍 pāi 1828	啪 pā 1829	扑 pū 1830
拘 jū 1831	损 sǔn 1832	拓 tuò 1833	扛 káng 1834	扎 zhā 1835	拇 mǔ 1836	捎 shāo 1837	抄 chāo 1838	垫 diàn 1839	挚 zhì 1840
捏 niē 1841	拧 nǐng 1842	抹 mǒ 1843	摸 mō 1844	描 miáo 1845	挑 tiǎo 1846	扰 rǎo 1847	搞 gǎo 1848	拴 shuān 1849	拾 shí 1850
搭 dā 1851	掠 lüè 1852	拭 shì 1853	挠 náo 1854	扯 chě 1855	撞 zhuàng 1856	摘 zhāi 1857	拖 tuō 1858	扬 yáng 1859	拦 lán 1860
搓 cuō 1861	捆 kǔn 1862	扩 kuò 1863	撼 hàn 1864	挟 xié 1865	擅 shàn 1866	颤 chàn 1867	戒 jiè 1868	械 xiè 1869	诫 jiè 1870
莽 mǎng 1871	奔 bēn 1872	喷 pēn 1873	愤 fèn 1874	材 cái 1875	荐 jiàn 1876	孕 yùn 1877	扔 rēng 1878	携 xié 1879	圾 jī 1880
梗 gěng 1881	叹 tàn 1882	叉 chā 1883	权 quán 1884	寇 kòu 1885	敲 qiāo 1886	轰 hōng 1887	滩 tān 1888	毅 yì 1889	肢 zhī 1890
妓 jì 1891	歧 qí 1892	翅 chì 1893	淑 shū 1894	椒 jiāo 1895	盾 dùn 1896	贩 fàn 1897	扳 bān 1898	烁 shuò 1899	觅 mì 1900

INDEX I: HANDGESCHRIEBENE ZEICHEN | 259

妥 tuǒ 1901	豹 bào 1902	貌 mào 1903	睬 cǎi 1904	允 yǔn 1905	宏 hóng 1906	垒 lěi 1907	胎 tāi 1908	怠 dài 1909	怡 yí 1910
冶 yě 1911	抬 tái 1912	罢 bà 1913	摆 bǎi 1914	丢 diū 1915	致 zhì 1916	弃 qì 1917	撤 chè 1918	硫 liú 1919	琉 liú 1920
疏 shū 1921	蔬 shū 1922	勾 gōu 1923	沟 gōu 1924	钩 gōu 1925	崩 bēng 1926	岩 yán 1927	峭 qiào 1928	崎 qí 1929	崖 yá 1930
灿 càn 1931	炭 tàn 1932	碳 tàn 1933	岂 qǐ 1934	凯 kǎi 1935	峡 xiá 1936	崔 cuī 1937	摧 cuī 1938	逆 nì 1939	溯 sù 1940
塑 sù 1941	盼 pàn 1942	颁 bān 1943	芬 fēn 1944	扮 bàn 1945	岔 chà 1946	颂 sòng 1947	讼 sòng 1948	滚 gǔn 1949	翁 wēng 1950
嗡 wēng 1951	裕 yù 1952	榕 róng 1953	熔 róng 1954	裳 shang5 1955	掌 zhǎng 1956	撑 chēng 1957	膛 táng 1958	颇 pō 1959	坡 pō 1960
披 pī 1961	菠 bō 1962	歼 jiān 1963	殖 zhí 1964	殊 shū 1965	残 cán 1966	咧 liě 1967	裂 liè 1968	毙 bì 1969	耿 gěng 1970
辑 jí 1971	耻 chǐ 1972	摄 shè 1973	聪 cōng 1974	娶 qǔ 1975	蔓 màn 1976	肤 fū 1977	扶 fú 1978	潜 qián 1979	卧 wò 1980
藏 cáng 1981	熙 xī 1982	勋 xūn 1983	劣 liè 1984	募 mù 1985	劝 quàn 1986	劫 jié 1987	抛 pāo 1988	胁 xié 1989	怒 nù 1990
茄 qié 1991	彻 chè 1992	征 zhēng 1993	惩 chéng 1994	徒 tú 1995	徊 huái 1996	役 yì 1997	循 xún 1998	彼 bǐ 1999	衍 yǎn 2000
衡 héng 2001	衔 xián 2002	秃 tū 2003	颓 tuí 2004	秒 miǎo 2005	稍 shāo 2006	稣 sū 2007	稿 gǎo 2008	稠 chóu 2009	颖 yǐng 2010

INDEX I: HANDGESCHRIEBENE ZEICHEN

稼 jià 2011	税 shuì 2012	稚 zhì 2013	菌 jùn 2014	穗 suì 2015	秘 mì 2016	私 sī 2017	秩 zhì 2018	锹 qiāo 2019	梨 lí 2020
犁 lí 2021	萎 wěi 2022	黏 nián 2023	黎 lí 2024	膝 xī 2025	漆 qī 2026	锈 xiù 2027	眯 mī 2028	糊 hú 2029	粘 zhān 2030
奥 ào 2031	澳 ào 2032	懊 ào 2033	菊 jú 2034	渊 yuān 2035	梁 liáng 2036	粱 liáng 2037	糙 cāo 2038	粒 lì 2039	糕 gāo 2040
蔽 bì 2041	憋 biē 2042	撇 piě 2043	弊 bì 2044	莱 lái 2045	搂 lōu 2046	筑 zhù 2047	箩 luó 2048	笨 bèn 2049	筒 tǒng 2050
箭 jiàn 2051	筛 shāi 2052	筋 jīn 2053	伍 wǔ 2054	仇 chóu 2055	倡 chàng 2056	伯 bó 2057	仲 zhòng 2058	仆 pú 2059	估 gū 2060
侦 zhēn 2061	俱 jù 2062	佑 yòu 2063	佐 zuǒ 2064	侧 cè 2065	亿 yì 2066	仔 zǐ 2067	倚 yǐ 2068	俏 qiào 2069	佳 jiā 2070
侍 shì 2071	伙 huǒ 2072	倘 tǎng 2073	宿 sù 2074	伏 fú 2075	袱 fú 2076	偷 tōu 2077	偿 cháng 2078	伐 fá 2079	佩 pèi 2080
侨 qiáo 2081	倾 qīng 2082	伦 lún 2083	侮 wǔ 2084	倍 bèi 2085	仿 fǎng 2086	傲 ào 2087	僧 sēng 2088	囚 qiú 2089	悠 yōu 2090
侄 zhí 2091	仙 xiān 2092	傍 bàng 2093	催 cuī 2094	俗 sú 2095	侠 xiá 2096	俄 é 2097	聚 jù 2098	符 fú 2099	贷 dài 2100
荷 hé 2101	杖 zhàng 2102	仗 zhàng 2103	从 cóng 2104	耸 sǒng 2105	挫 cuò 2106	诬 wū 2107	葛 gé 2108	褐 hé 2109	竭 jié 2110
歇 xiē 2111	揭 jiē 2112	淫 yín 2113	凭 píng 2114	挺 tǐng 2115	赎 shú 2116	瓦 wǎ 2117	瓷 cí 2118	拟 nǐ 2119	瓶 píng 2120

宫 gōng 2121	铝 lǚ 2122	萤 yíng 2123	莹 yíng 2124	蒙 měng 2125	朦 méng 2126	捞 lāo 2127	旋 xuán 2128	吻 wěn 2129	匆 cōng 2130
葱 cōng 2131	锡 xī 2132	惕 tì 2133	卢 lú 2134	屈 tì 2135	屑 xiè 2136	尿 niào 2137	犀 xī 2138	迟 chí 2139	刷 shuā 2140
漏 lòu 2141	屁 pì 2142	屈 qū 2143	掘 jué 2144	履 lǚ 2145	屎 shǐ 2146	屡 lǚ 2147	屏 píng 2148	眉 méi 2149	媚 mèi 2150
昼 zhòu 2151	启 qǐ 2152	肩 jiān 2153	妒 dù 2154	炉 lú 2155	芦 lú 2156	扇 shàn 2157	奈 nài 2158	款 kuǎn 2159	凛 lǐn 2160
祟 suì 2161	祝 zhù 2162	祥 xiáng 2163	蔚 wèi 2164	慰 wèi 2165	蒜 suàn 2166	棕 zōng 2167	宙 zhòu 2168	轴 zhóu 2169	袖 xiù 2170
庙 miào 2171	笛 dí 2172	届 jiè 2173	呻 shēn 2174	坤 kūn 2175	审 shěn 2176	婶 shěn 2177	畅 chàng 2178	巢 cháo 2179	棵 kē 2180
裸 luǒ 2181	裹 guǒ 2182	析 xī 2183	晰 xī 2184	芹 qín 2185	祈 qí 2186	欣 xīn 2187	掀 xiān 2188	惭 cán 2189	崭 zhǎn 2190
浙 zhè 2191	誓 shì 2192	拆 chāi 2193	炸 zhà 2194	诈 zhà 2195	归 guī 2196	皱 zhòu 2197	煞 shà 2198	趋 qū 2199	雏 chú 2200
浸 jìn 2201	寝 qǐn 2202	侵 qīn 2203	稳 wěn 2204	挡 dǎng 2205	剥 bō 2206	秉 bǐng 2207	妻 qī 2208	凄 qī 2209	捷 jié 2210
肃 sù 2211	啸 xiào 2212	萧 xiāo 2213	兼 jiān 2214	赚 zhuàn 2215	嫌 xián 2216	谦 qiān 2217	歉 qiàn 2218	廉 lián 2219	镰 lián 2220
睁 zhēng 2221	挣 zhēng 2222	筝 zhēng 2223	塘 táng 2224	隶 lì 2225	逮 dài 2226	慷 kāng 2227	糠 kāng 2228	笋 sǔn 2229	耍 shuǎ 2230

耐 nài 2231	喘 chuǎn 2232	揣 chuǎi 2233	槽 cáo 2234	遭 zāo 2235	糟 zāo 2236	抖 dǒu 2237	惜 xī 2238	措 cuò 2239	腊 là 2240
蜡 là 2241	猎 liè 2242	燕 yàn 2243	遮 zhē 2244	畔 pàn 2245	拌 bàn 2246	叛 pàn 2247	券 quàn 2248	藤 téng 2249	鼎 dǐng 2250
芝 zhī 2251	贬 biǎn 2252	泛 fàn 2253	歪 wāi 2254	矫 jiǎo 2255	矮 ǎi 2256	唉 ài 2257	埃 āi 2258	挨 ái 2259	簇 cù 2260
茅 máo 2261	橘 jú 2262	舒 shū 2263	览 lǎn 2264	揽 lǎn 2265	肾 shèn 2266	竖 shù 2267	弘 hóng 2268	夷 yí 2269	姨 yí 2270
疆 jiāng 2271	僵 jiāng 2272	粥 zhōu 2273	蝉 chán 2274	禅 chán 2275	沸 fèi 2276	拂 fú 2277	剃 tì 2278	递 dì 2279	梯 tī 2280
涕 tì 2281	朽 xiǔ 2282	聘 pìn 2283	姊 zǐ 2284	亏 kuī 2285	污 wū 2286	夸 kuā 2287	垮 kuǎ 2288	挎 kuà 2289	鳄 è 2290
愕 è 2291	躺 tǎng 2292	躲 duǒ 2293	躬 gōng 2294	嗜 shì 2295	姥 lǎo 2296	拷 kǎo 2297	屿 yǔ 2298	暑 shǔ 2299	睹 dǔ 2300
署 shǔ 2301	薯 shǔ 2302	赌 dǔ 2303	奢 shē 2304	堵 dǔ 2305	煮 zhǔ 2306	诸 zhū 2307	储 chǔ 2308	屠 tú 2309	棺 guān 2310
爹 diē 2311	斧 fǔ 2312	咬 yǎo 2313	胶 jiāo 2314	狡 jiǎo 2315	捉 zhuō 2316	促 cù 2317	趴 pā 2318	踏 tà 2319	践 jiàn 2320
跃 yuè 2321	蹄 tí 2322	踩 cǎi 2323	蹦 bèng 2324	跌 diē 2325	踢 tī 2326	踪 zōng 2327	跨 kuà 2328	躁 zào 2329	噪 zào 2330
澡 zǎo 2331	藻 zǎo 2332	燥 zào 2333	操 cāo 2334	猾 huá 2335	髓 suǐ 2336	陌 mò 2337	隙 xì 2338	陡 dǒu 2339	陪 péi 2340

INDEX I: HANDGESCHRIEBENE ZEICHEN | 263

| 障 zhàng 2341 | 隧 suì 2342 | 陋 lòu 2343 | 隐 yǐn 2344 | 陕 shǎn 2345 | 陵 líng 2346 | 棱 léng 2347 | 菱 líng 2348 | 凌 líng 2349 | 融 róng 2350 |

| 隔 gé 2351 | 窃 qiè 2352 | 挖 wā 2353 | 帘 lián 2354 | 窥 kuī 2355 | 穷 qióng 2356 | 窄 zhǎi 2357 | 榨 zhà 2358 | 窟 kū 2359 | 窘 jiǒng 2360 |

| 窜 cuàn 2361 | 腔 qiāng 2362 | 窝 wō 2363 | 涡 wō 2364 | 锅 guō 2365 | 祸 huò 2366 | 蜗 wō 2367 | 宾 bīn 2368 | 滨 bīn 2369 | 绷 bēng 2370 |

| 纤 xiān 2371 | 绰 chuò 2372 | 绍 shào 2373 | 纱 shā 2374 | 络 luò 2375 | 绸 chóu 2376 | 绒 róng 2377 | 绕 rào 2378 | 绽 zhàn 2379 | 绵 mián 2380 |

| 缔 dì 2381 | 纺 fǎng 2382 | 缠 chán 2383 | 绘 huì 2384 | 纷 fēn 2385 | 绣 xiù 2386 | 缕 lǚ 2387 | 缩 suō 2388 | 纳 nà 2389 | 综 zōng 2390 |

| 绅 shēn 2391 | 绪 xù 2392 | 绞 jiǎo 2393 | 缓 huǎn 2394 | 暖 nuǎn 2395 | 援 yuán 2396 | 绢 juàn 2397 | 捐 juān 2398 | 缴 jiǎo 2399 | 邀 yāo 2400 |

| 缆 lǎn 2401 | 哟 yō 2402 | 颈 jǐng 2403 | 茎 jīng 2404 | 径 jìng 2405 | 劲 jìng 2406 | 缘 yuán 2407 | 幼 yòu 2408 | 溪 xī 2409 | 幽 yōu 2410 |

| 玄 xuán 2411 | 弦 xián 2412 | 畜 chù 2413 | 蓄 xù 2414 | 磁 cí 2415 | 滋 zī 2416 | 慈 cí 2417 | 累 lèi 2418 | 螺 luó 2419 | 紫 zǐ 2420 |

| 繁 fán 2421 | 絮 xù 2422 | 索 suǒ 2423 | 脖 bó 2424 | 勃 bó 2425 | 卸 xiè 2426 | 御 yù 2427 | 卵 luǎn 2428 | 孵 fū 2429 | 乳 rǔ 2430 |

| 浮 fú 2431 | 俘 fú 2432 | 榴 liú 2433 | 爷 yé 2434 | 疑 yí 2435 | 凝 níng 2436 | 玲 líng 2437 | 铃 líng 2438 | 怜 lián 2439 | 岭 lǐng 2440 |

| 伶 líng 2441 | 涌 yǒng 2442 | 桶 tǒng 2443 | 诵 sòng 2444 | 范 fàn 2445 | 扼 è 2446 | 卷 juàn 2447 | 倦 juàn 2448 | 圈 quān 2449 | 怨 yuàn 2450 |

宛 wǎn 2451	腕 wàn 2452	婉 wǎn 2453	碗 wǎn 2454	苍 cāng 2455	抢 qiǎng 2456	诡 guǐ 2457	跪 guì 2458	舆 yú 2459
酌 zhuó 2460	酬 chóu 2461	酷 kù 2462	醇 chún 2463	醋 cù 2464	酱 jiàng 2465	奖 jiǎng 2466	浆 jiāng 2467	桨 jiǎng 2468
蒋 jiǎng 2469	醉 zuì 2470	碎 suì 2471	翠 cuì 2472	粹 cuì 2473	酸 suān 2474	梭 suō 2475	峻 jùn 2476	俊 jùn 2477
奠 diàn 2478	蹲 dūn 2479	逗 dòu 2480	橱 chú 2481	嘻 xī 2482	嘉 jiā 2483	盟 méng 2484	孟 mèng 2485	猛 měng 2486
盐 yán 2487	盔 kuī 2488	盒 hé 2489	盛 shèng 2490	盏 zhǎn 2491	盗 dào 2492	磕 kē 2493	盈 yíng 2494	盆 pén 2495
蕴 yùn 2496	鉴 jiàn 2497	滥 làn 2498	尴 gān 2499	尬 gà 2500	沈 shěn 2501	枕 zhěn 2502	耽 dān 2503	衅 xìn 2504
垦 kěn 2505	狠 hěn 2506	恳 kěn 2507	艰 jiān 2508	爵 jué 2509	嚼 jiáo 2510	卿 qīng 2511	恨 hèn 2512	朗 lǎng 2513
狼 láng 2514	粮 liáng 2515	酿 niàng 2516	饥 jī 2517	饶 ráo 2518	饰 shì 2519	饮 yǐn 2520	蚀 shí 2521	饱 bǎo 2522
馒 mán 2523	饼 bǐng 2524	饺 jiǎo 2525	饿 è 2526	溉 gài 2527	慨 kǎi 2528	苹 píng 2529	萍 píng 2530	秤 chèng 2531
淆 yáo 2532	艾 ài 2533	哎 āi 2534	赵 zhào 2535	攀 pān 2536	刹 shā 2537	枫 fēng 2538	钢 gāng 2539	岗 gǎng 2540
纲 gāng 2541	屯 tún 2542	吨 dūn 2543	顿 dùn 2544	纯 chún 2545	齿 chǐ 2546	龄 líng 2547	汹 xiōng 2548	篱 lí 2549
仪 yí 2550	辜 gū 2551	辞 cí 2552	宰 zǎi 2553	辨 biàn 2554	辩 biàn 2555	臂 bì 2556	劈 pī 2557	譬 pì 2558
僻 pì 2559	纠 jiū 2560							

咳 ké 2561	嚷 rǎng 2562	镶 xiāng 2563	塞 sài 2564	寨 zhài 2565	晴 qíng 2566	猜 cāi 2567	靖 jìng 2568	债 zhài 2569	牲 shēng 2570
隆 lóng 2571	腥 xīng 2572	猩 xīng 2573	醒 xǐng 2574	寿 shòu 2575	畴 chóu 2576	涛 tāo 2577	铸 zhù 2578	祷 dǎo 2579	筹 chóu 2580
契 qì 2581	拜 bài 2582	锋 fēng 2583	逢 féng 2584	缝 féng 2585	蓬 péng 2586	篷 péng 2587	蜂 fēng 2588	峰 fēng 2589	瞎 xiā 2590
辖 xiá 2591	豁 huō 2592	韩 hán 2593	违 wéi 2594	纬 wěi 2595	奏 zòu 2596	凑 còu 2597	秦 qín 2598	蠢 chǔn 2599	泽 zé 2600
译 yì 2601	择 zé 2602	捧 pěng 2603	砖 zhuān 2604	唾 tuò 2605	吟 yín 2606	贪 tān 2607	琴 qín 2608	炼 liàn 2609	晒 shài 2610
洒 sǎ 2611	栖 qī 2612	栗 lì 2613	牺 xī 2614	潭 tán 2615	覆 fù 2616	飘 piāo 2617	献 xiàn 2618	阔 kuò 2619	润 rùn 2620
阁 gé 2621	搁 gē 2622	闹 nào 2623	阅 yuè 2624	闷 mēn 2625	闭 bì 2626	闪 shǎn 2627	阀 fá 2628	闸 zhá 2629	阐 chǎn 2630
涧 jiàn 2631	菲 fěi 2632	辈 bèi 2633	悲 bēi 2634	徘 pái 2635	喉 hóu 2636	猴 hóu 2637	肝 gān 2638	刊 kān 2639	奸 jiān 2640
汗 hàn 2641	杆 gǎn 2642	轩 xuān 2643	罕 hǎn 2644	竿 gān 2645	悍 hàn 2646	吁 yù 2647	涂 tú 2648	叙 xù 2649	徐 xú 2650
斜 xié 2651	喇 lǎ 2652	嗽 sòu 2653	赖 lài 2654	懒 lǎn 2655	嫩 nèn 2656	董 dǒng 2657	疗 liáo 2658	痰 tán 2659	症 zhèng 2660
疼 téng 2661	痒 yǎng 2662	瘫 tān 2663	疫 yì 2664	癌 ái 2665	疲 pí 2666	痴 chī 2667	瘤 liú 2668	疮 chuāng 2669	疾 jí 2670

瘾 yǐn 2671	痕 hén 2672	汇 huì 2673	框 kuàng 2674	筐 kuāng 2675	砸 zá 2676	匠 jiàng 2677	匪 fěi 2678	匿 nì 2679	兜 dōu 2680
巨 jù 2681	柜 guì 2682	渠 qú 2683	拒 jù 2684	矩 jǔ 2685	距 jù 2686	殴 ōu 2687	呕 ǒu 2688	躯 qū 2689	昂 áng 2690
抑 yì 2691	葵 kuí 2692	瞪 dèng 2693	凳 dèng 2694	澄 chéng 2695	僚 liáo 2696	拨 bō 2697	泼 pō 2698	拔 bá 2699	杉 shān 2700
彬 bīn 2701	衫 shān 2702	彰 zhāng 2703	膨 péng 2704	渗 shèn 2705	诊 zhěn 2706	趁 chèn 2707	寥 liáo 2708	谬 miù 2709	铲 chǎn 2710
萨 sà 2711	刘 liú 2712	坟 fén 2713	纹 wén 2714	斋 zhāi 2715	斑 bān 2716	剂 jì 2717	挤 jǐ 2718	脊 jǐ 2719	函 hán 2720
涵 hán 2721	映 yìng 2722	殃 yāng 2723	秧 yāng 2724	焕 huàn 2725	肥 féi 2726	爬 pá 2727	疤 bā 2728	甜 tián 2729	嵌 qiàn 2730
钳 qián 2731	媒 méi 2732	煤 méi 2733	谋 móu 2734	棋 qí 2735	欺 qī 2736	旗 qí 2737	嘶 sī 2738	撕 sī 2739	堪 kān 2740
勘 kān 2741	遣 qiǎn 2742	谴 qiǎn 2743	囊 náng 2744	溃 kuì 2745	宜 yí 2746	谊 yì 2747	租 zū 2748	粗 cū 2749	阻 zǔ 2750
桑 sāng 2751	嗓 sǎng 2752	叠 dié 2753	锄 chú 2754	碰 pèng 2755	谱 pǔ 2756	壶 hú 2757	凿 záo 2758	湿 shī 2759	哑 yǎ 2760
晋 jìn 2761	哄 hǒng 2762	洪 hóng 2763	烘 hōng 2764	戴 dài 2765	翼 yì 2766	恭 gōng 2767	拱 gǒng 2768	撰 zhuàn 2769	粪 fèn 2770
殿 diàn 2771	暴 bào 2772	瀑 pù 2773	爆 bào 2774	拥 yōng 2775	佣 yōng 2776	甩 shuǎi 2777	庸 yōng 2778	触 chù 2779	蟹 xiè 2780

懈 xiè 2781	册 cè 2782	删 shān 2783	栅 zhà 2784	珊 shān 2785	遍 biàn 2786	偏 piān 2787	抵 dǐ 2788	氓 máng 2789	哺 bǔ 2790
浦 pǔ 2791	蒲 pú 2792	薄 bó 2793	铺 pù 2794	捕 bǔ 2795	敷 fū 2796	膊 bó 2797	傅 fù 2798	缚 fù 2799	簿 bù 2800
郁 yù 2801	郭 guō 2802	廓 kuò 2803	邓 dèng 2804	鄙 bǐ 2805	耶 yē 2806	邮 yóu 2807	邦 bāng 2808	绑 bǎng 2809	郊 jiāo 2810
邻 lín 2811	廊 láng 2812	缎 duàn 2813	刁 diāo 2814	叼 diāo 2815	钙 gài 2816	殷 yīn 2817	伺 cì 2818	饲 sì 2819	舶 bó 2820
舰 jiàn 2821	航 háng 2822	舵 duò 2823	舱 cāng 2824	艇 tǐng 2825	沿 yán 2826	铅 qiān 2827	狐 hú 2828	瓣 bàn 2829	溢 yì 2830
隘 ài 2831	霞 xiá 2832	氨 ān 2833	氧 yǎng 2834	氖 fēn 2835	氢 qīng 2836	氯 lǜ 2837	霸 bà 2838	靴 xuē 2839	鞭 biān 2840
鞠 jū 2841	芽 yá 2842	讶 yà 2843	雅 yǎ 2844	邪 xié 2845	悉 xī 2846	毯 tǎn 2847	毫 háo 2848	耗 hào 2849	耕 gēng 2850
籍 jí 2851	藉 jiè 2852	畏 wèi 2853	喂 wèi 2854	胀 zhàng 2855	帐 zhàng 2856	誉 yù 2857	剑 jiàn 2858	敛 liǎn 2859	捡 jiǎn 2860
俭 jiǎn 2861	签 qiān 2862	鹏 péng 2863	鸣 míng 2864	鸿 hóng 2865	莺 yīng 2866	鸽 gē 2867	鹤 hè 2868	鹊 què 2869	鸥 ōu 2870
鹅 é 2871	鸦 yā 2872	乌 wū 2873	呜 wū 2874	捣 dǎo 2875	寓 yù 2876	愚 yú 2877	偶 ǒu 2878	缸 gāng 2879	窑 yáo 2880
罐 guàn 2881	灌 guàn 2882	陶 táo 2883	淘 táo 2884	掏 tāo 2885	谣 yáo 2886	冤 yuān 2887	挽 wǎn 2888	勉 miǎn 2889	馋 chán 2890

橡 xiàng 2891	豫 yù 2892	码 mǎ 2893	驯 xún 2894	玛 mǎ 2895	驻 zhù 2896	骄 jiāo 2897	驰 chí 2898	蚂 mǎ 2899	驶 shǐ 2900
骚 sāo 2901	驾 jià 2902	驴 lǘ 2903	腾 téng 2904	骡 luó 2905	骤 zhòu 2906	闯 chuǎng 2907	驱 qū 2908	驳 bó 2909	骗 piàn 2910
唬 hǔ 2911	虏 lǔ 2912	虐 nüè 2913	滤 lǜ 2914	瞬 shùn 2915	麟 lín 2916	磷 lín 2917	唇 chún 2918	辱 rǔ 2919	震 zhèn 2920
振 zhèn 2921	郑 zhèng 2922	掷 zhì 2923	魄 pò 2924	槐 huái 2925	魅 mèi 2926	瑰 guī 2927	魂 hún 2928	愧 kuì 2929	魁 kuí 2930
胧 lóng 2931	垄 lǒng 2932	宠 chǒng 2933	庞 páng 2934	拢 lǒng 2935	聋 lóng 2936	笼 lóng 2937	挪 nuó 2938	辆 liàng 2939	瞒 mán 2940
龟 guī 2941	蝇 yíng 2942	绳 shéng 2943	淹 yān 2944	俺 ǎn 2945	钮 niǔ 2946	羞 xiū 2947	纽 niǔ 2948	赫 hè 2949	奕 yì 2950
迹 jì 2951	蛮 mán 2952	啤 pí 2953	脾 pí 2954	碑 bēi 2955	嘱 zhǔ 2956	肆 sì 2957	插 chā 2958	毁 huǐ 2959	鼠 shǔ 2960
舅 jiù 2961	滔 tāo 2962	稻 dào 2963	蹈 dǎo 2964	嫂 sǎo 2965	搜 sōu 2966	瘦 shòu 2967	艘 sōu 2968	焰 yàn 2969	馅 xiàn 2970
陷 xiàn 2971	爽 shuǎng 2972	缀 zhuì 2973	傻 shǎ 2974	蝴 hú 2975	蝶 dié 2976	蜘 zhī 2977	蛛 zhū 2978	骆 luò 2979	驼 tuó 2980
蜻 qīng 2981	蜓 tíng 2982	凤 fèng 2983	凰 huáng 2984	玻 bō 2985	璃 lí 2986	橄 gǎn 2987	榄 lǎn 2988	芙 fú 2989	蓉 róng 2990
咖 kā 2991	啡 fēi 2992	葡 pú 2993	萄 táo 2994	蘑 mó 2995	菇 gū 2996	吩 fēn 2997	咐 fù 2998	乒 pīng 2999	乓 pāng 3000

曹	潘	谭	姚	薛	彭	冯	魏	岳	莉
cáo	*pān*	*tán*	*yáo*	*xuē*	*péng*	*féng*	*wèi*	*yuè*	*lì*
3001	3002	3003	3004	3005	3006	3007	3008	3009	3010

湘	甸	沧	穆	娜	琼	琳	钧	𰻞
xiāng	*diàn*	*cāng*	*mù*	*nà*	*qióng*	*lín*	*jūn*	*biáng*
3011	3012	3013	3014	3015	3016	3017	3018	50,001

INDEX II

Primitivelemente

Dieser Index zählt alle Primitivelemente des Buches auf. Schriftzeichen, die auch als Primitive verwendet werden, finden sich hier nur, wenn sich ihre Schreibweise dabei erheblich verändert. Die Primitive sind nach Strichzahl angeordnet. Unter ihnen ist die Seite angegeben, auf der das Element erstmals vorgestellt wird.

1 画	′	丨	ㄴ	ㄴ	⌐	㇄	ㄱ		
	1.31	1.32	1.56	1.56	1.253	1.253	1.349		
2 画	八	勹	丷	ナ	刂	丿	冖	冂	入
	1.39	1.39	1.40	1.50	1.52	1.52	1.54	1.88	1.115
	刂	冖	二	又	口	⼆	冫	⺀	乂
	1.115	1.136	1.137	1.159	1.168	1.170	1.170	1.179	1.217
	厂	厶	亻	刂	丂	与	⼹	阝	卩
	1.221	1.223	1.244	1.279	1.282	1.284	1.284	1.288	1.296
	卩	龴	巴	乂	凵	丩	ㄥ	匚	阝
	1.297	1.297	1.299	1.307	1.308	1.310	1.325	1.330	1.348
3 画	亠	⺌	少	巛	儿	氵	宀	艹	丬
	1.49	1.62	1.63	1.70	1.70	1.71	1.90	1.100	1.107
	犭	亼	辶	夂	弋	巳	口	忄	扌
	1.108	1.117	1.128	1.132	1.148	1.197	1.205	1.207	1.212
	廾	兀	才	厷	彳	ヨ	纟	幺	乞
	1.215	1.215	1.216	1.224	1.237	1.267	1.292	1.294	1.304

INDEX II: PRIMITIVELEMENTE | 271

丰 1.318	彡 1.333	毛 1.356	丷 1.359	凡 2.50	厶 2.157	尢 2.171

4画

册 1.60	巛 1.82	朩 1.94	生 1.112	亢 1.137	攵 1.143	乏 1.155	衤 1.162	镸 1.162

| 仑 1.178 | 小 1.207 | 殳 1.220 | 罒 1.222 | 云 1.225 | 勾 1.226 | 壬 1.252 | 牛 1.255 | 衤 1.260 |

| 尹 1.268 | 共 1.273 | 𠬛 1.280 | 歨 1.284 | 罙 1.290 | 臣 1.299 | 旡 1.304 | 主 1.314 | 夬 1.326 |

| 卬 1.331 | 㕢 1.335 | 氏 1.357 | 月 1.368 | 𠂇 2.99 | 卢 2.160 | 宂 2.171 |

5画

| 氺 1.71 | 言 1.138 | 䒑 1.142 | 戊 1.150 | 戈 1.152 | 疋 1.157 | 疋 1.160 | 衤 1.162 | 帀 1.167 |

| 匆 1.198 | 艹 1.254 | 弗 1.281 | 至 1.294 | 㔾 1.297 | 卯 1.297 | 皿 1.301 | 艮 1.302 | 丗 1.312 |

| 夫 1.317 | 东 1.322 | 广 1.330 | 癶 1.331 | 参 1.334 | 虫 1.339 | 冊 1.344 | 氐 1.346 | 丰 1.349 |

| 台 1.350 | 卉 2.86 | 㣇 2.127 | 夗 2.164 | 㣺 2.170 | 圣 2.184 | 发 2.196 |

6画

| 圭 1.80 | 吅 1.111 | 刖 1.131 | 吉 1.140 | 戋 1.150 | 戍 1.151 | 聿 1.160 | 肀 1.160 | 衣 1.162 |

| 束 1.168 | 乔 1.173 | 羊 1.199 | 羋 1.200 | 严 1.223 | 行 1.237 | 疒 1.256 | 关 1.275 | 臼 1.285 |

| 糸 1.295 | 艮 1.302 | 𡊁 1.303 | 卤 1.308 | 丑 1.319 | 缶 1.361 | 虍 1.364 | 芈 2.94 | 㐆 2.166 |

耒 2.219	舛 2.229	臼 2.235	囟 2.238					
7画 亠 1.138	豕 1.198	㐬 1.226	庀 1.274	足 1.286	甬 1.298	酉 1.300	無 1.339	免 1.336
釆 1.355	仐 1.359	鹵 1.400	豸 2.89	氼 2.107	旻 2.128	矣 2.137	丙 2.151	㠯 2.156
㝉 2.160	孚 2.161	夋 2.168	夆 2.181					
8画 卓 1.37	京 1.72	帛 1.166	雨 1.169	音 1.183	隹 1.201	尙 1.230	並 1.341	奄 1.370
豖 2.70	夌 2.149	卒 2.167	匋 2.224	黽 2.232	咎 2.237	兹 2.237		
9画 畐 1.54	俞 1.132	娄 1.241	曷 1.251	耑 1.271	壴 1.301	叚 1.352	禺 1.361	枼 2.51
贲 2.86	爰 2.54	兹 2.159	叜 2.236					
10画 寅 1.312	尃 1.347	隺 1.359	䍃 1.361	鬲 2.149	舁 2.165	舀 2.236		
11画 商 1.175	菫 1.319	殸 1.353	㴞 2.105	敝 2.107	尉 2.123	曹 2.132	翏 2.198	
12画 惠 1.238	黍 2.105	桼 2.196	舜 2.229					
13画 詹 2.49	亶 2.85	畾 2.139	㒸 2.146	敫 2.156				

14画 翟
2.74

17画 雚
2.224

INDEX III

Zeichen nach Strichfolge

Hier finden Sie alle in Band 1 und Band 2 behandelten Schriftzeichen, gruppiert nach ihren Strichzahlen. Innerhalb jeder Gruppe sind die Zeichen nach ihrem ersten Strich geordnet, von dem es fünf Grundtypen gibt. Ihre Reihenfolge ist dieselbe wie die fünf Striche des Schriftzeichens 札:

- ㊀ 一 *horizontal oder* ⼂ *ansteigend*
- ㊁ 丨 *senkrecht oder* 亅 *senkrecht mit linkem Haken*
- ㊂ 丿 ⼃ *nach links abfallend*
- ㊃ 丶 ⼂ *Kurzstrich oder* ⼂ *nach rechts abfallend*
- ㊄ 乚乙 ⼂ 𠃌 ⼂ ⼂ ⼂ ⼂ *etc., scharfe Biegung*

1画		刀	83	小	109	刃	84	井	1358
㊀ 一	1	刁	2814	山	688	叉	1883	元	59
㊄ 乙	95	力	732	巾	410	女	102	切	85
2画		又	633	㊂ 丸	42	子	97	区	1295
		3画		久	839	尸	882	友	635
㊀ 丁	90	㊀ 万	65	么	670	己	515	天	436
七	7	丈	837	乞	470	巳	519	太	131
二	2	三	3	个	258	弓	1013	夫	726
十	10	下	46	亿	2066	习	545	专	1236
厂	121	于	1281	凡	62	卫	1112	尤	240
㊁ 卜	43	土	158	勺	69	乡	1387	屯	2542
㊂ 乃	625	士	334	千	39	飞	96	巨	2681
九	9	大	113	及	627	马	1453	开	613
人	793	寸	166	夕	115			厅	122
儿	56	工	76	川	134	4画		廿	976
入	693	干	1277	㊃ 广	556			戈	361
八	8	才	620	之	988	㊀ 不	991	扎	1835
几	57	与	1032	亡	490	丰	1223	支	650
匕	453	亏	2285	义	1180	云	428	历	737
㊄ 了	101	㊁ 上	45	门	1260	互	681	木	202
		口	11	㊄ 也	505	五	5	歹	712

比	456	夭	440	引	1014	① 且	1343	付	825	
无	611	币	1682	书	1393	凸	32	仙	2092	
牙	1414	手	584	办	743	凹	31	代	828	
犬	239	斤	924	邓	2804	出	689	们	1261	
王	265	月	13	队	1067	北	454	仪	2550	
瓦	2117	欠	474	双	636	占	44	丛	2104	
艺	228	毛	1421			卡	47	册	2782	
车	300	氏	1371	**5 画**		兄	107	冯	3007	
韦	1227	气	1404			另	738	冬	435	
① 中	38	乌	2873	⊖ 世	28	叨	1514	务	752	
内	840	爪	663	丙	842	只	51	包	520	
少	110	父	1043	刊	2639	叫	1192	匆	2130	
冈	1170	片	986	功	742	叭	1501	印	1125	
日	12	牛	252	厉	123	叮	91	句	67	
曰	1499	长	1428	去	675	史	630	外	118	
止	379	风	1168	古	16	叼	2815	失	729	
水	137	凤	2983	可	92	叹	1882	孕	1877	
见	58	⊙ 六	6	右	78	叶	18	斥	935	
贝	52	冗	318	左	77	号	1025	乐	662	
② 丹	1554	心	563	巧	1024	囚	2089	尔	798	
乏	989	忆	1805	布	414	四	4	犯	1122	
今	1244	户	896	平	1160	央	1322	瓜	1399	
介	259	文	1315	扑	1830	帅	411	生	1218	
仓	1119	斗	968	扒	1826	且	30	用	1361	
什	802	方	494	打	593	业	1349	甩	2777	
仁	820	火	170	扔	1878	归	2196	白	34	
仆	2059	为	746	击	1234	田	14	矢	998	
仇	2055	订	1653	未	215	由	913	禾	762	
仍	809	计	348	末	216	甲	916	处	308	
仅	811	认	794	本	213	申	918	饥	2517	
化	830	讥	1651	术	1199	卢	2134	鸟	1438	
从	846	⊖ 丑	1486	东	1247	目	15	⊙ 主	277	
凶	1174	予	1005	正	387	旧	37	汇	2673	
公	696	以	861	灭	171	电	1484	半	980	
分	694	允	1905	玉	266	② 丘	1077	它	462	
匀	66	劝	1986	甘	1333	乍	937	穴	1070	
勾	1923	孔	98	石	125	乎	1163	宁	1558	
勿	877	尹	957	示	900	令	1113	写	1033	
升	41	尺	894	节	1111	仔	2067	市	419	
午	542	巴	1326	艾	2533	他	810	必	583	
反	656	幻	1390	轧	1624	仗	2103	永	138	
				龙	1474					

汁	148	列	713	至	678	肉	844	乔	441
汉	637	动	735	芒	1724	虫	509	年	871
玄	2411	匠	2677	芝	2251	贞	54	延	396
礼	902	协	744	西	1253	㋐ 丢	1915	廷	854
立	444	厌	241	夸	2287	乒	2999	旨	463
兰	533	吉	335	轨	1623	乓	3000	旬	68
讯	1656	在	624	过	291	企	384	旭	27
讨	351	地	507	达	288	伞	1598	朱	1578
训	352	圾	1880	迈	292	全	275	朵	1564
记	518	场	526	邦	2808	众	847	杀	1167
议	1181	尧	376	邪	2845	合	262	争	951
让	349	压	164	巩	1513	会	677	爷	2434
闪	2627	夷	2269	页	60	仰	1299	竹	786
头	856	夹	1523	㋑ 光	130	仲	2058	肌	63
㋒ 加	749	夺	1545	则	88	件	808	自	33
召	86	存	623	刚	1171	任	853	舌	40
台	672	寺	169	劣	1984	份	796	舟	1394
司	1391	式	359	吁	2647	仿	2086	色	1330
奴	747	成	368	吃	471	伊	958	华	831
奶	626	执	602	吊	1681	伍	2054	血	1136
圣	634	托	1424	吐	163	伏	2075	行	754
对	642	扛	1834	吸	628	伐	2079	负	64
尼	883	扣	1827	吕	865	休	812	迂	1715
幼	2408	扫	944	吗	1455	伙	2072	迁	1618
弘	2268	扬	1859	吓	1507	似	862	杂	225
母	105	扩	1863	同	185	伦	2083	㋓ 交	1044
民	1377	有	79	回	554	伟	1229	亥	1194
发	1302	灰	172	因	551	伪	797	亦	1491
皮	707	朴	1563	团	622	传	1237	并	863
矛	1002	朽	2282	尘	161	伤	822	充	682
纠	2560	机	206	尖	114	价	795	冰	430
丝	1079	权	1884	帆	1685	优	821	刘	2712
辽	1620	死	715	师	412	兆	237	问	1263
边	733	灰	172	早	26	先	256	壮	336
		毕	1708	曲	967	创	1121	妆	243
6 画		百	35	此	460	危	1123	妄	492
㋀ 亚	1351	老	1029	屿	2298	各	309	安	197
共	1354	考	1030	岁	691	名	119	字	191
再	1366	而	962	岂	1934	多	116	宅	1425
刑	618	耳	717	当	947	后	659	宇	1282
划	363	臣	731	网	1172	向	188	守	192

州	135	巡	296	块	1275	杉	2700	① 串	1506
庄	562	戏	638	坟	2713	李	223	别	739
忙	581	观	639	坛	1693	杏	208	助	1347
庆	1783	欢	640	坏	993	材	1875	吟	2606
次	478	收	1193	坝	1540	村	211	吧	1329
决	1273	异	616	寿	2575	杖	2102	吨	2543
冲	432	尽	895	孝	1035	杜	1569	吩	2997
汗	2641	纪	1088	尬	2500	束	1286	吴	437
江	147	约	1090	巫	850	杨	1755	吵	111
池	508	红	1089	弄	615	极	629	呐	841
污	2286	级	1087	形	1304	杠	1565	吹	475
汤	527	纤	2371	志	568	歼	1963	吻	2129
灯	176	羽	544	戒	1868	壳	1641	吼	99
产	1312	买	858	报	1104	求	140	呀	1416
米	778	迅	293	扭	1487	玛	2895	呆	209
羊	528	那	1476	扮	1945	甫	1379	呈	274
兴	1433	防	1061	扯	1855	声	1411	呕	2688
衣	400	阵	1066	扰	1847	芙	2989	员	55
讶	2843	阴	1059	扳	1898	芬	1944	呜	2874
讼	1948	阳	1058	扶	1978	花	833	听	925
访	1730	阶	1064	批	591	芳	1729	足	1048
设	648	驰	2898	扼	2446	芹	2185	困	547
许	543	驯	2894	找	610	芽	2842	围	1228
论	465			技	651	苍	2455	园	553
讽	1169	**7 画**		抄	1838	芦	2156	坚	1011
讲	1359	㊀ 来	783	把	1327	苏	745	岗	2540
军	320	克	108	抑	2691	豆	1131	旱	1279
农	408	两	1478	抓	664	贡	81	时	168
闭	2626	劫	1987	投	646	赤	1490	旷	1781
闯	2907	芳	868	抖	2237	走	391	步	380
关	1469	励	736	抗	590	轩	2643	男	741
齐	1318	却	1101	折	932	辰	1467	盯	1516
㊀ 她	506	吞	1695	抛	1988	连	301	县	1481
好	103	否	992	拒	2684	进	1360	肖	128
如	104	吾	19	抢	2456	运	429	财	621
奸	2640	严	1353	抚	612	违	2594	邮	2807
妇	943	址	1670	拟	2119	远	289	里	179
妈	1454	均	159	护	899	还	996	㊆ 乱	100
孙	112	坊	1728	攻	339	医	1298	余	1283
寻	945	坎	1717	更	631	丽	187	伯	2057
导	522	坑	323	杆	2642	麦	1206	估	2060

伴	981	系	1099	弃	1917	即	1146	**8 画**	
伶	2441	肘	1543	泛	2253	君	959	㈠ 事	953
伸	919	肚	160	汪	1605	坠	1068	其	1335
伺	2818	肝	2638	汰	1535	妒	2154	到	680
但	805	肠	1754	汽	1405	妓	1891	刺	423
位	807	角	1362	沃	1697	妖	1696	势	734
低	1375	谷	698	沈	2501	妙	127	直	72
住	806	身	1026	沉	319	妨	495	丧	1427
佐	2064	迎	1300	没	647	姊	2284	坡	1960
佑	2063	近	927	沙	146	尾	1422	坤	2175
体	813	返	658	沧	3013	尿	2137	坦	1539
何	835	邻	2811	况	431	局	893	坪	1162
佛	1021	钉	284	洶	2548	屁	2142	垃	1700
作	940	针	283	沦	1712	层	892	垄	2932
你	799	饭	1155	沟	1924	张	1429	奇	133
佣	2776	饮	2520	灶	1548	灵	942	奈	2158
免	1449	龟	2941	灼	1546	忌	1794	奉	1232
兵	1078	㈡ 亨	1638	灿	1931	忍	565	奔	1872
利	771	罕	2644	状	242	改	517	奋	1522
删	2783	兑	499	亩	324	纹	2714	妻	2208
卵	2428	冶	1911	疗	2658	纳	2389	幸	1191
含	1245	冷	1114	社	901	纽	2948	厕	1525
告	254	冻	1249	究	1071	纯	2545	态	567
坐	848	初	405	穷	2356	纱	2374	或	364
妥	1901	判	983	良	1151	纸	1372	披	1961
岔	1946	启	2152	补	406	纷	2385	抬	1912
岛	1442	宋	1572	言	346	纺	2382	抱	589
希	1165	完	193	诉	936	纲	2541	抵	2788
役	1997	灾	194	诊	2706	纬	2595	抹	1843
彻	1992	牢	1594	证	388	纵	1092	押	917
我	588	宏	1906	诈	2195	迟	2139	抽	914
条	307	床	560	评	1161	阻	2750	拂	2277
每	467	序	1006	词	1392	阿	1055	拆	2193
牡	1595	库	558	识	353	附	1062	拇	1836
狂	271	弟	1022	译	2601	陈	1250	拉	608
犹	1590	忘	564	辛	1183	陆	1235	拌	2246
甸	3012	快	1274	这	1317	际	1063	拍	1828
皂	36	忧	578	闲	1262	鸡	1439	拐	740
秃	2003	怀	997	间	1264	驳	2909	拓	1833
秀	775	闷	2625	㈠ 努	748	驱	2908	拔	2699
私	2017	应	1432	劲	2406	驴	2903	拖	1858

拘	1831	卧	1980	咕	1502	舍	1599	牧	1644
招	592	苗	235	咖	2991	佩	2080	物	879
拣	1252	苛	1582	哎	2534	佳	2070	狐	2828
拨	2697	苟	1581	咏	1536	使	838	狗	251
拥	2775	若	226	鸣	2864	侄	2091	的	70
择	2602	苦	229	固	548	例	816	知	1000
担	596	英	1323	国	549	侍	2071	秉	2207
拧	1842	茂	367	图	555	供	1355	股	649
拢	2935	范	2445	尚	190	依	815	肢	1890
拦	1860	茄	1991	岩	1927	侣	866	肥	2726
昔	971	茅	2261	岸	1278	侠	2096	肺	420
杯	995	茎	2404	岭	2440	侧	2065	胁	1989
杰	1570	苹	2529	帕	1683	凭	2114	肿	1505
松	697	表	1217	帖	1684	侨	2081	肤	1977
板	657	规	727	帐	2856	周	333	朋	20
枉	1606	责	1215	帜	415	兔	1447	服	1103
析	2183	卖	859	忠	1789	刮	1515	觅	1900
枕	2502	软	477	败	341	制	424	贫	695
林	203	轮	466	旺	1602	刹	2537	货	834
枚	1643	转	1238	昂	2690	卑	1496	贪	2607
枝	652	斩	928	昆	457	备	317	质	660
柜	2682	轰	1887	昌	24	受	667	迫	1617
枣	1694	述	1200	明	21	和	764	采	665
枫	2538	郁	2801	易	880	垂	1241	金	279
构	687	雨	425	畅	2178	委	774	钓	282
枪	1120	青	1208	果	921	季	773	饲	2819
枢	1296	顶	94	歧	1892	岳	3009	饱	2522
欧	1297	顷	1703	罗	120	彼	1999	饰	2519
齿	2546	① 些	461	肯	383	往	758	鱼	154
武	385	具	74	肾	2266	征	1993	⑦ 享	326
殴	2687	典	1370	虎	1459	径	2405	京	330
玩	270	凯	1935	房	2912	念	1246	夜	872
玫	1645	卓	48	贩	1897	忽	878	券	2248
现	269	叔	653	贮	201	所	926	卷	2447
环	994	呢	884	贬	2252	斧	2312	净	952
画	1173	味	218	贤	1012	昏	1373	刻	1197
码	2893	呵	1517	购	686	欣	2187	剂	2717
矿	1782	呻	2174	非	1267	氛	2835	单	1018
者	1037	呼	1164	⑦ 乖	1705	爬	2727	学	337
取	718	咐	2998	乳	2430	爸	1328	宗	908
耶	2806	咒	1592	命	1105	版	987	官	1041

宙	2168	泥	885	始	674	厘	1550	柏	1562
定	390	注	278	姐	1344	厚	124	某	1334
宛	2451	泳	143	姑	1518	咸	372	查	220
宜	2746	泪	1530	姓	1220	型	619	柱	1610
实	857	浅	374	孟	2485	垫	1839	柳	1110
审	2176	泼	2698	孤	1400	垮	2288	栅	2784
宠	2933	泻	1034	居	888	城	369	柿	1689
宝	267	泽	2600	届	2173	奏	2596	栋	1248
底	1376	炊	1718	屈	2143	契	2581	荣	867
店	557	炎	174	屉	2135	威	371	标	905
府	826	炒	1547	建	398	封	167	树	643
庙	2171	炕	1635	弦	2412	巷	1356	栏	1761
废	1303	炉	2155	弥	1015	带	421	相	212
庞	2934	盲	491	承	1412	帮	1386	歪	2254
怔	1810	祈	2186	细	1091	括	597	殃	2723
怕	580	空	1073	绅	2391	拭	1853	残	1966
怖	1811	帘	2354	绍	2373	拱	2768	毒	1205
怡	1910	育	683	终	1086	拴	1849	牵	1632
性	1221	衫	2702	组	1345	拷	2297	玲	2437
怪	641	衬	407	经	1094	拼	864	玻	2985
怜	2439	视	903	线	1081	拾	1850	珊	2785
房	897	询	1650	练	1251	持	595	珍	1311
肩	2153	试	360	织	1080	指	594	甚	1338
放	496	诗	355	肃	2211	按	606	皆	459
泯	2789	诡	2457	艰	2508	挎	2289	砂	126
沛	1688	话	354	贯	106	挑	1846	砌	1527
沫	217	该	1198	录	949	挖	2353	砍	1716
河	153	详	1759	陋	2343	挪	2938	研	614
沸	2276	诞	397	陌	2337	挺	2115	砖	2604
油	915	诚	370	降	1069	挟	1865	耍	2230
治	673	变	1495	限	1149	挣	2222	耐	2231
沼	145	郊	2810	陕	2345	挂	605	胡	17
沾	1533	郎	1385	隶	2225	挥	599	艳	1332
沿	2826	郑	2922	驻	2896	挠	1854	茧	1743
泄	1531	闸	2629	驾	2902	挡	2205	茫	1727
泊	1532	闹	2623	驶	2900	挤	2718	茶	261
泌	1822	㊀函	2720	驼	2980	政	389	草	227
法	676	刷	2140			故	342	荒	1725
泡	521	参	1308	**9 画**		春	1230	荫	1060
波	708	妹	219	㊀勃	2425	枯	210	荡	1757
泣	445	姆	1520	南	1259	柄	843	荐	1876

药	1098	显	1350	勉	2889	胧	2931	宫	2121
要	1254	点	177	卸	2426	衍	2000	宪	1596
贰	1659	界	260	复	472	贷	2100	将	244
赴	1671	畏	2853	叙	2649	贸	1106	差	535
赵	2535	盼	1942	待	757	追	1040	帝	449
轴	2169	省	132	很	1144	逃	295	度	978
轻	1095	眨	990	徊	1996	适	290	庭	855
面	1406	罚	1652	律	755	选	297	弯	1492
革	1407	骂	1456	怎	938	重	1290	彦	1313
项	82	胃	29	急	946	钞	1613	总	566
鸦	2872	背	455	怨	2450	钮	2946	恍	1807
鸥	2870	虐	2913	拜	2582	钩	1925	恒	1797
① 冒	184	虹	1737	段	1388	钢	2539	恢	1803
削	129	蚂	2899	氢	2836	钟	280	恨	2512
勋	1983	虾	510	泉	141	钥	1611	恰	1808
咧	1967	蚁	1182	牲	2570	钧	3018	恼	1177
咬	2313	临	1010	狠	2506	钦	1719	扁	1367
咱	1504	览	2264	狡	2315	顺	136	施	875
咳	2561	竖	2267	狭	1588	须	1307	染	222
咽	1778	贵	1340	狱	350	食	1154	洋	530
品	22	贴	53	狮	413	蚀	2521	洒	2611
哄	2762	贱	375	独	511	饺	2525	洗	257
哇	165	趴	2318	皇	272	饼	2524	洛	315
哈	263	虽	512	盆	2495	饶	2518	洞	186
哪	1477	骨	1053	盈	2494	香	772	津	1674
哑	2760	② 修	1310	盾	1896	鬼	1472	洪	2763
哟	2402	侮	2084	看	585	③ 亭	328	洲	144
哗	832	侯	1271	矩	2685	亮	329	活	151
响	189	侵	2203	秋	768	哀	403	洽	1601
尝	1692	便	836	科	970	奕	2950	派	661
峡	1936	促	2317	秒	2005	冠	322	浊	1739
幽	2410	俄	2097	种	766	剃	2278	测	157
炭	1932	俊	2477	竿	2645	前	303	浑	1633
思	569	俏	2069	缸	2879	叛	2247	洁	1642
战	362	俗	2095	胎	1908	咨	481	浇	1668
星	1219	俘	2432	胖	982	奖	2466	浓	409
映	2722	保	823	胜	1222	姜	1758	济	1319
昧	1577	信	814	胞	1745	姿	480	炮	1746
昨	939	俩	1479	脉	139	客	312	炯	1555
昭	87	俭	2861	胀	2855	宣	195	炸	2194
是	394	剑	2858	胆	1503	室	679	炼	2609

烁	1899	姨	2270	哥	93	桃	238	赶	1280
烂	534	姻	1779	哲	933	框	2674	较	1046
疤	2728	娃	1542	唇	2918	桐	1571	载	366
疫	2664	娜	3015	埃	2258	桩	1788	轿	1699
疯	1294	娇	443	埋	181	样	532	辱	2919
疮	2669	孩	1196	袁	404	桥	442	逐	524
祖	1346	屋	886	壶	2757	档	948	逗	2480
祝	2162	屎	2146	夏	314	殊	1965	逝	934
神	920	屏	2148	套	1498	泰	1231	速	1287
穿	1415	怒	1990	恐	575	烈	714	都	1383
突	1072	息	1909	耻	1972	热	603	酌	2460
窃	2352	既	1158	恭	2767	珠	1607	配	1127
类	782	昼	2151	恶	1352	班	1009	顽	61
美	529	架	751	挨	2259	盐	2487	顿	2544
举	1434	柔	1003	挫	2106	盏	2491	顾	523
袄	1698	眉	2149	振	2921	真	75	① 党	704
亲	1188	结	1085	挽	2888	破	710	哨	1528
觉	338	绝	1331	捆	1862	砸	2676	哩	1549
诱	777	绞	2393	捉	2316	础	690	哭	248
语	356	络	2375	捎	1837	秦	2598	哺	2790
诫	1870	给	1084	捏	1841	素	1207	哼	1639
诬	2107	绒	2377	捐	2398	索	2423	唉	2257
误	439	统	1083	捕	2795	翅	1893	啊	1056
诵	2444	绑	2809	换	1325	耕	2850	唤	1324
说	501	绕	2378	损	1832	耗	2849	圆	550
迹	2951	绘	2384	捣	2875	耽	2503	峭	1928
迷	780	费	1020	挚	1840	耿	1970	峰	2589
送	1470	贺	750	捞	2127	致	1916	峻	2476
逆	1939	退	1147	捡	2860	蚕	1744	恩	570
酋	1128	逊	298	毙	1969	荷	2101	虑	1460
阁	2621	陡	2339	晋	2761	莉	3010	晃	1529
阀	2628	院	1065	栓	1609	莫	231	晌	1556
闻	1266	除	1284	栖	2612	莽	1871	晒	2610
音	484	险	1437	栗	2613	莱	2045	晕	1634
养	537	骆	2979	校	1047	莲	302	晓	378
首	71	骄	2897	株	1579	获	245	柴	1711
㊀ 勇	1118			核	1195	莹	2124	桌	224
垦	2505	**10 画**		根	1145	莺	2866	畔	2245
垒	1907			格	310	诺	1655	监	1139
姚	3004	㊀ 匪	2678	栽	1663	贾	1258	眠	1378
姥	2296	匿	2679	桂	1573	起	516	祟	2161
		原	142						

紧	1100	留	1107	铁	730	浪	1152	袍	1747
罢	1913	皱	2197	颂	1947	浮	2431	袖	2170
蚊	1316	秘	2016	颁	1943	浴	699	被	711
贿	80	租	2748	饿	2526	海	469	袜	1677
贼	365	秤	2531	ⓥ 兼	2214	浸	2201	谁	540
赃	1787	秧	2724	冤	2887	涂	2648	课	922
逞	1622	秩	2018	准	539	消	152	谊	2747
鸭	1441	称	801	凌	2349	涉	381	调	357
ⓙ 乘	1706	积	765	凉	434	涕	2281	谈	358
侦	2061	笑	787	凄	2209	涡	2364	请	1210
俯	827	笔	1423	剖	1720	涌	2442	谅	1654
俱	2062	笋	2229	唐	954	涨	1430	诸	2307
俺	2945	缺	1444	宰	2553	浆	2467	读	860
倍	2085	翁	1950	害	1224	润	2620	资	479
倒	819	耸	2105	宴	198	涩	1669	递	2279
倘	2073	胳	1630	宵	196	涧	2631	部	1384
候	1272	胸	1175	家	525	涛	2577	郭	2802
倚	2068	脂	464	容	701	烘	2764	酒	1126
借	972	脆	1124	宽	230	烛	1742	阅	2624
倡	2056	脊	2719	宾	2368	烤	1031	离	1178
倦	2448	脑	1176	席	977	烟	552	高	325
值	803	胶	2314	座	849	烦	173	斋	2715
健	817	脏	1786	悄	1806	烧	377	ⓙ 剥	2206
债	2569	臭	250	悦	1814	烫	1756	剧	890
倾	2082	航	2822	悍	2646	瓶	2120	娘	1153
卿	2511	般	1396	悔	1817	瓷	2118	娱	438
射	1027	舱	2824	悟	1798	畜	2413	屑	2136
徐	2650	舰	2821	恋	1494	疲	2666	展	1426
徒	1995	豹	1902	扇	2157	疼	2661	弱	1017
息	574	躬	2294	拳	985	疾	2670	恕	1790
爱	669	透	776	效	1045	病	1292	恳	2507
拿	587	途	1285	料	969	症	2660	桑	2751
敌	340	逛	299	旁	498	益	1401	绢	2397
殷	2817	造	294	旅	874	祥	2163	绣	2386
氧	2834	逢	2584	朗	2513	窄	2357	继	1097
氨	2833	钙	2816	案	214	站	446	能	1464
爹	2311	铃	2438	桨	2468	竞	448	通	1117
特	253	钻	1612	流	684	粉	779	陪	2340
牺	2614	钳	2731	浙	2191	羞	2947	陵	2346
狸	1589	铅	2827	浦	2791	衰	1678	陶	2883
狼	2514	钱	373	浩	255	衷	1679	陷	2971

11 画

㊀ 副	89	梅	468	雪	941	㊒ 假	1402	舵	2823
勒	1409	梗	1881	黄	1488	偏	2787	舶	2820
勘	2741	梢	1568	㊁ 匙	1704	做	804	船	1395
域	1662	棱	2475	唬	2911	停	818	袋	829
培	483	梯	2280	唯	1762	偶	2878	象	1451
基	1337	械	1869	唱	25	偷	2077	猪	1039
堆	1764	梳	685	唾	2605	偿	2078	猫	1587
堵	2305	检	1435	啄	1750	兜	2680	躯	2689
梦	205	爽	2972	啡	2992	凰	2984	逸	1448
奢	2304	球	268	啤	2953	售	541	崩	2504
婪	1975	理	276	啥	1600	够	117	银	1142
厢	1576	琉	1920	啦	609	彩	1306	铜	281
彬	2701	琐	1604	啪	1829	得	756	铭	285
戚	1664	盔	2488	啸	2212	徘	2635	衔	2002
捧	2603	盛	2490	圈	2449	悉	2846	铝	2122
据	891	硕	1526	堂	706	悠	2090	铲	2710
捷	2210	票	1256	婴	1519	您	800	领	1116
掀	2188	聊	1109	崇	909	敏	1713	馅	2970
授	668	职	721	崎	1929	敛	2859	馆	1157
掉	607	聋	2936	崔	1937	斜	2651	鸽	2867
掏	2885	菇	2996	崖	1930	梨	2020	㊂ 剪	304
排	1268	菊	2034	崩	1926	欲	700	减	433
掘	2144	菌	2014	崭	2190	犁	2021	商	451
掠	1852	菜	666	常	705	猛	2486	婆	709
探	1076	菠	1962	患	1795	猜	2567	宿	2074
接	604	菩	1721	悬	1482	猎	2242	寂	655
控	1074	菱	2348	晚	1450	甜	2729	寄	199
推	600	菲	2632	晨	1468	盒	2489	寅	1465
掩	1485	萄	2994	曼	723	盘	1397	密	692
措	2239	萌	1580	略	311	矫	2255	寇	1885
挪	2923	萍	2530	眯	2028	祭	910	康	956
描	1845	菱	2022	眼	1150	移	767	庸	2778
救	343	萤	2123	睁	2221	笛	2172	廊	2812
教	1036	营	869	累	2418	符	2099	悼	1799
曹	3001	著	1038	虚	1461	笨	2049	情	1211
桶	2443	萧	2213	蛇	513	第	1023	惊	579
		萨	2711	距	2686	笼	2937	惕	2133
		萝	1583	跃	2321	脖	2424	惜	2238
		袭	1475	逻	1621	脱	500	惟	1816
		辅	1380	野	1008	脚	1102	惨	1309
		辆	2939	雀	1763	脸	1436	惭	2189

惯	582	竟	487	随	1057	棉	418	越	393
惧	1800	章	447	隐	2344	棋	2735	趋	2199
断	931	粒	2039	颇	1959	棍	1709	辜	2551
旋	2128	粗	2749	颈	2403	棒	1233	逼	1619
族	999	粘	2030	骑	1458	棕	2167	雁	1431
望	493	盖	1137			棘	1690	雄	671
梁	2037	袱	2076	**12 画**		棚	1561	韩	2593
毫	2848	谍	1657			森	204	颊	1524
涯	1541	谐	1710	㊀ 募	1985	棱	2347	㊁ 啼	1701
液	873	谋	2734	博	1381	棵	2180	喂	2854
涵	2721	谓	1649	喜	1135	棺	2310	喇	2652
淆	2532	谎	1726	堤	1673	椅	1566	喉	2636
淋	1574	谜	781	堪	2740	植	207	喊	1666
淌	1557	阐	2630	塔	264	椒	1895	喘	2232
淑	1894	鸿	2865	厨	1133	欺	2736	喝	851
淘	2884	鹿	1462	彭	3006	款	2159	喧	1560
淡	175	麻	561	惑	1791	殖	1964	喻	1628
淤	1731	㊁ 婉	2453	惠	1793	焚	1575	喷	1873
淫	2113	婚	1374	惹	1796	煮	2306	嵌	2730
深	1075	婶	2177	揉	1004	琢	1751	帽	416
淳	1637	屠	2309	提	598	琳	3017	幅	1686
渊	2035	巢	2179	插	2958	琴	2608	悲	2634
混	458	弹	1019	握	887	琼	3016	掌	1956
添	1819	敢	722	揣	2233	硫	1919	敞	345
清	1213	淹	2944	揪	770	确	1363	景	331
渠	2683	综	2390	揭	2112	硬	632	晰	2184
凑	2597	绿	1093	援	2396	翘	1773	晴	2566
渗	2705	绸	2376	搓	1861	联	1471	晶	23
渔	155	维	1082	搜	2966	落	316	暑	2299
渐	930	缀	2973	搭	1851	葛	2108	最	720
焕	2725	绽	2379	搂	2046	葡	2993	畴	2576
兽	1509	绰	2372	搁	2622	董	2657	紫	2420
率	1320	绵	2380	搅	601	葬	716	蛙	1741
痒	2662	绪	2392	揽	2265	葵	2692	蛛	2978
痕	2672	绩	1216	散	974	蒂	1702	蜓	2982
盗	2492	绷	2370	敬	344	蒋	2469	赐	881
眷	984	绳	2943	斑	2716	葱	2131	赏	703
着	536	续	1096	斯	1339	裁	401	赔	482
祸	2366	蛋	514	暂	929	裂	1968	赋	386
裤	2579	逮	2226	替	728	趁	2707	赌	2303
窖	2880	隆	2571	朝	49	超	392	赎	2116
				期	1336				

跌	2325	策	792	慨	2528	遂	1752	搏	1382
跑	1049	筝	2223	愤	1874	遍	2786	摇	1446
践	2320	筑	2047	敦	1646	道	287	搞	1848
辉	321	筛	2052	普	1348	阔	2619	搬	1398
辈	2633	牌	2954	曾	502	雇	898	摸	1844
遇	1443	腊	2240	渡	979	婿	1676	摆	1914
遗	1341	腔	2362	渣	221	媒	2732	携	1879
量	180	腕	2452	港	1357	媚	2150	摄	1973
啻	2758	舒	2263	渴	852	嫂	2965	摊	645
雅	2844	艇	2825	游	876	屡	2147	楚	399
黑	182	街	760	渺	1534	属	1500	概	1159
禽	1179	逾	306	湖	156	厦	1631	榆	1629
傅	2798	释	1417	湘	3011	强	1016	槐	2925
傍	2093	锐	1736	溉	2527	犀	2138	楼	785
储	2308	锈	2027	温	1138	疏	1921	榄	2988
剩	1707	锋	2583	滋	2416	登	1301	献	2618
堡	824	锄	2754	滑	1054	粥	2273	瑞	965
奥	2031	铺	2794	滞	422	絮	2422	瑟	1823
御	2427	锅	2365	溃	2745	缎	2813	瑰	2927
循	1998	锁	1614	湿	2759	缔	2381	碌	950
惩	1994	链	1626	溅	1667	缘	2407	碎	2471
智	1001	铸	2578	湾	1493	编	1369	碑	2955
毯	2847	销	1615	焰	2969	缓	2394	碗	2454
氯	2837	集	538	痛	1293	缕	2387	碰	2755
焦	1769	鲁	1538	禅	2275	缆	2401	碍	1544
然	247	鹅	2871	窗	1483	隔	2351	禁	906
牌	1497	割	1225	窘	2360	隘	2831	聘	2283
猩	2573	善	870	窝	2363	隙	2338	肆	2957
猴	2637	奠	2478	窜	2361	骗	2910	蒙	2125
猾	2335	富	200	童	450	骚	2901	蒜	2166
番	1418	寒	1203	粪	2770			蒲	2792
短	1132	寓	2876	羡	1760	**13 画**		蒸	1413
稀	1166	尊	1129	翔	546	勤	1239	蓄	2414
税	2012	就	332	蛮	2952	塌	1774	蓉	2990
程	763	惰	1802	裕	1952	塘	2224	蓬	2586
稍	2006	惶	1804	裙	960	填	162	蓝	1141
等	789	愉	1809	装	402	墓	234	赖	2654
筋	2053	愕	2291	裤	559	槛	2499	辑	1971
筐	2675	愣	1813	谦	2217	幕	417	输	305
筒	2050	愧	2929	谢	1028	想	573	辐	1625
答	791	慌	1812	谣	2886	感	576	酬	2461

零	1115	龄	2547	颓	2004	谨	1240	磁	2415
雷	426	⑦ 催	2094	魁	2930	谱	2756	聚	2098
電	1748	傲	2087	鹏	2863	誉	2857	蓖	1665
雾	753	傻	2974	鼠	2960	遣	2742	蔓	1976
靴	2839	像	1452	⑤ 塑	1941	酱	2465	蔚	2164
魂	2928	微	759	塞	2564	靖	2568	蔽	2041
鹊	2869	愁	769	寞	1586	韵	486	暮	1585
鼓	1134	愈	1792	寝	2202	⊖ 媳	1820	慕	1818
① 嗅	1593	毁	2959	廉	2219	嫁	1753	誓	2192
嗓	2752	煞	2198	廓	2803	嫌	2216	赫	2949
嗜	2295	猿	1680	意	572	殿	2771	辖	2591
嗡	1951	矮	2256	慈	2417	叠	2753	遭	2235
愚	2877	稚	2013	慎	1801	缚	2799	酷	2462
暇	1403	稠	2009	新	1189	缝	2585	酸	2474
暖	2395	稣	2007	源	150	缠	2383	酿	2516
暗	485	颖	2010	溜	1108	群	961	需	963
歇	2111	筷	1276	溢	2830	辟	1185	静	1214
睛	1212	简	1265	溪	2409	障	2341	① 嗽	2653
照	178	签	2862	溯	1940			嘎	1661
盟	2484	筹	2580	溶	702	**14 画**		嘛	1784
睡	1243	腥	2572	滔	2962	⊖ 兢	1521	蜘	2977
督	654	腰	1255	滥	2498	嘉	2483	蜡	2241
睬	1904	腹	473	滚	1949	境	489	蜻	2981
睹	2300	腺	1537	满	1480	墙	1780	蝉	2274
瞄	236	腿	1148	漠	233	愿	571	蝇	2942
罩	1508	腻	1660	滨	2369	截	1766	裳	1955
罪	1269	腾	2904	滤	2914	摔	1321	赚	2215
置	73	舅	2961	滩	1888	摘	1857	雌	1768
署	2301	解	1364	煌	273	摧	1938	颗	923
蛾	1825	触	2779	煎	1627	撇	2043	⑦ 僚	2696
蜂	2588	躲	2293	煤	2733	榕	1953	僧	2088
蜗	2367	辞	2552	痰	2659	榜	1735	孵	2429
跟	1143	遥	1445	痴	2667	榨	2358	熏	1553
跨	2328	锯	889	福	904	榴	2433	疑	2435
跪	2458	锤	1242	窟	2359	模	232	稳	2204
路	1051	锦	1687	窥	2355	歌	476	算	790
跳	1050	锡	2132	梁	2036	熙	1982	管	1042
鄙	2805	错	973	粮	2515	璃	2986	箩	2048
鉴	2497	键	1675	裸	2181	碟	1658	膀	1733
频	382	锣	1616	谬	2709	碧	1603	膊	2797
鼎	2250	锥	2200			碳	1933	膜	1584

舞	1342	豪	1749	霉	1714	憎	1815	霍	1767
貌	1903	赛	1204	鞋	1408	懂	1291	颠	1512
舆	2459	辣	1288	飘	2617	懊	2033	① 嘴	1365
锻	1389	遮	2244	① 嘲	50	摩	586	器	249
锹	2019	⊖ 凳	2694	嘶	2738	毅	1889	噪	2330
馒	2523	嫩	2656	嘻	2482	潘	3002	赠	504
馋	2890	熊	1463	嘿	1552	潜	1979	蹄	2322
魄	2924	缩	2388	嘱	2956	潭	2615	餐	1156
魅	2926	翠	2472	墨	183	潮	149	默	246
鲜	531	隧	2342	影	1305	澄	2695	⑦ 儒	964
鼻	617			憋	2042	澳	2032	穆	3014
ⓥ 察	911	**15 画**		暴	2772	熟	327	篱	2549
寡	1559	⊖ 增	503	瞎	2590	瘤	2668	蓬	2587
寥	2708	墩	1647	瞒	2940	瘫	2663	篮	1140
寨	2565	慧	1226	蝗	1740	糊	2029	膨	2704
弊	2044	撑	1957	蝠	1738	谴	2743	薛	3005
彰	2703	撒	975	蝴	2975	遵	1130	衡	2001
慢	724	撕	2739	蝶	2976	额	313	赞	1597
慷	2227	撞	1856	踏	2319	颜	1314	邀	2400
敲	1886	撤	1918	踢	2326	鹤	2868	镜	488
旗	2737	播	1420	踩	2323	⊖ 劈	2557	雕	1765
歉	2218	撰	2769	踪	2327	履	2145	鲸	1640
滴	452	敷	2796	题	395	慰	2165	ⓥ 凝	2436
漂	1257	熬	1732	⑦ 僵	2272	豫	2892	憾	577
漆	2026	槽	2234	僻	2559			懈	2781
漏	2141	橄	2987	德	761	**16 画**		懒	2655
演	1466	橡	2891	稻	2963	⊖ 噩	1608	澡	2331
漫	725	横	1489	稼	2011	撼	1864	激	497
熄	1821	樱	1567	稿	2008	擅	1866	燃	1591
熔	1954	磅	1734	箭	2051	操	2334	瘾	2671
瘦	2967	磕	2493	箱	788	整	1289	磨	1785
竭	2110	聪	1974	篇	1368	橘	2262	糕	2040
端	966	蔬	1922	膛	1958	橱	2481	糖	955
粹	2473	蕉	1772	膝	2025	燕	2243	糙	2038
精	1209	蕴	2496	艘	2968	翰	1775	辨	2554
腐	845	趟	1672	躺	2292	蕾	1691	辩	1184
膏	1636	趣	719	镇	286	薄	2793	⊖ 壁	1186
蜜	1824	醇	2463	靠	1270	薪	1190	缴	2399
裹	2182	醉	2470	鲤	1551	薯	2302	避	1187
褐	2109	醋	2464	黎	2024	融	2350		
谭	3003	震	2920	ⓥ 凛	2160	醒	2574		

17 画

- ⊖ 戴 2765
- 擦 912
- 磷 2917
- 礁 1771
- 藉 2852
- 藏 1981
- 霜 427
- 霞 2832
- 鞠 2841
- ① 瞧 1770
- 瞪 2693
- 瞬 2915
- 螺 2419
- 蹈 2964
- ⊘ 爵 2509
- 穗 2015
- 簇 2260
- 繁 2421

朦 2126
魏 3008
鳄 2290
黏 2023
⊗ 燥 2333
癌 2665
糟 2236
糠 2228
襄 1201
豁 2592
赢 1723
辫 2555
⊖ 翼 2766
臂 2556
骡 2905
骤 2906

18 画

- ⊖ 藤 2249
- 覆 2616

鞭 2840
① 嚣 1510
瞻 1648
蹦 2324
⊘ 翻 1419
镰 2220
⊗ 瀑 2773
襟 907
鹰 1440
⊖ 戳 1777

19 画

- ⊖ 攀 2536
- 藻 2332
- 蘑 2995
- 警 347
- ① 蹲 2479
- ⊘ 簿 2800
- 蟹 2780
- ⊗ 爆 2774

瓣 2829
颠 1867
⊖ 疆 2271

20 画

- ⊖ 壤 1202
- 馨 1410
- ① 嚷 2562
- 嚼 2510
- 耀 1776
- 躁 2329
- ⊘ 籍 2851
- ⊗ 灌 2882
- 魔 1473
- ⊖ 譬 2558

21 画

- ⊖ 蠢 2599
- 露 1052

霸 2838
① 髓 2336
黯 1722

22 画

- ⊖ 囊 2744
- ⊘ 镶 2563

23 画

- ⊘ 罐 2881
- ⊗ 麟 2916

24 画

- ⊖ 矗 1511

46 画

- ⊗ 𱁬 50,001

INDEX IV

Aussprachen der Schriftzeichen

Dieser Index führt sowohl die Aussprachen in alphabetischer Reihenfolge als auch die zugehörige Rahmennummer aller in diesem Band behandelten Schriftzeichen an. Einige der Schriftzeichen haben mehrfache Aussprachen, die durch Nachschlagen in einem Wörterbuch unter der hier gegebenen Aussprache ermittelt werden können.

	A			ào	傲	2087		bàn	伴	981		bèi	备	317
								bàn	扮	1945		bèi	背	455
ā	阿	1055			B			bàn	拌	2246		bèi	被	711
a	啊	1056						bàn	瓣	2829		bèi	倍	2085
āi	哀	403		bā	八	8		bāng	帮	1386		bèi	辈	2633
āi	埃	2258		bā	巴	1326		bāng	邦	2808		bēn	奔	1872
āi	哎	2534		bā	吧	1329		bǎng	膀	1733		běn	本	213
ái	挨	2259		bā	叭	1501		bǎng	榜	1735		bèn	笨	2049
ái	癌	2665		bā	疤	2728		bǎng	绑	2809		bēng	崩	1926
ǎi	矮	2256		bá	拔	2699		bàng	棒	1233		bēng	绷	2370
ài	爱	669		bǎ	把	1327		bàng	磅	1734		bèng	蹦	2324
ài	碍	1544		bà	爸	1328		bàng	傍	2093		bī	逼	1619
ài	唉	2257		bà	坝	1540		bāo	包	520		bí	鼻	617
ài	艾	2533		bà	罢	1913		bāo	胞	1745		bǐ	匕	453
ài	隘	2831		bà	霸	2838		báo	雹	1748		bǐ	比	456
ān	安	197		bái	白	34		bǎo	宝	267		bǐ	笔	1423
ān	氨	2833		bǎi	百	35		bǎo	保	823		bǐ	彼	1999
ǎn	俺	2945		bǎi	柏	1562		bǎo	堡	824		bǐ	鄙	2805
àn	案	214		bǎi	摆	1914		bǎo	饱	2522		bì	必	583
àn	暗	485		bài	败	341		bào	抱	589		bì	壁	1186
àn	按	606		bài	拜	2582		bào	报	1104		bì	避	1187
àn	岸	1278		bān	班	1009		bào	豹	1902		bì	碧	1603
àn	黯	1722		bān	般	1396		bào	暴	2772		bì	币	1682
áng	昂	2690		bān	搬	1398		bào	爆	2774		bì	毕	1708
āo	凹	31		bān	扳	1898		bēi	杯	995		bì	毙	1969
áo	熬	1732		bān	颁	1943		bēi	卑	1496		bì	蔽	2041
ǎo	袄	1698		bān	斑	2716		bēi	悲	2634		bì	弊	2044
ào	奥	2031		bǎn	板	657		bēi	碑	2955		bì	臂	2556
ào	澳	2032		bǎn	版	987		běi	北	454		bì	闭	2626
ào	懊	2033		bàn	办	743		bèi	贝	52		biān	边	733
				bàn	半	980								

biān	编	1369	bù	布	414	chà	差	535	chéng	呈	274
biān	鞭	2840	bù	不	991	chà	岔	1946	chéng	成	368
biǎn	扁	1367	bù	部	1384	chāi	拆	2193	chéng	城	369
biǎn	贬	2252	bù	怖	1811	chái	柴	1711	chéng	诚	370
biàn	便	836	bù	簿	2800	chán	蝉	2274	chéng	程	763
biàn	辩	1184				chán	禅	2275	chéng	承	1412
biàn	变	1495		**C**		chán	缠	2383	chéng	乘	1706
biàn	辨	2554	cā	擦	912	chán	馋	2890	chéng	惩	1994
biàn	辫	2555	cāi	猜	2567	chǎn	产	1312	chéng	澄	2695
biàn	遍	2786	cái	裁	401	chǎn	阐	2630	chèng	逞	1622
biáng	𰻞	50,001	cái	才	620	chǎn	铲	2710	chèng	秤	2531
biāo	标	905	cái	财	621	chàn	颤	1867	chī	吃	471
biǎo	表	1217	cái	材	1875	chāng	昌	24	chī	痴	2667
biē	憋	2042	cǎi	采	665	cháng	常	705	chí	池	508
bié	别	739	cǎi	彩	1306	cháng	长	1428	chí	持	595
bīn	宾	2368	cǎi	睬	1904	cháng	尝	1692	chí	匙	1704
bīn	滨	2369	cǎi	踩	2323	cháng	肠	1754	chí	迟	2139
bīn	彬	2701	cài	菜	666	cháng	偿	2078	chí	驰	2898
bīng	冰	430	cān	餐	1156	chǎng	厂	121	chǐ	尺	894
bīng	兵	1078	cān	参	1308	chǎng	敞	345	chǐ	耻	1972
bǐng	丙	842	cán	蚕	1744	chǎng	场	526	chǐ	齿	2546
bǐng	柄	843	cán	残	1966	chàng	唱	25	chì	斥	935
bǐng	秉	2207	cán	惭	2189	chàng	倡	2056	chì	赤	1490
bǐng	饼	2524	cǎn	惨	1309	chàng	畅	2178	chì	翅	1893
bìng	并	863	càn	灿	1931	chāo	超	392	chōng	冲	432
bìng	病	1292	cāng	仓	1119	chāo	钞	1613	chōng	充	682
bō	波	708	cāng	苍	2455	chāo	抄	1838	chóng	虫	509
bō	播	1420	cāng	舱	2824	cháo	朝	49	chóng	崇	909
bō	菠	1962	cāng	沧	3013	cháo	潮	149	chǒng	宠	2933
bō	剥	2206	cáng	藏	1981	cháo	巢	2179	chōu	抽	914
bō	拨	2697	cāo	糙	2038	chǎo	嘲	50	chóu	愁	769
bō	玻	2985	cāo	操	2334	chǎo	吵	111	chóu	稠	2009
bó	博	1381	cáo	槽	2234	chǎo	炒	1547	chóu	仇	2055
bó	搏	1382	cáo	曹	3001	chē	车	300	chóu	绸	2376
bó	泊	1532	cǎo	草	227	chě	扯	1855	chóu	酬	2461
bó	伯	2057	cè	测	157	chè	撤	1918	chóu	畴	2576
bó	脖	2424	cè	策	792	chè	彻	1992	chóu	筹	2580
bó	勃	2425	cè	厕	1525	chén	沉	319	chǒu	丑	1486
bó	薄	2793	cè	侧	2065	chén	臣	731	chòu	臭	250
bó	膊	2797	cè	册	2782	chén	陈	1250	chū	初	405
bó	舶	2820	céng	曾	502	chén	辰	1467	chū	出	689
bó	驳	2909	céng	层	892	chén	晨	1468	chú	厨	1133
bǔ	卜	43	chā	叉	1883	chén	尘	161	chú	除	1284
bǔ	补	406	chā	插	2958	chén	衬	407	chú	雏	2200
bǔ	哺	2790	chá	查	220	chèn	趁	2707	chú	橱	2481
bǔ	捕	2795	chá	茶	261	chēng	称	801	chú	锄	2754
bù	步	380	chá	察	911	chēng	撑	1957	chǔ	楚	399

chǔ	础	690	cū	粗	2749	dǎng	党	704	diàn	殿	2771
chǔ	储	2308	cù	簇	2260	dǎng	挡	2205	diàn	甸	3012
chù	处	308	cù	促	2317	dàng	档	948	diāo	雕	1765
chù	畜	1511	cù	醋	2464	dàng	荡	1757	diāo	刁	2814
chù	畜	2413	cuàn	窜	2361	dāo	刀	83	diāo	叼	2815
chù	触	2779	cuī	崔	1937	dāo	叨	1514	diào	钓	282
chuǎi	揣	2233	cuī	摧	1938	dǎo	导	522	diào	调	357
chuān	川	134	cuī	催	2094	dǎo	岛	1442	diào	掉	607
chuān	穿	1415	cuì	脆	1124	dǎo	祷	2579	diào	吊	1681
chuán	传	1237	cuì	翠	2472	dǎo	捣	2875	diē	爹	2311
chuán	船	1395	cuì	粹	2473	dǎo	蹈	2964	diē	跌	2325
chuǎn	喘	2232	cūn	村	211	dào	道	287	dié	谍	1657
chuàn	串	1506	cún	存	623	dào	到	680	dié	碟	1658
chuāng	窗	1483	cùn	寸	166	dào	倒	819	dié	叠	2753
chuāng	疮	2669	cuō	搓	1861	dào	悼	1799	dié	蝶	2976
chuáng	床	560	cuò	错	973	dào	盗	2492	dīng	丁	90
chuǎng	闯	2907	cuò	挫	2106	dào	稻	2963	dīng	叮	91
chuàng	创	1121	cuò	措	2239	dé	德	761	dīng	钉	284
chuī	吹	475				de	的	70	dīng	盯	1516
chuī	炊	1718		**D**		děi	得	756	dǐng	顶	94
chuí	垂	1241	dā	搭	1851	dēng	灯	176	dǐng	鼎	2250
chuí	锤	1242	dá	达	288	dēng	登	1301	dìng	定	390
chūn	春	1230	dá	答	791	děng	等	789	dìng	订	1653
chún	淳	1637	dǎ	打	593	dèng	瞪	2693	diū	丢	1915
chún	醇	2463	dà	大	113	dèng	凳	2694	dōng	冬	435
chún	纯	2545	dāi	呆	209	dèng	邓	2804	dōng	东	1247
chún	唇	2918	dān	担	596	dī	滴	452	dǒng	懂	1291
chǔn	蠢	2599	dǎi	歹	712	dī	低	1375	dǒng	董	2657
chuō	戳	1777	dài	带	421	dī	堤	1673	dòng	洞	186
chuò	绰	2372	dài	待	757	dí	敌	340	dòng	动	735
cí	词	1392	dài	代	828	dí	笛	2172	dòng	栋	1248
cí	雌	1768	dài	袋	829	dǐ	底	1376	dòng	冻	1249
cí	瓷	2118	dài	怠	1909	dǐ	抵	2788	dōu	兜	2680
cí	磁	2415	dài	贷	2100	dì	帝	449	dǒu	斗	968
cí	慈	2417	dài	逮	2226	dì	地	507	dǒu	抖	2237
cí	辞	2552	dài	戴	2765	dì	弟	1022	dǒu	陡	2339
cǐ	此	460	dān	单	1018	dì	第	1023	dòu	豆	1131
cì	刺	423	dān	丹	1554	dì	蒂	1702	dòu	逗	2480
cì	次	478	dān	耽	2503	dì	递	2279	dū	督	654
cì	赐	881	dǎn	胆	1503	dì	缔	2381	dū	都	1383
cì	伺	2818	dàn	旦	30	diān	颠	1512	dú	独	511
cōng	聪	1974	dàn	淡	175	diǎn	点	177	dú	读	860
cōng	匆	2130	dàn	诞	397	diǎn	典	1370	dú	毒	1205
cōng	葱	2131	dàn	蛋	514	diàn	店	557	dǔ	睹	2300
cóng	从	846	dàn	但	805	diàn	电	1484	dǔ	赌	2303
cóng	丛	2104	dàn	弹	1019	diàn	垫	1839	dǔ	堵	2305
còu	凑	2597	dāng	当	947	diàn	奠	2478	dù	肚	160

dù	度	978		**F**		fén	坟	2713	fù	副	89
dù	渡	979				fěn	粉	779	fù	富	200
dù	杜	1569	fā	发	1302	fèn	份	796	fù	赋	386
dù	妒	2154	fá	乏	989	fèn	奋	1522	fù	复	472
duān	端	966	fá	罚	1652	fèn	愤	1874	fù	腹	473
duǎn	短	1132	fá	伐	2079	fèn	粪	2770	fù	付	825
duàn	断	931	fá	阀	2628	fēng	封	167	fù	妇	943
duàn	段	1388	fǎ	法	676	fēng	风	1168	fù	父	1043
duàn	锻	1389	fān	番	1418	fēng	丰	1223	fù	附	1062
duàn	缎	2813	fān	翻	1419	fēng	疯	1294	fù	赴	1671
duī	堆	1764	fān	帆	1685	fēng	枫	2538	fù	覆	2616
duì	兑	499	fán	凡	62	fēng	锋	2583	fù	傅	2798
duì	对	642	fán	烦	173	fēng	蜂	2588	fù	缚	2799
duì	队	1067	fán	繁	2421	fēng	峰	2589	fù	咐	2998
dūn	敦	1646	fǎn	反	656	féng	逢	2584			
dūn	墩	1647	fǎn	返	658	féng	缝	2585		**G**	
dūn	蹲	2479	fàn	犯	1122	féng	冯	3007			
dūn	吨	2543	fàn	饭	1155	fěng	讽	1169	gā	嘎	1661
dùn	盾	1896	fàn	贩	1897	fèng	奉	1232	gà	尬	2500
dùn	顿	2544	fàn	泛	2253	fèng	凤	2983	gāi	该	1198
duō	多	116	fàn	范	2445	fó	佛	1021	gǎi	改	517
duó	夺	1545	fāng	方	494	fǒu	否	992	gài	盖	1137
duǒ	朵	1564	fāng	芳	1729	fū	夫	726	gài	概	1159
duǒ	躲	2293	fáng	妨	495	fū	肤	1977	gài	溉	2527
duò	惰	1802	fáng	房	897	fū	孵	2429	gài	钙	2816
duò	舵	2823	fáng	防	1061	fū	敷	2796	gān	干	1277
			fāng	坊	1728	fú	福	904	gān	甘	1333
	E		fǎng	访	1730	fú	服	1103	gān	尴	2499
			fǎng	仿	2086	fú	辐	1625	gān	肝	2638
é	额	313	fǎng	纺	2382	fú	幅	1686	gān	竿	2645
é	蛾	1825	fàng	放	496	fú	蝠	1738	gǎn	感	576
é	俄	2097	fēi	飞	96	fú	扶	1978	gǎn	敢	722
é	鹅	2871	fēi	非	1267	fú	伏	2075	gǎn	赶	1280
è	恶	1352	fēi	啡	2992	fú	袱	2076	gǎn	淦	1731
è	噩	1608	féi	肥	2726	fú	符	2099	gǎn	杆	2642
è	鳄	2290	fěi	菲	2632	fú	拂	2277	gǎn	橄	2987
è	愕	2291	fěi	匪	2678	fú	浮	2431	gāng	冈	1170
è	扼	2446	fèi	肺	420	fú	俘	2432	gāng	刚	1171
è	饿	2526	fèi	费	1020	fú	芙	2989	gāng	钢	2539
ēn	恩	570	fèi	废	1303	fǔ	抚	612	gāng	纲	2541
ér	儿	56	fèi	沸	2276	fǔ	府	826	gāng	缸	2879
ér	而	962	fēn	分	694	fǔ	俯	827	gǎng	港	1357
ěr	耳	717	fēn	芬	1944	fǔ	腐	845	gǎng	岗	2540
ěr	尔	798	fēn	纷	2385	fǔ	甫	1379	gàng	杠	1565
èr	二	2	fēn	氛	2835	fǔ	辅	1380	gāo	高	325
èr	贰	1659	fēn	吩	2997	fǔ	斧	2312	gāo	膏	1636
			fén	焚	1575	fù	负	64	gāo	糕	2040
									gǎo	搞	1848

gǎo	稿	2008	gū	估	2060	guō	锅	2365	hè	鹤	2868
gào	告	254	gū	辜	2551	guō	郭	2802	hè	赫	2949
gē	哥	93	gū	菇	2996	guó	国	549	hēi	黑	182
gē	戈	361	gǔ	古	16	guǒ	果	921	hēi	嘿	1552
gē	歌	476	gǔ	股	649	guǒ	裹	2182	hén	痕	2672
gē	割	1225	gǔ	谷	698	guò	过	291	hěn	很	1144
gē	胳	1630	gǔ	骨	1053				hěn	狠	2506
gē	搁	2622	gǔ	鼓	1134	**H**			hèn	恨	2512
gē	鸽	2867	gǔ	贾	1258				hēng	亨	1638
gé	格	310	gù	故	342	hā	哈	263	hēng	哼	1639
gé	革	1407	gù	顾	523	hái	孩	1196	héng	横	1489
gé	葛	2108	gù	固	548	hǎi	海	469	héng	恒	1797
gé	隔	2351	gù	雇	898	hài	亥	1194	héng	衡	2001
gé	阁	2621	guā	瓜	1399	hài	害	1224	hōng	轰	1887
gè	个	258	guā	刮	1515	hán	寒	1203	hōng	烘	2764
gè	各	309	guǎ	寡	1559	hán	含	1245	hóng	红	1089
gěi	给	1084	guà	挂	605	hán	韩	2593	hóng	虹	1737
gēn	跟	1143	guāi	乖	1705	hán	函	2720	hóng	宏	1906
gēn	根	1145	guǎi	拐	740	hán	涵	2721	hóng	弘	2268
gēng	耕	2850	guài	怪	641	hǎn	喊	1666	hóng	洪	2763
gěng	梗	1881	guān	冠	322	hǎn	罕	2644	hóng	鸿	2865
gěng	耿	1970	guān	观	639	hàn	憾	577	hǒng	哄	2762
gèng	更	631	guān	官	1041	hàn	汉	637	hóu	侯	1271
gōng	工	76	guān	关	1469	hàn	旱	1279	hóu	喉	2636
gōng	攻	339	guān	棺	2310	hàn	翰	1775	hóu	猴	2637
gōng	公	696	guǎn	管	1042	hàn	撼	1864	hǒu	吼	99
gōng	功	742	guǎn	馆	1157	hàn	汗	2641	hòu	厚	124
gōng	弓	1013	guàn	贯	106	hàn	悍	2646	hòu	后	659
gōng	供	1355	guàn	惯	582	háng	行	754	hòu	候	1272
gōng	宫	2121	guàn	罐	2881	háng	航	2822	hū	忽	878
gōng	躬	2294	guàn	灌	2882	háo	豪	1749	hū	乎	1163
gōng	恭	2767	guāng	光	130	háo	毫	2848	hū	呼	1164
gǒng	巩	1513	guǎng	广	556	hǎo	好	103	hú	胡	17
gǒng	拱	2768	guàng	逛	299	hào	浩	255	hú	湖	156
gòng	贡	81	guī	规	727	hào	号	1025	hú	糊	2029
gòng	共	1354	guī	归	2196	hào	耗	2849	hú	壶	2757
gōu	勾	1923	guī	瑰	2927	hē	喝	851	hú	狐	2828
gōu	沟	1924	guī	龟	2941	hē	呵	1517	hú	蝴	2975
gōu	钩	1925	guǐ	鬼	1472	hé	河	153	hǔ	虎	1459
gǒu	狗	251	guǐ	轨	1623	hé	合	262	hǔ	唬	2911
gǒu	苟	1581	guǐ	诡	2457	hé	禾	762	hù	互	681
gòu	够	117	guì	柜	2682	hé	和	764	hù	户	896
gòu	购	686	guì	贵	1340	hé	何	835	hù	护	899
gòu	构	687	guì	桂	1573	hé	核	1195	huā	花	833
gū	孤	1400	guì	跪	2458	hé	荷	2101	huá	划	363
gū	咕	1502	gǔn	滚	1949	hé	褐	2109	huá	华	831
gū	姑	1518	gùn	棍	1709	hé	盒	2489	huá	哗	832
						hè	贺	750			

huá	滑	1054	huō	豁	2592	jì	继	1097	jiàn	箭	2051
huá	猾	2335	huó	活	151	jì	既	1158	jiàn	践	2320
huà	话	354	huǒ	火	170	jì	济	1319	jiàn	鉴	2497
huà	化	830	huǒ	伙	2072	jì	忌	1794	jiàn	涧	2631
huà	画	1173	huò	获	245	jì	妓	1891	jiàn	舰	2821
huái	怀	997	huò	或	364	jì	剂	2717	jiàn	剑	2858
huái	徊	1996	huò	货	834	jì	迹	2951	jiāng	江	147
huái	槐	2925	huò	霍	1767	jiā	家	525	jiāng	姜	1758
huài	坏	993	huò	惑	1791	jiā	加	749	jiāng	疆	2271
huān	欢	640	huò	祸	2366	jiā	夹	1523	jiāng	僵	2272
huán	环	994				jiā	佳	2070	jiāng	浆	2467
huán	还	996	**J**			jiā	嘉	2483	jiǎng	讲	1359
huǎn	缓	2394	jī	肌	63	jiá	颊	1524	jiǎng	奖	2466
huàn	唤	1324	jī	机	206	jiǎ	甲	916	jiǎng	桨	2468
huàn	换	1325	jī	激	497	jià	架	751	jiǎng	蒋	2469
huàn	幻	1390	jī	积	765	jià	价	795	jiāng	将	244
huàn	患	1795	jī	绩	1216	jià	假	1402	jiàng	降	1069
huàn	焕	2725	jī	击	1234	jià	嫁	1753	jiàng	酱	2465
huāng	荒	1725	jī	基	1337	jià	稼	2011	jiàng	匠	2677
huāng	慌	1812	jī	鸡	1439	jià	驾	2902	jiāo	娇	443
huáng	皇	272	jī	讥	1651	jiān	尖	114	jiāo	教	1036
huáng	煌	273	jī	圾	1880	jiān	坚	1011	jiāo	交	1044
huáng	黄	1488	jī	饥	2517	jiān	监	1139	jiāo	浇	1668
huáng	蝗	1740	jí	吉	335	jiān	煎	1627	jiāo	焦	1769
huáng	惶	1804	jí	集	538	jiān	歼	1963	jiāo	礁	1771
huáng	凰	2984	jí	及	627	jiān	肩	2153	jiāo	蕉	1772
huǎng	谎	1726	jí	极	629	jiān	兼	2214	jiāo	椒	1895
huǎng	恍	1807	jí	急	946	jiān	艰	2508	jiāo	胶	2314
huàng	晃	1529	jí	级	1087	jiān	奸	2640	jiāo	郊	2810
huī	灰	172	jí	即	1146	jiǎn	剪	304	jiāo	骄	2897
huī	辉	321	jí	棘	1690	jiǎn	减	433	jiáo	嚼	2510
huī	挥	599	jí	辑	1971	jiǎn	拣	1252	jiǎo	搅	601
huī	恢	1803	jí	疾	2670	jiǎn	简	1265	jiǎo	脚	1102
huí	回	554	jí	籍	2851	jiǎn	检	1435	jiǎo	角	1362
huǐ	悔	1817	jǐ	几	57	jiǎn	茧	1743	jiǎo	矫	2255
huǐ	毁	2959	jǐ	己	515	jiǎn	捡	2860	jiǎo	狡	2315
huì	贿	80	jǐ	挤	2718	jiǎn	俭	2861	jiǎo	绞	2393
huì	会	677	jǐ	脊	2719	jiàn	见	58	jiǎo	缴	2399
huì	慧	1226	jì	寄	199	jiàn	贱	375	jiǎo	饺	2525
huì	惠	1793	jì	计	348	jiàn	建	398	jiào	较	1046
huì	绘	2384	jì	记	518	jiàn	件	808	jiào	叫	1192
huì	汇	2673	jì	技	651	jiàn	健	817	jiào	轿	1699
hūn	昏	1373	jì	寂	655	jiàn	渐	930	jiē	皆	459
hūn	婚	1374	jì	季	773	jiàn	间	1264	jiē	接	604
hún	浑	1633	jì	祭	910	jiàn	溅	1667	jiē	街	760
hún	魂	2928	jì	际	1063	jiàn	键	1675	jiē	阶	1064
hùn	混	458	jì	纪	1088	jiàn	荐	1876	jiē	坠	1068

jiē	揭	2112	jǐng	颈	2403	jué	觉	338	kè	刻	1197
jié	结	1085	jìng	敬	344	jué	决	1273	kěn	肯	383
jié	节	1111	jìng	竞	448	jué	绝	1331	kěn	垦	2505
jié	杰	1570	jìng	竟	487	jué	掘	2144	kěn	恳	2507
jié	洁	1642	jìng	镜	488	jué	爵	2509	kēng	坑	323
jié	截	1766	jìng	境	489	jūn	均	159	kōng	空	1073
jié	劫	1987	jìng	净	952	jūn	军	320	kǒng	孔	98
jié	竭	2110	jìng	静	1214	jūn	君	959	kǒng	恐	575
jié	捷	2210	jìng	径	2405	jūn	钧	3018	kòng	控	1074
jiě	姐	1344	jìng	劲	2406	jùn	菌	2014	kǒu	口	11
jiě	解	1364	jìng	靖	2568	jùn	峻	2476	kòu	扣	1827
jiè	介	259	jiǒng	炯	1555	jùn	俊	2477	kòu	寇	1885
jiè	界	260	jiǒng	窘	2360				kū	枯	210
jiè	借	972	jiū	揪	770		**K**		kū	哭	248
jiè	戒	1868	jiū	究	1071	kā	咖	2991	kū	窟	2359
jiè	诫	1870	jiū	纠	2560	kǎ	卡	47	kǔ	苦	229
jiè	届	2173	jiǔ	九	9	kāi	开	613	kù	库	558
jiè	藉	2852	jiǔ	久	839	kǎi	凯	1935	kù	裤	559
jīn	金	279	jiǔ	酒	1126	kǎi	慨	2528	kù	酷	2462
jīn	巾	410	jiù	旧	37	kān	刊	2639	kuā	夸	2287
jīn	襟	907	jiù	就	332	kān	堪	2740	kuǎ	垮	2288
jīn	斤	924	jiù	救	343	kān	勘	2741	kuà	挎	2289
jīn	今	1244	jiù	舅	2961	kǎn	砍	1716	kuà	跨	2328
jīn	津	1674	jū	居	888	kǎn	坎	1717	kuài	快	1274
jīn	筋	2053	jū	拘	1831	kàn	看	585	kuài	块	1275
jǐn	仅	811	jū	鞠	2841	kāng	康	956	kuài	筷	1276
jǐn	紧	1100	jú	局	893	kāng	慷	2227	kuān	宽	230
jǐn	谨	1240	jú	菊	2034	kāng	糠	2228	kuǎn	款	2159
jǐn	锦	1687	jú	橘	2262	káng	扛	1834	kuāng	筐	2675
jìn	尽	895	jǔ	举	1434	kàng	抗	590	kuáng	狂	271
jìn	禁	906	jǔ	矩	2685	kàng	炕	1635	kuàng	况	431
jìn	近	927	jù	句	67	kǎo	考	1030	kuàng	旷	1781
jìn	进	1360	jù	具	74	kǎo	烤	1031	kuàng	矿	1782
jìn	浸	2201	jù	锯	889	kǎo	拷	2297	kuàng	框	2674
jìn	晋	2761	jù	剧	890	kào	靠	1270	kuī	亏	2285
jīng	晶	23	jù	据	891	kē	颗	923	kuī	窥	2355
jīng	京	330	jù	惧	1800	kē	科	970	kuī	盔	2488
jīng	惊	579	jù	俱	2062	kē	苛	1582	kuí	葵	2692
jīng	经	1094	jù	聚	2098	kē	棵	2180	kuí	魁	2930
jīng	精	1209	jù	巨	2681	kē	磕	2493	kuì	溃	2745
jīng	睛	1212	jù	拒	2684	ké	壳	1641	kuì	愧	2929
jīng	兢	1521	jù	距	2686	ké	咳	2561	kūn	昆	457
jīng	鲸	1640	juān	捐	2398	kě	可	92	kūn	坤	2175
jīng	茎	2404	juàn	眷	984	kě	渴	852	kǔn	捆	1862
jǐng	景	331	juàn	绢	2397	kè	克	108	kùn	困	547
jǐng	警	347	juàn	卷	2447	kè	客	312	kuò	括	597
jǐng	井	1358	juàn	倦	2448	kè	课	922	kuò	扩	1863

kuò	阔	2619	lí	离	1178	liàng	亮	329	lóng	隆	2571
kuò	廓	2803	lí	厘	1550	liàng	谅	1654	lóng	胧	2931
			lí	狸	1589	liàng	辆	2939	lóng	聋	2936
	L		lí	梨	2020	liáo	聊	1109	lóng	笼	2937
lā	拉	608	lí	犁	2021	liáo	辽	1620	lǒng	拢	2935
lā	啦	609	lí	黎	2024	liáo	疗	2658	lǒng	垄	2932
lā	垃	1700	lí	篱	2549	liáo	僚	2696	lóu	楼	785
lǎ	喇	2652	lí	璃	2986	liáo	寥	2708	lǒu	搂	2046
là	辣	1288	lǐ	里	179	liào	料	969	lòu	漏	2141
là	腊	2240	lǐ	李	223	liě	咧	1967	lòu	陋	2343
là	蜡	2241	lǐ	理	276	liè	列	713	lú	卢	2134
lái	来	783	lǐ	礼	902	liè	烈	714	lú	炉	2155
lái	莱	2045	lǐ	哩	1549	liè	裂	1968	lú	芦	2156
lài	赖	2654	lǐ	鲤	1551	liè	劣	1984	lǔ	鲁	1538
lán	兰	533	lì	厉	123	liè	猎	2242	lǔ	虏	2912
lán	篮	1140	lì	丽	187	lín	林	203	lù	录	949
lán	蓝	1141	lì	立	444	lín	临	1010	lù	碌	950
lán	栏	1761	lì	力	732	lín	邻	2811	lù	路	1051
lán	拦	1860	lì	励	736	lín	麟	2916	lù	露	1052
lǎn	览	2264	lì	历	737	lín	磷	2917	lù	陆	1235
lǎn	揽	2265	lì	利	771	lín	琳	3017	lù	鹿	1462
lǎn	缆	2401	lì	例	816	lǐn	凛	2160	lǘ	驴	2903
lǎn	懒	2655	lì	粒	2039	lìn	淋	1574	lǚ	吕	865
lǎn	榄	2988	lì	隶	2225	líng	灵	942	lǚ	侣	866
làn	烂	534	lì	栗	2613	líng	零	1115	lǚ	旅	874
làn	滥	2498	lì	莉	3010	líng	陵	2346	lǚ	铝	2122
láng	郎	1385	liǎ	俩	1479	líng	菱	2348	lǚ	履	2145
láng	狼	2514	lián	连	301	líng	凌	2349	lǚ	屡	2147
láng	廊	2812	lián	莲	302	líng	玲	2437	lǚ	缕	2387
lǎng	朗	2513	lián	联	1471	líng	铃	2438	lǜ	律	755
làng	浪	1152	lián	廉	2219	líng	伶	2441	lǜ	绿	1093
lāo	捞	2127	lián	镰	2220	líng	龄	2547	lǜ	率	1320
láo	劳	868	lián	帘	2354	lǐng	领	1116	lǜ	虑	1460
láo	牢	1594	lián	怜	2439	lǐng	岭	2440	lǜ	氯	2837
lǎo	老	1029	liǎn	脸	1436	lìng	另	738	lǜ	滤	2914
lǎo	姥	2296	liǎn	敛	2859	lìng	令	1113	luǎn	卵	2428
le	了	101	liàn	练	1251	liū	溜	1108	luàn	乱	100
lēi	勒	1409	liàn	恋	1494	liú	流	684	lüè	略	311
léi	雷	426	liàn	链	1626	liú	留	1107	lüè	掠	1852
lěi	蕾	1691	liàn	炼	2609	liú	硫	1919	lún	轮	466
lěi	垒	1907	liáng	凉	434	liú	琉	1920	lún	沦	1712
lèi	类	782	liáng	良	1151	liú	榴	2433	lún	伦	2083
lèi	泪	1530	liáng	梁	2036	liú	瘤	2668	lùn	论	465
lèi	累	2418	liáng	粱	2037	liú	刘	2712	luó	罗	120
léng	棱	2347	liáng	粮	2515	liǔ	柳	1110	luó	萝	1583
lěng	冷	1114	liáng	两	1478	liù	六	6	luó	锣	1616
lèng	愣	1813	liàng	量	180	lóng	龙	1474	luó	逻	1621

luó	箩	2048	mào	貌	1903	miào	妙	127	nǎ	哪	1477
luó	螺	2419	me	么	670	miào	庙	2171	nà	呐	841
luó	骡	2905	méi	梅	468	miè	灭	171	nà	那	1476
luǒ	裸	2181	méi	没	647	miè	蔑	1665	nà	纳	2389
luò	洛	315	méi	枚	1643	mín	民	1377	nà	娜	3015
luò	落	316	méi	玫	1645	mǐn	敏	1713	nǎi	乃	625
luò	络	2375	méi	霉	1714	míng	明	21	nǎi	奶	626
luò	骆	2979	méi	眉	2149	míng	名	119	nài	奈	2158
			méi	媒	2732	míng	铭	285	nài	耐	2231
	M		méi	煤	2733	míng	鸣	2864	nán	难	644
mā	妈	1454	měi	每	467	mìng	命	1105	nán	男	741
má	麻	561	měi	美	529	miù	谬	2709	nán	南	1259
mǎ	马	1453	mèi	妹	219	mō	摸	1844	náng	囊	2744
mǎ	码	2893	mèi	昧	1577	mó	模	232	náo	挠	1854
mǎ	玛	2895	mèi	媚	2150	mó	摩	586	nǎo	脑	1176
mǎ	蚂	2899	mèi	魅	2926	mó	魔	1473	nǎo	恼	1177
mà	骂	1456	mēn	闷	2625	mó	膜	1584	nào	闹	2623
ma	吗	1455	mén	门	1260	mó	磨	1785	ne	呢	884
ma	嘛	1784	men	们	1261	mǒ	抹	1843	nèi	内	840
mái	埋	181	méng	萌	1580	mó	蘑	2995	nèn	嫩	2656
mǎi	买	858	méng	朦	2126	mò	墨	183	néng	能	1464
mài	脉	139	méng	盟	2484	mò	末	216	ní	尼	883
mài	迈	292	měng	蒙	2125	mò	沫	217	ní	泥	885
mài	卖	859	měng	猛	2486	mò	莫	231	nǐ	你	799
mài	麦	1206	mèng	梦	205	mò	漠	233	nǐ	拟	2119
mán	馒	2523	mèng	孟	2485	mò	默	246	nì	腻	1660
mán	瞒	2940	mī	眯	2028	mò	寞	1586	nì	逆	1939
mán	蛮	2952	mí	迷	780	mò	陌	2337	nì	匿	2679
mǎn	满	1480	mí	谜	781	móu	谋	2734	nián	年	871
màn	曼	723	mí	弥	1015	mǒu	某	1334	nián	黏	2023
màn	慢	724	mǐ	米	778	mǔ	母	105	niàn	廿	976
màn	漫	725	mì	密	692	mǔ	亩	324	niàn	念	1246
màn	蔓	1976	mì	泌	1822	mǔ	姆	1520	niáng	娘	1153
máng	盲	491	mì	蜜	1824	mǔ	牡	1595	niàng	酿	2516
máng	忙	581	mì	觅	1900	mǔ	拇	1836	niǎo	鸟	1438
máng	芒	1724	mì	秘	2016	mù	目	15	niào	尿	2137
máng	茫	1727	mián	棉	418	mù	木	202	niē	捏	1841
máng	氓	2789	mián	眠	1378	mù	墓	234	nín	您	800
mǎng	莽	1871	mián	绵	2380	mù	幕	417	níng	宁	1558
māo	猫	1587	miǎn	免	1449	mù	暮	1585	níng	凝	2436
máo	矛	1002	miǎn	勉	2889	mù	牧	1644	níng	拧	1842
máo	毛	1421	miàn	面	1406	mù	慕	1818	niú	牛	252
máo	茅	2261	miáo	苗	235	mù	募	1985	niǔ	扭	1487
mào	冒	184	miáo	瞄	236	mù	穆	3014	niǔ	钮	2946
mào	茂	367	miáo	描	1845				niǔ	纽	2948
mào	帽	416	miǎo	渺	1534		**N**		nóng	农	408
mào	贸	1106	miǎo	秒	2005	ná	拿	587	nóng	浓	409

INDEX IV: AUSSPRACHEN DER SCHRIFTZEICHEN | 299

nòng	弄	615	péi	陪	2340	pō	颇	1959	qì	迄	1715
nú	奴	747	pèi	配	1127	pō	坡	1960	qì	弃	1917
nǔ	努	748	pèi	沛	1688	pō	泼	2698	qì	契	2581
nù	怒	1990	pèi	佩	2080	pó	婆	709	qià	洽	1601
nǚ	女	102	pēn	喷	1873	pò	破	710	qià	恰	1808
nuǎn	暖	2395	pén	盆	2495	pò	迫	1617	qiān	千	39
nüè	虐	2913	péng	朋	20	pò	魄	2924	qiān	迁	1618
nuó	挪	2938	péng	棚	1561	pōu	剖	1720	qiān	牵	1632
nuò	诺	1655	péng	蓬	2586	pū	扑	1830	qiān	谦	2217
			péng	篷	2587	pú	菩	1721	qiān	铅	2827
O			péng	膨	2704	pú	仆	2059	qiān	签	2862
ōu	欧	1297	péng	鹏	2863	pú	蒲	2792	qián	前	303
ōu	殴	2687	péng	彭	3006	pú	葡	2993	qián	钱	373
ōu	鸥	2870	pěng	捧	2603	pǔ	普	1348	qián	潜	1979
ǒu	呕	2688	pèng	碰	2755	pǔ	朴	1563	qián	钳	2731
ǒu	偶	2878	pī	批	591	pǔ	谱	2756	qiǎn	浅	374
			pī	披	1961	pǔ	浦	2791	qiǎn	遣	2742
P			pī	劈	2557	pù	瀑	2773	qiǎn	谴	2743
pā	啪	1829	pí	皮	707	pù	铺	2794	qiàn	欠	474
pā	趴	2318	pí	疲	2666				qiàn	歉	2218
pá	扒	1826	pí	啤	2953	**Q**			qiàn	嵌	2730
pá	爬	2727	pí	脾	2954	qī	七	7	qiāng	枪	1120
pà	怕	580	pì	辟	1185	qī	期	1336	qiāng	腔	2362
pà	帕	1683	pì	屁	2142	qī	戚	1664	qiáng	强	1016
pāi	拍	1828	pì	譬	2558	qī	漆	2026	qiáng	墙	1780
pái	排	1268	pì	僻	2559	qī	妻	2208	qiǎng	抢	2456
pái	牌	1497	piān	篇	1368	qī	凄	2209	qiāo	锹	2019
pái	徘	2635	piān	偏	2787	qī	栖	2612	qiāo	敲	1886
pài	派	661	piàn	片	986	qī	欺	2736	qiáo	乔	441
pān	攀	2536	piàn	骗	2910	qí	奇	133	qiáo	桥	442
pān	潘	3002	piāo	漂	1257	qí	齐	1318	qiáo	瞧	1770
pán	盘	1397	piāo	飘	2617	qí	其	1335	qiáo	侨	2081
pàn	判	983	piào	票	1256	qí	骑	1458	qiǎo	巧	1024
pàn	盼	1942	piě	撇	2043	qí	歧	1892	qiǎo	悄	1806
pàn	畔	2245	pīn	拼	864	qí	崎	1929	qiào	翘	1773
pàn	叛	2247	pín	频	382	qí	祈	2186	qiào	峭	1928
pāng	乓	3000	pín	贫	695	qí	棋	2735	qiào	俏	2069
páng	旁	498	pǐn	品	22	qí	旗	2737	qié	茄	1991
páng	庞	2934	pìn	聘	2283	qǐ	企	384	qiě	且	1343
pàng	胖	982	pīng	乒	2999	qǐ	乞	470	qiè	切	85
pāo	抛	1988	píng	平	1160	qǐ	起	516	qiè	窃	2352
páo	袍	1747	píng	评	1161	qǐ	岂	1934	qīn	亲	1188
pǎo	跑	1049	píng	坪	1162	qǐ	启	2152	qīn	钦	1719
pào	泡	521	píng	凭	2114	qì	器	249	qīn	侵	2203
pào	炮	1746	píng	瓶	2120	qì	泣	445	qín	禽	1179
péi	赔	482	píng	屏	2148	qì	气	1404	qín	勤	1239
péi	培	483	píng	苹	2529	qì	汽	1405	qín	芹	2185
			píng	萍	2530	qì	砌	1527	qín	秦	2598

qín	琴	2608		**R**		sǎ	洒	2611	shāo	捎	1837
qǐn	寝	2202	rán	然	247	sà	萨	2711	shāo	稍	2006
qīng	轻	1095	rán	燃	1591	sài	赛	1204	sháo	勺	69
qīng	青	1208	rǎn	染	222	sài	塞	2564	sháo	少	110
qīng	清	1213	rǎng	壤	1202	sān	三	3	shào	哨	1528
qīng	倾	2082	rǎng	嚷	2562	sǎn	散	974	shào	绍	2373
qīng	卿	2511	ràng	让	349	sǎn	伞	1598	shē	奢	2304
qīng	氢	2836	ráo	饶	2518	sāng	丧	1427	shé	舌	40
qīng	蜻	2981	rǎo	绕	1847	sāng	桑	2751	shé	蛇	513
qíng	情	1211	rào	绕	2378	sǎng	嗓	2752	shè	涉	381
qíng	晴	2566	rě	惹	1796	sāo	骚	2901	shè	设	648
qǐng	请	1210	rè	热	603	sǎo	扫	944	shè	社	901
qǐng	顷	1703	rén	人	793	sǎo	嫂	2965	shè	射	1027
qìng	庆	1783	rén	仁	820	sè	色	1330	shè	舍	1599
qióng	穷	2356	rěn	忍	565	sè	涩	1669	shè	摄	1973
qióng	琼	3016	rèn	刃	84	sè	瑟	1823	shéi	谁	540
qiū	秋	768	rèn	认	794	sēn	森	204	shēn	申	918
qiū	丘	1077	rèn	任	853	sēng	僧	2088	shēn	伸	919
qiú	求	140	rēng	扔	1878	shā	砂	126	shēn	身	1026
qiú	球	268	réng	仍	809	shā	沙	146	shēn	深	1075
qiú	酋	1128	rì	日	12	shā	杀	1167	shēn	呻	2174
qiú	囚	2089	róng	容	701	shā	纱	2374	shēn	绅	2391
qū	曲	967	róng	溶	702	shā	刹	2537	shén	什	802
qū	区	1295	róng	荣	867	shá	啥	1600	shén	神	920
qū	屈	2143	róng	榕	1953	shǎ	傻	2974	shěn	审	2176
qū	趋	2199	róng	熔	1954	shà	厦	1631	shěn	婶	2177
qū	驱	2689	róng	融	2350	shà	煞	2198	shěn	沈	2501
qū	躯	2908	róng	绒	2377	shāi	筛	2052	shèn	甚	1338
qú	渠	2683	róng	蓉	2990	shài	晒	2610	shèn	慎	1801
qǔ	取	718	rǒng	冗	318	shān	山	688	shèn	肾	2266
qǔ	娶	1975	róu	柔	1003	shān	杉	2700	shèn	渗	2705
qù	去	675	róu	揉	1004	shān	衫	2702	shēng	升	41
qù	趣	719	ròu	肉	844	shān	删	2783	shēng	生	1218
quān	圈	2449	rú	如	104	shān	珊	2785	shēng	声	1411
quán	泉	141	rú	儒	964	shǎn	陕	2345	shēng	牲	2570
quán	全	275	rǔ	乳	2430	shǎn	闪	2627	shéng	绳	2943
quán	拳	985	rǔ	辱	2919	shàn	善	870	shěng	省	132
quán	权	1884	rù	入	693	shàn	擅	1866	shèng	圣	634
quǎn	犬	239	ruǎn	软	477	shàn	扇	2157	shèng	胜	1222
quàn	劝	1986	ruì	瑞	965	shāng	商	451	shèng	剩	1707
quàn	券	2248	ruì	锐	1736	shāng	伤	822	shèng	盛	2490
quē	缺	1444	rùn	润	2620	shǎng	赏	703	shī	诗	355
què	却	1101	ruò	若	226	shǎng	晌	1556	shī	师	412
què	确	1363	ruò	弱	1017	shàng	上	45	shī	狮	413
què	雀	1763				shàng	尚	190	shī	失	729
què	鹊	2869		**S**		shang	裳	1955	shī	施	875
qún	裙	960	sǎ	撒	975	shāo	烧	377	shī	尸	882
qún	群	961				shāo	梢	1568	shī	湿	2759

shí	十	10	shū	枢	1296	sì	四	4		T	
shí	石	125	shū	书	1393	sì	寺	169	tā	它	462
shí	时	168	shū	淑	1894	sì	似	862	tā	她	506
shí	实	857	shū	疏	1921	sì	饲	2819	tā	他	810
shí	食	1154	shū	蔬	1922	sì	肆	2957	tā	塌	1774
shí	拾	1850	shū	殊	1965	sōng	松	697	tǎ	塔	264
shí	蚀	2521	shū	舒	2263	sǒng	耸	2105	tà	踏	2319
shǐ	史	630	shú	熟	327	sòng	送	1470	tāi	胎	1908
shǐ	始	674	shú	赎	2116	sòng	宋	1572	tái	抬	1912
shǐ	使	838	shǔ	属	1500	sòng	颂	1947	tái	台	672
shǐ	矢	998	shǔ	暑	2299	sòng	讼	1948	tài	太	131
shǐ	屎	2146	shǔ	署	2301	sòng	诵	2444	tài	态	567
shì	世	28	shǔ	薯	2302	sōu	搜	2966	tài	泰	1231
shì	适	290	shǔ	鼠	2960	sōu	艘	2968	tài	汰	1535
shì	士	334	shù	树	643	sòu	嗽	2653	tān	摊	645
shì	识	353	shù	数	784	sū	苏	745	tān	滩	1888
shì	式	359	shù	术	1199	sū	稣	2007	tān	贪	2607
shì	试	360	shù	述	1200	sú	俗	2095	tān	瘫	2663
shì	是	394	shù	束	1286	sù	诉	936	tán	谈	358
shì	市	419	shù	恕	1790	sù	素	1207	tán	坛	1693
shì	室	679	shù	竖	2267	sù	速	1287	tán	潭	2615
shì	势	734	shuā	刷	2140	sù	溯	1940	tán	痰	2659
shì	示	900	shuǎ	耍	2230	sù	塑	1941	tán	谭	3003
shì	视	903	shuāi	摔	1321	sù	宿	2074	tǎn	坦	1539
shì	逝	934	shuāi	衰	1678	sù	肃	2211	tǎn	毯	2847
shì	事	953	shuǎi	甩	2777	suān	酸	2474	tàn	探	1076
shì	氏	1371	shuài	帅	411	suàn	算	790	tàn	叹	1882
shì	释	1417	shuān	栓	1609	suàn	蒜	2166	tàn	炭	1932
shì	柿	1689	shuān	拴	1849	suī	虽	512	tàn	碳	1933
shì	拭	1853	shuāng	霜	427	suí	随	1057	tāng	汤	527
shì	侍	2071	shuāng	双	636	suǐ	髓	2336	táng	堂	706
shì	誓	2192	shuāng	爽	2972	suì	岁	691	táng	唐	954
shì	嗜	2295	shuǐ	水	137	suì	遂	1752	táng	糖	955
shì	饰	2519	shuì	睡	1243	suì	穗	2015	táng	膛	1958
shì	驶	2900	shuì	税	2012	suì	崇	2161	táng	塘	2224
shōu	收	1193	shùn	顺	136	suì	隧	2342	tǎng	淌	1557
shǒu	首	71	shùn	瞬	2915	suì	碎	2471	tǎng	倘	2073
shǒu	守	192	shuō	说	501	sūn	孙	112	tǎng	躺	2292
shǒu	手	584	shuò	硕	1526	sǔn	损	1832	tàng	趟	1672
shòu	售	541	shuò	烁	1899	sǔn	笋	2229	tàng	烫	1756
shòu	受	667	sī	思	569	suō	缩	2388	tāo	涛	2577
shòu	授	668	sī	丝	1079	suō	梭	2475	tāo	掏	2885
shòu	兽	1509	sī	斯	1339	suǒ	所	926	tāo	滔	2962
shòu	寿	2575	sī	司	1391	suǒ	琐	1604	táo	桃	238
shòu	瘦	2967	sī	私	2017	suǒ	锁	1614	táo	逃	295
shū	输	305	sī	嘶	2738	suǒ	索	2423	táo	陶	2883
shū	叔	653	sī	撕	2739				táo	淘	2884
shū	梳	685	sǐ	死	715						

táo	萄	2994	tōu	偷	2077	wǎn	碗	2454	wèn	问	1263
tǎo	讨	351	tóu	投	646	wǎn	挽	2888	wēng	翁	1950
tào	套	1498	tóu	头	856	wàn	万	65	wēng	嗡	1951
tè	特	253	tòu	透	776	wàn	腕	2452	wō	窝	2363
téng	藤	2249	tū	凸	32	wāng	汪	1605	wō	涡	2364
téng	疼	2661	tū	突	1072	wáng	王	265	wō	蜗	2367
téng	腾	2904	tū	秃	2003	wáng	亡	490	wǒ	我	588
tī	梯	2280	tú	图	555	wǎng	往	758	wò	握	887
tī	踢	2326	tú	途	1285	wǎng	网	1172	wò	沃	1697
tí	题	395	tú	徒	1995	wǎng	枉	1606	wò	卧	1980
tí	提	598	tú	屠	2309	wàng	妄	492	wū	巫	850
tí	啼	1701	tú	涂	2648	wàng	望	493	wū	屋	886
tí	蹄	2322	tǔ	土	158	wàng	忘	564	wū	诬	2107
tǐ	体	813	tǔ	吐	163	wàng	旺	1602	wū	污	2286
tì	替	728	tù	兔	1447	wēi	威	371	wū	乌	2873
tì	惕	2133	tuán	团	622	wēi	微	759	wū	呜	2874
tì	屉	2135	tuī	推	600	wēi	危	1123	wú	吾	19
tì	剃	2278	tuí	颓	2004	wéi	维	1082	wú	吴	437
tì	涕	2281	tuǐ	腿	1148	wéi	韦	1227	wú	无	611
tiān	天	436	tuì	退	1147	wéi	围	1228	wǔ	五	5
tiān	添	1819	tūn	吞	1695	wéi	唯	1762	wǔ	武	385
tián	田	14	tún	屯	2542	wéi	惟	1816	wǔ	午	542
tián	填	162	tuō	脱	500	wéi	违	2594	wǔ	舞	1342
tián	甜	2729	tuō	托	1424	wěi	委	774	wǔ	伍	2054
tiáo	条	307	tuō	拖	1858	wěi	伪	797	wǔ	侮	2084
tiǎo	挑	1846	tuó	驼	2980	wěi	伟	1229	wù	误	439
tiào	跳	1050	tuǒ	妥	1901	wěi	尾	1422	wù	务	752
tiē	贴	53	tuò	拓	1833	wěi	萎	2022	wù	雾	753
tiě	铁	730	tuò	唾	2605	wěi	纬	2595	wù	勿	877
tiě	帖	1684				wèi	胃	29	wù	物	879
tīng	厅	122		**W**		wèi	未	215	wù	悟	1798
tīng	听	925	wā	哇	165	wèi	味	218			
tíng	亭	328	wā	蛙	1741	wèi	为	746		**X**	
tíng	停	818	wā	挖	2353	wèi	位	807	xī	夕	115
tíng	廷	854	wá	娃	1542	wèi	卫	1112	xī	息	574
tíng	庭	855	wǎ	瓦	2117	wèi	谓	1649	xī	吸	628
tíng	蜓	2982	wà	袜	1677	wèi	蔚	2164	xī	昔	971
tǐng	挺	2115	wāi	歪	2254	wèi	慰	2165	xī	希	1165
tǐng	艇	2825	wài	外	118	wèi	畏	2853	xī	稀	1166
tōng	通	1117	wān	弯	1492	wèi	喂	2854	xī	西	1253
tóng	同	185	wān	湾	1493	wèi	魏	3008	xī	熄	1821
tóng	铜	281	wán	丸	42	wēn	温	1138	xī	熙	1982
tóng	童	450	wán	顽	61	wén	闻	1266	xī	膝	2025
tóng	桐	1571	wán	完	193	wén	文	1315	xī	锡	2132
tǒng	统	1083	wán	玩	270	wén	蚊	1316	xī	犀	2183
tǒng	筒	2050	wǎn	晚	1450	wén	纹	2714	xī	析	2184
tǒng	桶	2443	wǎn	宛	2451	wěn	吻	2129	xī	晰	2184
tòng	痛	1293	wǎn	婉	2453	wěn	稳	2204	xī	惜	2238

xī	溪	2409	xiāng	相	212	xiè	械	1869	xù	婿	1676
xī	嘻	2482	xiāng	香	772	xiè	屑	2136	xù	绪	2392
xī	牺	2614	xiāng	箱	788	xiè	卸	2426	xù	蓄	2414
xī	悉	2846	xiāng	襄	1201	xiè	蟹	2780	xù	絮	2422
xí	习	545	xiāng	乡	1387	xiè	懈	2781	xù	叙	2649
xí	席	977	xiāng	厢	1576	xīn	心	563	xuān	宣	195
xí	袭	1475	xiāng	镶	2563	xīn	辛	1183	xuān	喧	1560
xí	媳	1820	xiāng	湘	3011	xīn	新	1189	xuān	轩	2643
xǐ	洗	257	xiáng	翔	546	xīn	薪	1190	xuán	悬	1482
xǐ	喜	1135	xiáng	详	1759	xīn	馨	1410	xuán	旋	2128
xì	戏	638	xiáng	祥	2163	xīn	欣	2187	xuán	玄	2411
xì	细	1091	xiǎng	享	326	xìn	信	814	xuǎn	选	297
xì	系	1099	xiǎng	想	573	xìn	衅	2504	xuē	靴	2839
xì	隙	2338	xiǎng	响	189	xīng	星	1219	xuē	薛	3005
xiā	虾	510	xiàng	项	82	xīng	腥	2572	xué	学	337
xiā	瞎	2590	xiàng	向	188	xīng	猩	2573	xué	穴	1070
xiá	暇	1403	xiàng	巷	1356	xíng	刑	618	xuě	雪	941
xiá	狭	1588	xiàng	象	1451	xíng	型	619	xuè	血	1136
xiá	峡	1936	xiàng	像	1452	xíng	形	1304	xūn	熏	1553
xiá	侠	2096	xiàng	橡	2891	xǐng	醒	2574	xūn	勋	1983
xiá	辖	2591	xiāo	削	129	xìng	杏	208	xún	旬	68
xiá	霞	2832	xiāo	消	152	xìng	幸	1191	xún	巡	296
xià	下	46	xiāo	宵	196	xìng	姓	1220	xún	寻	945
xià	夏	314	xiāo	嚣	1510	xìng	性	1221	xún	询	1650
xià	吓	1507	xiāo	销	1615	xìng	兴	1433	xún	循	1998
xiān	先	256	xiāo	萧	2213	xiōng	兄	107	xún	驯	2894
xiān	鲜	531	xiāo	小	109	xiōng	凶	1174	xùn	迅	293
xiān	仙	2092	xiǎo	晓	378	xiōng	胸	1175	xùn	逊	298
xiān	掀	2188	xiào	肖	128	xiōng	汹	2548	xùn	训	352
xiān	纤	2371	xiào	笑	787	xióng	雄	671	xùn	讯	1656
xián	咸	372	xiào	孝	1035	xióng	熊	1463		**Y**	
xián	贤	1012	xiào	效	1045	xiū	休	812			
xián	闲	1262	xiào	校	1047	xiū	修	1310	yā	压	164
xián	衔	2002	xiào	啸	2212	xiū	羞	2947	yā	押	917
xián	嫌	2216	xiē	些	461	xiǔ	朽	2282	yā	鸭	1441
xián	弦	2412	xiē	歇	2111	xiù	秀	775	yā	鸦	2872
xiǎn	显	1350	xié	协	744	xiù	嗅	1593	yá	牙	1414
xiǎn	险	1437	xié	鞋	1408	xiù	锈	2027	yá	涯	1541
xiàn	现	269	xié	谐	1710	xiù	袖	2170	yá	崖	1930
xiàn	线	1081	xié	挟	1865	xiù	绣	2386	yá	芽	2842
xiàn	限	1149	xié	携	1879	xū	需	963	yǎ	哑	2760
xiàn	县	1481	xié	胁	1989	xū	须	1307	yǎ	雅	2844
xiàn	腺	1537	xié	斜	2651	xū	虚	1461	yà	亚	1351
xiàn	宪	1596	xié	邪	2845	xú	徐	2650	yà	轧	1624
xiàn	羡	1760	xiě	写	1033	xǔ	许	543	yà	讶	2843
xiàn	献	2618	xiè	谢	1028	xù	旭	27	ya	呀	1416
xiàn	馅	2970	xiè	泻	1034	xù	序	1006	yān	烟	552
xiàn	陷	2971	xiè	泄	1531	xù	续	1096	yān	咽	1778

yān	淹	2944	yào	要	1254	yì	谊	2747	yōu	优	821
yán	炎	174	yào	钥	1611	yì	翼	2766	yōu	悠	2090
yán	言	346	yào	耀	1776	yì	溢	2830	yōu	幽	2410
yán	延	396	yē	耶	2806	yì	奕	2950	yóu	尤	240
yán	研	614	yé	爷	2434	yīn	音	484	yóu	游	876
yán	颜	1314	yě	也	505	yīn	因	551	yóu	由	913
yán	严	1353	yě	野	1008	yīn	阴	1059	yóu	油	915
yán	岩	1927	yě	冶	1911	yīn	姻	1779	yóu	犹	1590
yán	盐	2487	yè	叶	18	yīn	殷	2817	yóu	邮	2807
yán	沿	2826	yè	页	60	yín	银	1142	yǒu	有	79
yǎn	眼	1150	yè	夜	872	yín	寅	1465	yǒu	友	635
yǎn	演	1466	yè	液	873	yín	淫	2113	yòu	右	78
yǎn	掩	1485	yè	业	1349	yín	吟	2606	yòu	又	633
yǎn	衍	2000	yī	一	1	yǐn	尹	957	yòu	诱	777
yàn	宴	198	yī	衣	400	yǐn	引	1014	yòu	佑	2063
yàn	厌	241	yī	依	815	yǐn	隐	2344	yòu	幼	2408
yàn	彦	1313	yī	伊	958	yǐn	饮	2520	yú	鱼	154
yàn	艳	1332	yī	医	1298	yǐn	瘾	2671	yú	渔	155
yàn	雁	1431	yí	移	767	yìn	荫	1060	yú	逾	306
yàn	验	1457	yí	怡	1341	yìn	印	1125	yú	娱	438
yàn	燕	2243	yí	夷	2269	yīng	英	1323	yú	于	1281
yàn	焰	2969	yí	姨	2270	yīng	应	1432	yú	余	1283
yāng	央	1322	yí	疑	2435	yīng	鹰	1440	yú	榆	1629
yāng	殃	2723	yí	仪	2550	yīng	婴	1519	yú	愉	1809
yāng	秧	2724	yí	宜	2746	yīng	樱	1567	yú	舆	2459
yáng	羊	528	yǐ	乙	95	yīng	莺	2866	yú	愚	2877
yáng	洋	530	yǐ	已	519	yíng	营	869	yǔ	语	356
yáng	阳	1058	yǐ	以	861	yíng	迎	1300	yǔ	雨	425
yáng	杨	1755	yǐ	蚁	1182	yíng	赢	1723	yǔ	羽	544
yáng	扬	1859	yǐ	椅	1566	yíng	萤	2123	yǔ	予	1005
yǎng	养	537	yǐ	倚	2068	yíng	莹	2124	yǔ	与	1032
yǎng	仰	1299	yì	艺	228	yíng	盈	2494	yǔ	宇	1282
yǎng	痒	2662	yì	意	572	yíng	蝇	2942	yǔ	屿	2298
yǎng	氧	2834	yì	异	616	yǐng	影	1305	yù	玉	266
yàng	样	532	yì	易	880	yǐng	颖	2010	yù	狱	350
yāo	夭	440	yì	义	1180	yìng	硬	632	yù	育	683
yāo	腰	1255	yì	议	1181	yìng	映	2722	yù	浴	699
yāo	妖	1696	yì	益	1401	yō	哟	2402	yù	欲	700
yāo	邀	2400	yì	逸	1448	yōng	拥	2775	yù	预	1007
yáo	尧	376	yì	亦	1491	yōng	佣	2776	yù	遇	1443
yáo	遥	1445	yì	忆	1805	yōng	庸	2778	yù	喻	1628
yáo	摇	1446	yì	毅	1889	yǒng	永	138	yù	域	1662
yáo	淆	2532	yì	役	1997	yǒng	泳	143	yù	愈	1792
yáo	窑	2880	yì	亿	2066	yǒng	勇	1118	yù	裕	1952
yáo	谣	2886	yì	译	2601	yǒng	咏	1536	yù	御	2427
yáo	姚	3004	yì	疫	2664	yǒng	涌	2442	yù	吁	2647
yào	咬	2313	yì	抑	2691	yòng	用	1361	yù	郁	2801
yào	药	1098				yōu	忧	578	yù	誉	2857

yù	寓	2876	zāng	脏	1786	zhàn	战	362	zhěng	整	1289
yù	豫	2892	zāng	赃	1787	zhàn	站	446	zhèng	正	387
yuān	渊	2035	zàng	葬	716	zhàn	绽	2379	zhèng	证	388
yuān	冤	2887	zāo	遭	2235	zhāng	章	447	zhèng	政	389
yuán	员	55	zāo	糟	2236	zhāng	张	1429	zhèng	症	2660
yuán	元	59	záo	凿	2758	zhāng	彰	2703	zhèng	郑	2922
yuán	原	142	zǎo	早	26	zhǎng	掌	1956	zhī	汁	148
yuán	源	150	zǎo	枣	1694	zhàng	丈	837	zhī	脂	464
yuán	袁	404	zǎo	澡	2331	zhàng	涨	1430	zhī	支	650
yuán	圆	550	zǎo	藻	2332	zhàng	杖	2102	zhī	枝	652
yuán	园	553	zào	皂	36	zhàng	仗	2103	zhī	之	988
yuán	猿	1680	zào	造	294	zhàng	障	2341	zhī	知	1000
yuán	缘	2407	zào	灶	1548	zhàng	胀	2855	zhī	织	1080
yuán	援	2396	zào	躁	2329	zhàng	帐	2856	zhī	肢	1890
yuǎn	远	289	zào	噪	2330	zhāo	昭	87	zhī	芝	2251
yuàn	愿	571	zào	燥	2333	zhāo	招	592	zhī	蜘	2977
yuàn	院	1065	zé	则	88	zhǎo	沼	145	zhí	直	72
yuàn	怨	2450	zé	责	1215	zhǎo	找	610	zhí	植	207
yuē	约	1090	zé	泽	2600	zhào	召	86	zhí	执	602
yuē	曰	1499	zé	择	2602	zhào	照	178	zhí	质	660
yuè	月	13	zéi	贼	365	zhào	兆	237	zhí	职	721
yuè	越	393	zěn	怎	938	zhào	罩	1508	zhí	值	803
yuè	乐	662	zēng	增	503	zhào	赵	2535	zhí	殖	1964
yuè	悦	1814	zēng	憎	1815	zhē	遮	2244	zhí	侄	2091
yuè	跃	2321	zèng	赠	504	zhé	折	932	zhǐ	只	51
yuè	阅	2624	zhā	渣	221	zhé	哲	933	zhǐ	止	379
yuè	岳	3009	zhā	扎	1835	zhě	者	1037	zhǐ	旨	463
yūn	晕	1634	zhá	闸	2629	zhè	这	1317	zhǐ	指	594
yún	匀	66	zhǎ	眨	990	zhè	浙	2191	zhǐ	纸	1372
yún	云	428	zhà	乍	937	zhe	着	536	zhǐ	址	1670
yǔn	允	1905	zhà	炸	2194	zhēn	贞	54	zhì	置	73
yùn	运	429	zhà	诈	2195	zhēn	真	75	zhì	帜	415
yùn	韵	486	zhà	榨	2358	zhēn	针	283	zhì	滞	422
yùn	孕	1877	zhà	栅	2784	zhēn	珍	1311	zhì	制	424
yùn	蕴	2496	zhāi	摘	1857	zhēn	侦	2061	zhì	志	568
			zhāi	斋	2715	zhěn	枕	2502	zhì	治	673
	Z		zhái	宅	1425	zhěn	诊	2706	zhì	至	678
zá	砸	2676	zhǎi	窄	2357	zhèn	镇	286	zhì	智	1001
zá	杂	225	zhài	寨	2565	zhèn	阵	1066	zhì	挚	1840
zāi	灾	194	zhài	债	2569	zhèn	震	2920	zhì	致	1916
zāi	栽	1663	zhān	占	44	zhèn	振	2921	zhì	稚	2013
zǎi	宰	2553	zhān	沾	1533	zhēng	争	951	zhì	秩	2018
zài	载	366	zhān	瞻	1648	zhēng	蒸	1413	zhì	掷	2923
zài	在	624	zhān	粘	2030	zhēng	怔	1810	zhōng	中	38
zài	再	1366	zhǎn	斩	928	zhēng	征	1993	zhōng	钟	280
zán	咱	1504	zhǎn	展	1426	zhēng	睁	2221	zhōng	终	1086
zàn	暂	929	zhǎn	崭	2190	zhēng	挣	2222	zhōng	衷	1679
zàn	赞	1597	zhǎn	盏	2491	zhēng	筝	2223	zhōng	忠	1789

zhǒng	种	766	zhǔ	主	277	zhuàng	撞	1856	zǒng	总	566
zhǒng	肿	1505	zhǔ	煮	2306	zhuī	追	1040	zòng	纵	1092
zhòng	众	847	zhǔ	嘱	2956	zhuì	缀	2973	zǒu	走	391
zhòng	重	1290	zhù	贮	201	zhǔn	准	539	zòu	奏	2596
zhòng	仲	2058	zhù	注	278	zhuō	桌	224	zū	租	2748
zhōu	州	135	zhù	住	806	zhuō	捉	2316	zú	族	999
zhōu	洲	144	zhù	著	1038	zhuó	卓	48	zú	足	1048
zhōu	周	333	zhù	助	1347	zhuó	灼	1546	zǔ	组	1345
zhōu	舟	1394	zhù	柱	1610	zhuó	浊	1739	zǔ	祖	1346
zhōu	粥	2273	zhù	筑	2047	zhuó	啄	1750	zǔ	阻	2750
zhóu	轴	2169	zhù	祝	2162	zhuó	琢	1751	zuàn	钻	1612
zhǒu	肘	1543	zhù	铸	2578	zhuó	酌	2460	zuǐ	嘴	1365
zhòu	咒	1592	zhù	驻	2896	zī	资	479	zuì	最	720
zhòu	昼	2151	zhuā	抓	664	zī	姿	480	zuì	罪	1269
zhòu	宙	2168	zhuǎ	爪	663	zī	咨	481	zuì	醉	2470
zhòu	皱	2197	zhuān	专	1236	zī	滋	2416	zūn	尊	1129
zhòu	骤	2906	zhuān	砖	2604	zǐ	子	97	zūn	遵	1130
zhū	猪	1039	zhuǎn	转	1238	zǐ	仔	2067	zuó	昨	939
zhū	朱	1578	zhuàn	赚	2215	zǐ	姊	2284	zuǒ	左	77
zhū	株	1579	zhuàn	撰	2769	zǐ	紫	2420	zuǒ	佐	2064
zhū	珠	1607	zhuāng	妆	243	zì	自	33	zuò	做	804
zhū	诸	2307	zhuāng	装	402	zì	字	191	zuò	坐	848
zhū	蛛	2978	zhuāng	庄	562	zōng	宗	908	zuò	座	849
zhú	逐	524	zhuāng	桩	1788	zōng	棕	2167	zuò	作	940
zhú	竹	786	zhuàng	状	242	zōng	踪	2327			
zhú	烛	1742	zhuàng	壮	336	zōng	综	2390			

INDEX V

Schlüsselwörter und Primitivbedeutungen

Dieser Index enthält eine Gesamtliste aller Schlüsselwörter und Primitivbedeutungen aus Band 1 und Band 2. Die Schlüsselwörter werden mit Schriftzeichen und Rahmennummer aufgeführt. Primitivbedeutungen stehen in kursiv, gefolgt nur von der Nummer des Bandes und der Zahl der Seite (ebenfalls kursiv), auf der sie erstmals auftreten.

100 Chinesische Morgen	顷	1703
100 Chinesische Zoll	丈	837
30 Pfund	钧	3018
500 Gramm	磅	1734
!!	啦	609

A

abbiegen	拐	740
abblocken	挡	2205
abbrechen	绝	1333
Abdruck, Finger-		*1.339*
Abdruck, Fuß-		*1.188*
Abend	晚	1450
Abenddämmerung	昏	1373
aber	但	805
Abfall	圾	1880
abfallen	掉	607
abfassen	撰	2769
Abgabe	贡	81
abgelegen	幽	2410
abhacken	斩	928
abhaken	勾	1923
Abhang	坡	1960
abhängen von	依	815
Abkömmlinge	昆	457
Abkürzung	略	311
ablassen	泄	1531
ablegen, eine Prüfung	考	1032
abonnieren	订	1653
abpausen	描	1845
absacken	跌	2325
abschirmen	遮	2244
abschneiden	割	1227
Abschnitt	段	1388
Abschnitt des Tages	晌	1556
abschüssig	峭	1928
absetzen	销	1615
absinken	降	1071
absondern	泌	1822
Absteige		*2.70*
abstürzen	坠	1070
absurd	妄	492
Abteilung	部	1384
abtrennen	截	1766
abwegig	谬	2709
abwehren	防	1063
abwerten	贬	2252
abwiegen	称	801
Abzweigung	支	650
Ach!	啊	1058
Achse	轴	2169
acht	八	8
achten, hoch-	尊	1131
achtsam	兢	1521
Adresse	址	1670
Affe	猴	2637
ähä-ähä-ähä	嗽	2653
ähneln	肖	128
Ahorn	枫	2538
Ähre	穗	2015
Akte	档	948
Alcatraz		*1.413*
Algen	藻	2332
Alkohol	酒	1128
alle	皆	459
allein	独	511
allgemein	普	1350
allmählich	渐	930
allzu	太	131
Almanach der Bauernregeln		*2.238*
Alpen, die	阿	1057
als ob	若	226
alt	旧	37
Altar		*1.298*
Altar	坛	1693
alte Frau	婆	709
älterer Bruder	兄	107
älterer Bruder des Vaters	伯	2057
ältere Schwester	姐	1346
alter Mann	老	1031
altertümlich	古	16
altertümlicher Löffel	匕	453

Aluminium	铝 2122	annehmen	纳 2389	Asien	亚 1353
am Arm tragen	挎 2289	-anol	醇 2463	Assistent	佐 2064
Ameise	蚁 1184	anprangern	讨 351	assistieren	助 1349
am Ende seiner Mittel	穷 2356	anregen	激 497	Ast	枝 652
am Gürtel tragen	佩 2080	ansagen	告 254	ästimieren	钦 1719
am meisten	最 720	ansammeln	蓄 2414	Atem	息 574
Ammoniak	氨 2833	ansehen	览 2264	Atmosphäre	氛 2835
an allen Vieren gefesselt	2.70	Ansehen	誉 2857	Aubergine	茄 1991
analysieren	析 2183	an sich ziehen	揽 2265	auch	也 505
anbieten	与 1034	anstarren	盯 1516	aufbewahren	贮 201
anbinden	拴 1849	anstellen	雇 898	aufbrauchen	竭 2110
anbraten	煎 1627	anstoßen	磕 2493	aufbrausend	躁 2329
anderer	另 738	anstrengen, sich	努 748	auf den Kopf stellen	颠 1512
ändern	改 517	Anstrich	漆 2026	auf der Schulter tragen	扛 1834
andersartig	异 616	anti-	反 656	auf eine Schnur ziehen	串 1506
an der Seite	1.65	*Antiquität*	1.210	auf etwas herumtrampeln	践 2320
an die Stelle treten von	替 728	Antlitz	颜 1316	auf etwas stoßen	遭 2235
aneinander geleimt	1.100	antreiben	催 2094	auf etwas treten	踩 2323
anfangen	起 516	antworten	答 791	aufführen	演 1466
anführen	司 1391	anwerben	募 1985	aufgeben	废 1305
Anführer	魁 2930	Anzeichen	迹 2951	aufgebläht	胀 2855
Angehörige	眷 986	anziehen	引 1016	aufgehende Sonne	旭 27
Angelegenheiten	务 752	anzünden	燃 1591	aufgeweckt	耿 1970
angeln	钓 282	*Apfel*	1.416	auf Grund von	由 913
Angelpunkt, Dreh- und	枢 1298	Apfel	苹 2529	aufhalten	拦 1860
angemessen	妥 1901	*Aphthe*	2.156	aufhängen	挂 605
Angesicht zu Angesicht, von	面 1406	appellieren	吁 2647	aufhören	罢 1913
angewiesen sein auf	赖 2654	Aprikose	杏 208	aufklären	启 2152
angreifen	攻 339	Arbeit	工 76	aufkleben	贴 53
Angst haben	惧 1800	*Arm, unter den ... geklemmt*	1.254	*Aufkleber*	1.390
ängstigen	恐 575	Arm	臂 2556	auflesen	捡 2860
anhalten	停 818	arm	贫 695	auflösen, sich	溶 702
Anhänger	徒 1995	*Armbrust*	2.137	aufopfern	牺 2614
anhäufen	积 765	Armee	军 320	aufprallen	冲 432
anheben	翘 1773	Ärmel	袖 2170	aufrecht	端 966
anhimmeln	拜 2582	arrangieren	措 2239	aufrechterhalten	持 595
Anhöhe	岗 2540	arrogant	骄 2897	aufreihen	列 713
ankommen	到 680	Art	类 782	aufrichtig	诚 370
Anlass	际 1065	artig	乖 1705	aufrollen	挽 2888
anlegen	泊 1532	-artig	然 247	aufrufen	唤 1326
anlehnen	靠 1272	Arznei	药 1100	aufsammeln	拾 1850
		Arzt	医 1300	aufschauen	仰 1301
		Asche	灰 172		
		aschfahl	苍 2455		
		Asiatische Pflaume	梅 468		

aufschichten	叠	2753	äußern	曰	1499	Baum, Weiden- 柳 1112
aufschlagen	睁	2221	aussondern	汰	1535	*Baum* 1.116
aufschnüren	解	1364	ausstellen	陈	1252	Baum 树 643
aufsetzen	戴	2765	ausstrahlen	播	1420	baumeln lassen 悬 1482
aufspulen	缠	2383	auswählen	择	2602	Baumstamm 株 1579
aufstampfen	蹈	2964	Auswahl			Baumwolle 棉 418
auftragen	敷	2796	treffen, eine	拣	1254	Bd. 册 2782
aufwarten	伺	2818	ausweichen	避	1189	beackern 耕 2850
aufzeichnen	录	949	ausweisen	驱	2908	Beamter, Feudal- 臣 731
Aufzeichnungen	籍	2851	Auszeichnung	奖	2466	beaufsichtigen 督 654
Aufzucht	育	683	ausziehen, sich	脱	500	beben 震 2920
Augapfel	睛	1214	Au weia!	哎	2534	*Becher, Mess-* 1.311
Augapfel		1.35	Axt	斧	2312	Becken 盆 2495
Auge	目	15				Bedauern 憾 577
Augenblick	瞬	2915	**B**			Bedeutung 谓 1649
Augenbrauen	眉	2149				bedienen 侍 2071
ausbessern		1.191	*Baby, Moses-*		1.263	bedrückt 愁 769
Ausdrucksweise	辞	2552	Baby	婴	1519	beenden 毕 1708
auseinander			Bach	溪	2409	beerdigen 葬 716
nehmen	拆	2193	Backstein	砖	2604	Befehl 令 1115
auseinander-			Bad	澡	2331	befeuchten 润 2620
setzen, sich	辩	1186	baden	浴	699	befolgen 顺 136
Ausfallschritt		1.255	*Badetuch, weißes*		1.201	befördern 输 305
ausfindig machen	找	610	*Badetuch, weißes*		1.201	befördert werden 晋 2761
ausfüllen	填	162	Balkon	轩	2643	befrieden 靖 2568
ausgedehnt	广	556	Ball	球	268	Befugnis 权 1884
ausgedörrt	燥	2333	Bambus	竹	786	begegnen 遇 1443
ausgefranster			Bambuskorb	箩	2048	Begeisterung 兴 1433
Saum	绽	2379	Bambussprosse	笋	2229	Begierde 欲 700
ausgehungert	饥	2517	Banane	蕉	1772	begießen 淋 1574
ausgelaugt	疲	2666	Bandit	匪	2678	beginnen 始 674
ausgeprägt	晰	2184	bangen	畏	2853	begleiten 陪 2340
ausgewogen	均	159	Banyanbaum	榕	1953	begnadigen 饶 2518
ausgezehrt	瘦	2967	Bar	吧	1331	begraben 埋 181
ausgezeichnet	佳	2070	Bär	熊	1463	begrenzen 限 1151
aushändigen	缴	2399	Barbar	夷	2269	begrüßen 迎 1302
Aushöhlung	孔	98	barbarisch	蛮	2952	begutachten 鉴 2497
auslachen	讥	1651	*Barett*		1.291	behandeln 待 757
auspressen	榨	2358	barmherzig	慈	2417	beheiztes
ausrotten	歼	1963	*Baron von Rumpel-*			Ziegelbett 炕 1635
ausschweifend	滥	2498	*schirmchen*		2.105	behende 敏 1713
Aussehen	姿	480	Barriere	障	2341	beherrschen 控 1076
Außenbezirke	甸	3012	Baseball-Mal	垒	1907	behilflich sein 襄 1203
aussenden	发	1304	*Baskenmütze*		1.291	Behörde 局 893
äußere Gestalt	貌	1903	Bau	窝	2363	bei 在 624
äußere			Bauch	肚	160	beide 俩 1479
Stadtmauer	郭	2802	bauen	筑	2047	beifügen 附 1064
			Baum, Kiefern-	松	697	

Beil, Kriegs-		1.304	beschmieren	抹	1843	billig	贱	375
Bein, Holz-		1.327	beschützen	护	899	binden	结	1087
Bein	腿	1150	beschwerlich	艰	2508	Birne	梨	2020
Beine, Menschen-		1.55	beseitigen	除	1286	bis	至	678
Beine, Tier-		1.52	*Besen*		1.306	bisher	迄	1715
beiseite legen	撇	2043	besitzen	有	79	*Biwakzelt*		2.196
beiseite schieben	搁	2622	besonders	尤	240	blasen	吹	475
Beispiel	例	816	besorgt	忧	578	Blasen	泡	521
beißen	咬	2313	besprengen	泼	2698	blass	淡	175
Beißer	齿	2546	Bestattung	丧	1427	Blatt	叶	18
beistehen	赞	1597	Bestechung	贿	80	blau	蓝	1143
bekämpfen	抗	590	besteigen	登	1303	blau oder grün	青	1210
bekanntmachen	扬	1859	Besteuerung	赋	386	*Blechdose*		1.405
bekümmert	悲	2634	besticken	绣	2386	Blei	铅	2827
beladen	载	366	Bestie	兽	1509	bleiben	留	1109
belastet	负	64	bestimmen	定	390	blenden	耀	1776
belästigen	扰	1847	Bestimmungen	规	727	blendend	熙	1982
beleben, wieder-	苏	745	bestrafen	罚	1652	blind	盲	491
Beleg	凭	2114	Bestreben	志	568	blindlings	瞎	2590
Belehrung	训	352	bestreichen	涂	2648	blinzeln	眨	992
beleibt	胖	984	besuchen	访	1730	Blitz	闪	2627
beleidigen	侮	2084	Besucher	宾	2368	blitzeblank	洁	1642
belesen	博	1381	beten	祷	2579	blockieren	阻	2750
beliebt, wie es	随	1059	betrauen mit	托	1424	blöde	愚	2877
Belohnung	赏	703	betreiben	搞	1848	bloß	惟	1816
bemitleiden	怜	2439	betreten	踏	2319	bluffen	唬	2911
beneiden	羡	1760	betrübt	凄	2209	Bluken	朵	1564
benetzen	沾	1533	Betrug	弊	2044	*Blume, Sonnen-*		1.40
benutzen	使	838	betrunken	醉	2470	*Blume*		1.123
beobachten	观	639	Bett	床	560	Blume	花	833
bequem	便	836	betteln	乞	470	*Blumenstrauß*		1.350
beratschlagen	议	1183	beunruhigt	焦	1769	Blut	血	1138
Berg	山	688	Beutel	袋	829	Blütenblatt	瓣	2829
bergen, in sich	含	1247	bewachen	守	192	Blutgefäße	脉	139
Bergwerk	矿	1782	bewässern	溉	2527	blutrot	赤	1490
Bergziege		2.94	bewegen	动	735	*Boden, Fuß-*		1.30
berieseln	浇	1668	Beweis	证	388	Boden	底	1376
Bernhardiner		1.81	bewerten	评	1163	Bodenkruste	巴	1328
bersten	溃	2745	bewundert	慕	1818	Bodensatz	渣	221
berücksichtigen	顾	523	bezahlen	付	825	Bodenunebenheit	坎	1717
Beruf	职	721	Bezeichnung	号	1027	Bodhisattva	菩	1721
berühren	触	2779	Biang	𰻞	50.001	Bogen	弓	1015
beschädigen	摧	1938	*Biedermeierkorsett*		1.378	Bohne	豆	1133
beschäftigt	忙	581	Biene	蜂	2588	bohren, durch-	贯	106
beschämt	愧	2929	Bier	啤	2953	Bohrer	钻	1612
beschauen	看	585	*Bierseidel*		1.171	Bollwerk	塞	2564
bescheiden	逊	298	Bild	图	555	*Bonsai*		1.359

Boot	舟	1394	buddhistische			**D**			
bösartig	歹	712	Nonne	尼	883	da		既	1160
Böse, das	恶	1354	buddhistischer			Dachbalken		梁	2037
böser Geist	祟	2161	Mönch	僧	2088	Dachvorsprung		宇	1284
Bottich	缸	2879	buddhistischer			Dachziegel		瓦	2117
Boxen	拳	987	Tempel	寺	169	daher		故	342
Branche	业	1351	Bukett	芬	1944	dahinscheiden		逝	934
Brandung	涛	2577	Bummel machen,			dahintreiben		漂	1259
Brauch	仪	2550	einen	逛	299	Damm		坝	1540
brauchen	需	963	*Bündel*		*1.370*	Dämmerung,			
brauen	酿	2516	bündeln	束	1288	Morgen-		晓	378
braun	褐	2109	Bündnis	盟	2484	Dämon		魔	1473
Braut		*1.278*	*Bungee-Springer*		*1.375*	danken		谢	1030
breiig	稠	2009	Buntes	彩	1308	dann, erst		乃	625
breit	宽	230	*Bürgerkrieg*		*1.397*	darbringen		奉	1234
Breitengrad	纬	2595	Bürokrat	官	1043	darlegen		申	918
bremsen	刹	2537	Bursche	郎	1385	Darm		肠	1754
Brennholz	柴	1711	Bürste	刷	2140	darstellen		扮	1945
Brennstoff	薪	1192	*Busch, Dorn-*		*1.358*	dartun		叙	2649
Brett	板	657	*Büsche*		*1.358*	das Gegenüber		彼	1999
Brief	函	2720	*Büste*		*1.290*	das Kinn recken		昂	2690
Briefmarken-						das stimmt		对	642
sammlung		*1.372*	**C**			dauern, fort-		续	1098
Brieföffner		*1.337*	Cao	曹	3001	Daumen		拇	1836
Brieftaube		*2.156*	Chaos	乱	100	Daune		绒	2377
brillant	煌	273	chic	俏	2069	davonlaufen		窜	2361
bringen	送	1470	*Chihuahua*		*1.133*	davor sein, kurz		临	1012
Brokat	锦	1687	Chinesische Harfe	瑟	1823	Decke, Stepp-		被	711
Brot	馒	2523	Chinesischer			*Decke, Zimmer-*			*1.30*
Brücke	桥	442	Beifuß	艾	2533	Deckel		盖	1139
Bruder, älterer	兄	107	Chinesischer			dehnen		伸	919
Bruder, großer	哥	93	Morgen	宙	324	Deich		堤	1673
Bruder, jüngerer	弟	1024	Chinesischer Zoll	寸	166	den Deckel lüften		掀	2188
Bruder der			Chinesisches			Deng		邓	2804
Mutter	舅	2961	Einhorn	麟	2916	denken		想	573
brüllen	吼	99	chinesische Zither	筝	2223	Denkmal		碑	2955
Brunnen	井	1360	chin. Zimtbaum	桂	1573	den Rücken			
Brust	胸	1177	Chlor	氯	2837	stärken		援	2396
Brust	膛	1958	Chrysantheme	菊	2034	deprimiert		郁	2801
Brüste		*1.77*	clever	颖	2010	des		之	990
brutal	酷	2462	Clique	派	661	desolat		萧	2213
brüten	孵	2429	Clown	丑	1486	despotisch		虐	2913
Buch	书	1393	*Cocktail*		*1.375*	detailliert		详	1759
Buchseite	页	60	*Computer*		*1.105*	detonieren		炸	2194
Bucht	湾	1493	Creme	膏	1636	deutlich		昭	87
Buddha	佛	1023	Cui	崔	1937	diagnostizieren		诊	2706

dick	厚	124
dicke Flüssigkeit	浆	2467
Dickicht	丛	2104
die Augen aufreißen	瞪	2693
die Augen zusammenneifen	眯	2028
Diebesgut	赃	1787
die Flur	畴	2576
Diener	仆	2059
Dienst	役	1997
Dienstjahr	龄	2547
dies (literarisch)	此	460
dieses	这	1319
diesig	胧	2931
Die Zehn Gebote		*1.275*
differenzieren	辨	2554
Ding	物	879
Direktor	尹	957
Dirigent		*1.325*
Dirne		*2.168*
diskutieren	谈	358
Disneyland	若	*2.50*
Distanz	距	2686
divers	杂	225
Dolch		*1.68*
Dollarzeichen		*1.321*
Domäne	域	1662
Domizil	房	897
Donner	雷	426
doppelt	兼	2214
Dorf	村	211
Dorn		*1.202*
Dorn	刺	423
Dornbusch		*1.358*
Dornenbüsche	棘	1690
Dornenhecke		*2.181*
Dosenöffner		*1.406*
dozieren	讲	1361
Drache	龙	1474
Drachen, Zeichen des	辰	1467
Drachenflieger		*1.415*
Draht, Maschen-		*1.353*
Draht, Stachel-		*1.413*
drängen	促	2317
Dransein	番	1418

draußen	外	118
Dreck		*1.98*
dreckig	污	2286
drehen	扭	1487
Drehmoment	矩	2685
Dreh- und Angelpunkt	枢	1298
drei	三	3
Dreifuß	鼎	2250
drittes	丙	842
drohen	胁	1989
Druck	压	164
drücken, herab-	按	606
drucken	印	1127
Druckplatte	版	989
Drüse	腺	1537
Dschinn		*1.252*
du (literarisch)	尔	798
du	你	799
duftend	芳	1729
dumm	呆	209
Dünger		*1.400*
dunkel	暗	485
dunkelblau	沧	3013
Dunst	汽	1405
durchbohren	贯	106
durchdringen	透	776
Durchfall	泻	1036
durchführen	施	875
Durchlass	涵	2721
durchlesen	阅	2624
durchsuchen	搜	2966
durchtränken	浸	2201
durchtrieben	猾	2335
durchwaten	涉	381
dürftig	陋	2343
Dürre	旱	1281
durstig	渴	852
dusselig	浑	1633
düster	黯	1722
Dynastie, *Tang*-Dynastie	唐	954
Dynastie	朝	49

E

eben	坦	1539
Ebenbild	像	1452
Ebene	原	142

ebenso	亦	1491
Echo	响	189
edieren	辑	1971
Effekt	效	1047
Ehefrau	妻	2208
Ehemann	夫	726
Ehevermittler	媒	2732
ehrerbietig	穆	3014
ehrlich	敦	1646
Ei	蛋	514
Eichel		*1.352*
eifersüchtig	妒	2154
Eiffelturm		*2.46*
eigenmächtig	擅	1866
eilen	赶	1282
Eimer	桶	2443
einander	相	212
Einband		*1.387*
einberufen	召	86
ein bisschen	稍	2006
Einbrecher	贼	365
Einbuße	亏	2285
eindringen	侵	2203
eine Auswahl treffen	拣	1254
einen Bummel machen	逛	299
einen Satz machen	跃	2321
einen Schrecken einjagen	吓	1507
einen Vertrag schließen	缔	2381
eine Prüfung ablegen	考	1032
einfach	简	1267
einfallen	崩	1926
einfältig	蠢	2599
Einfluss	势	734
einfühlsam	婉	2453
einführen	介	259
eingehend	审	2176
eingepfercht		*1.418*
eingießen	灌	2882
einhalten	遵	1132
einiges	些	461

Deutsch	Zeichen	Nr.	Deutsch	Zeichen	Nr.	Deutsch	Zeichen	Nr.
ein Instrument spielen	奏	2596	Engpass	隘	2831	erläutern	阐	2630
einladen	请	1212	Enkel	孙	112	erleben, etwas	历	737
einlagern	屯	2542	Ente	鸭	1441	erledigen	办	743
einlegen	镶	2563	entfalten	展	1426	erleiden	挨	2259
Einleitung	绪	2392	entfernen	撤	1918	ermahnen	嘱	2956
ein Loch bohren	凿	2758	entgegennehmen	收	1195	ermattet	乏	991
ein Loch schaufeln	掘	2144	enthalten	容	701	ermitteln	侦	2061
einreichen	呈	274	*Enthauptung*		*2.107*	ermüdet	累	2418
eins	一	1	enthusiastisch	欣	2187	ermutigen	励	736
einsam	寂	655	entkommen	逸	1448	ernennen	任	853
einschätzen	估	2060	entladen	卸	2426	ernstlich	恳	2507
einschenken	酌	2460	entlang	沿	2826	*Erntedankfest*		*1.182*
einschließen	括	597	entlarven	揭	2112	Erreger	菌	2014
einst	曾	502	entlegen	僻	2559	erreichen	及	627
einstürzen	塌	1774	entreißen	抢	2456	errichten	建	398
Eintrittskarte	票	1258	Entrüstung	愤	1874	erschaffen	造	294
Eintrittskarte	券	2248	entschädigen	赔	482	Erscheinungsbild	样	532
einwickeln	裹	2182	entscheiden	决	1275	erschöpft	尽	895
einwilligen	允	1905	Entschuldigung	歉	2218	erschrocken	惊	579
einzelner	个	258	entsenden	遣	2742	ersetzen	代	828
einziehen	征	1993	entsetzlich	噩	1608	erstaunt	愕	2291
einzig	唯	1762	entsprechen	应	1432	erst dann	乃	625
Eis		*1.204*	entwickeln	衍	2000	erster	甲	916
Eis	冰	430	Entwurf	稿	2008	erstmals	乍	937
Eisen	铁	730	Entzündung	炎	174	ertragen	堪	2740
eiskalt	冷	1116	entzwei	碎	2471	erwachen	醒	2574
Elan	魄	2924	Epidemie	疫	2664	erwähnen	提	598
Elefant	象	1451	Epoche	纪	1090	erwarten	望	493
elegant	秀	775	er	他	810	erwerben	购	686
Elektrizität	电	1484	Erdboden	地	507	erwürgen	扼	2446
elementar	初	405	Erde	土	158	erzählen	述	1202
Elizabeth, Queen	伊	958	Erdhaufen	墩	1647	es	它	462
Ellenbogen		*1.260*	erdrosseln	勒	1409	Esel	驴	2903
Ellenbogen	肘	1543	erdulden	忍	565	es satt haben	腻	1660
Elster	鹊	2869	erfassen	握	887	Essen	食	1156
empfangen	接	604	erflehen	祈	2186	essen	吃	471
empfehlen	荐	1876	erforschen	究	1073	Essig	醋	2464
emporragen	矗	1511	ergänzen	辅	1380	Essstäbchen	筷	1278
emporsteigen	腾	2904	ergötzt	悦	1814	etablieren	奠	2478
empört	慨	2528	ergreifen	抓	664	Etagengebäude	楼	785
Ende	终	1088	erhaben	崇	909	etwas am Feuer wärmen	烘	2764
(Endsilbe)	么	670	erkennen, wieder-	认	794	etwas übergeben	递	2279
eng	窄	2357	erklären	释	1417	etw. mit Intarsien versehen	嵌	2730
engagieren	聘	2283	*Erkrankung*		*1.371*	*Eule*		*1.403*
Engel		*1.208*	erlangen	获	245	Europa	欧	1299
England	英	1325	erlassen	颁	1943			
			erlauben	许	543			

Ewigkeit	永	138	Feger		2.157	Fichte	杉 2700
explodieren	爆	2774	Fehler	误	439	Fieber	烧 377
exquisit	玲	2437	feierlich	肃	2211	filtern	滤 2914
extrahieren	摘	1857	feiern	庆	1783	Finger	1.248
extravagant	奢	2304	Feiertag	节	1113	Finger	指 594
Extrem	极	629	fein	细	1093	Fingerabdruck	1.339
			Feind	敌	340	Fisch	鱼 154
F			Feindschaft	仇	2055	Fischfang	渔 155
Fabrik	厂	121	feine Hirse	粱	2036	Fischgeruch	腥 2572
Fach	行	754	feine Jade	琼	3016	flach	扁 1367
Fächer	扇	2157	feiner Staub	埃	2258	Flachland	坪 1164
Faden		*1.332*	Feld, Reis-	田	14	*Flagge*	*1.295*
Fähigkeit	能	1464	*Feldflasche*		*2.224*	Flagge	旗 2737
Fahne	帆	415	Feldfrüchte	税	2011	Flamme	焰 2969
Fähre	渡	981	Feldlager	营	869	*Flammen*	*1.102*
fahren	乘	1706	Feldrain	垄	2932	*Flasche, Whiskey-*	*1.341*
fahrlässig	苟	1581	Feldweg	陌	2337	Flasche	瓶 2120
Fahrt	程	763	Fell	毛	1421	*Flaschengeist*	*1.252*
Fährten		*1.399*	*Fellknäuel*		*1.400*	flattern	飘 2617
Fahrzeug		*1.160*	Felsen	岩	1927	Fleck	斑 2716
Fahrzeuge	辆	2939	feminin	坤	2175	Fledermaus	蝠 1738
Falke	鹰	1440	Feng	冯	3007	*Fleisch*	*1.34*
Fall, Rechts-	案	214	Fenster	窗	1483	Fleisch	肉 844
fällen	伐	2079	*Ferkel*		*1.234*	fleißig	勤 1241
fallen	落	316	fern	遥	1445	flennen	啼 1701
fällig werden	届	2173	Ferse	跟	1145	flicken	补 406
falls	倘	2073	fertigen	作	940	Fliege	蝇 2942
falsch	虚	1461	Fertigkeit	艺	228	fliegen, hoch-	翔 546
falsch			fesseln	绑	2809	fliegen	飞 96
beschuldigen	诬	2107	*Fest, Erntedank-*		*1.182*	fliehen	逃 295
Falten	皱	2197	-fest	耐	2231	*Fließband*	*1.288*
Familienfehde		*2.139*	fest	固	548	fließen	流 684
Familienname	氏	1371	feste Seide	绢	2397	flink	捷 2210
Fanfare	喇	2652	festigen	巩	1513	Flora	棵 2180
fangen	捉	2316	*Festival der*			*Florett*	*1.319*
Fangschlinge		*1.322*	*Volksmusik*		*1.404*	florierend	旺 1602
Farbe	色	1332	Festland	陆	1237	Flosse	翅 1893
färben	染	222	Festmahl	宴	198	Flöte	笛 2172
farbenprächtig	蔚	2164	festnehmen	逮	2226	fluchtartig	匆 2130
Faser	纤	2371	Festung	堡	824	*Flügel*	*1.239*
fassen	捕	2795	*Festwagen*		*1.185*	Flügel	翼 2766
fasten	斋	2715	festziehen	扳	1898	Fluss	川 134
faul	懒	2655	fett	肥	2726	Flüssigkeit	液 873
faulig	腐	845	Fett	脂	464	Flussmündung	浦 2791
Faust		*1.253*	feucht	湿	2759	*Flut*	*1.88*
Feder	羽	544	Feudalbeamter	臣	731	Flut	洪 2763
fegen	扫	944	Feuer	火	170	flutschen	溜 1110

folgen	从	846
foltern	拷	2297
Förde	澳	2032
fordern	要	1256
Form	形	1306
Formation	阵	1068
Forst	林	203
fortdauern	续	1098
fortlaufend	绵	2380
fortsetzen	继	1099
fotografieren	摄	1973
fragen, nach-	求	140
fragen	问	1265
Frankenbein,		
Frankenhündchen		
mit		*1.134*
Frankenhündchen mit		
Frankenbein		*1.134*
Frankentöle		*2.171*
Frankentölus Rex		*2.171*
Frau, alte	婆	709
Frau, verheiratete	妇	943
Frau	女	102
Frau des älteren		
Bruders	嫂	2965
freilassen	放	496
Freizeit	暇	1403
freudig	喜	1137
Freund	友	635
Freundschaft	谊	2747
Friedhof		*1.126*
friedlich	安	197
frisch	鲜	531
frisch und munter	奕	2950
froh	欢	640
fröhlich	愉	1809
Frosch	蛙	1741
Frost	霜	427
frostig	凛	2160
Frucht	果	921
fruchtbar	沃	1697
früh	早	26
Frühling	春	1232
Fu	甫	1379
Fuchs	狐	2828
fühlen	感	576
führen	牵	1632

füllen	弥	1017
Füllhorn		*1.352*
Füllung	馅	2970
Fundament	础	690
fünf	五	5
funkelnd	晶	23
Funken		*1.86*
fürchten	怕	580
furchterfüllt	怖	1811
furios	隆	2571
Fürst	侯	1273
Furz	屁	2142
Fuß	脚	1104
Fußabdruck		*1.188*
Fußbekleidung	履	2145
Fußboden		*1.30*
Fußsoldaten		*2.167*
Fußspuren	踪	2327
Fußstapfen, Spur		
von		*1.188*
Fußweg	径	2405
Futter, Grün-		*1.361*
Futter, Innen-	衬	407

G

Gabel	叉	1883
gähnen		*1.217*
galant	彬	2701
Gallenblase	胆	1503
galoppieren	驰	2898
Gangster	寇	1885
Gans, Wild-	雁	1431
Gans	鹅	2871
ganz	全	275
Garbe		*1.348*
Gardine	帘	2354
Garn	纱	2374
Garnele	虾	510
Gasse	巷	1358
Gast	客	312
Gatter	寨	2565
Gatter	栅	2784
Gauner	氓	2789
Gaze, Seiden-	罗	120
Gbde.	馆	1159
Gebäude, Etagen-	楼	785

Gebäude,		
Hauptstadt-		*1.170*
Gebäude	栋	1250
geben	给	1086
Gebiet, Spezial-	专	1238
Gebirgskette	岭	2440
gebogen	弯	1492
Gebote, Die Zehn		*1.275*
gebrauchen	用	971
Geburt	诞	397
Gebüsch		*1.358*
gedeihlich	昌	25
Gedicht	诗	355
geeignet	适	290
Gefahr	危	1125
Gefährte	朋	20
gefälscht	伪	797
gefangennehmen	虏	2912
Gefängnis	狱	350
gefesselt		*1.52*
Geflecht	络	2375
Geflügel	禽	1181
gefräßig	馋	2890
gefrieren	冻	1251
Gefühl	情	1213
gefütterte Joppe	袄	1698
gegenseitig	互	681
gegenwärtig	现	269
gegerbte Tierhaut	韦	1229
geheim	密	692
gehen, nach-	逐	524
gehen	去	675
Gehirn	脑	1178
Geier		*1.259*
Geist-, Flaschen		*1.252*
Geist	灵	942
geisteskrank	疯	1296
Geizhals		*2.81*
Gekicher	嘻	2482
geklemmt, unter		
den Arm		*1.254*
Geländer	栏	1761
gelangen nach	达	288
gelassen	镇	286
gelb	黄	1488
Geld		*1.54*
Geldbeutel		*1.381*

Geldschein	钞	1613	Gesetz	律	755	glückverheißend	祥	2163
Geldsumme	款	2159	Gesicht	脸	1436	Glühwürmchen	萤	2123
Geld verdienen	赚	2215	Gespenst	鬼	1472	Gold	金	279
gelehnt, zurück-		*1.215*	*Gestein*		*1.85*	Goldamsel	莺	2866
geleimt (aneinander)		*1.100*	gestern	昨	939	*goldenes Kalb*		*1.412*
gemächlich	悠	2090	gesund	健	817	Goldgräber		*1.310*
gemein	鄙	2805	Getöse	哗	832	Gong	锣	1616
gemeinsam	共	1356	Getränk	饮	2520	Gottheit	神	920
Gemüse	菜	666	Getreide,			GPS		*1.414*
gemütlich	豫	2892	stehendes	禾	762	Grab	墓	234
gen	往	758	gewähren	予	1007	Graben	沟	1924
General	将	244	gewahr werden	悟	1798	graben	挖	2353
Generation	世	28	gewaltig	浩	255	Grad	度	980
generell	总	566	Gewand	衣	400	Granatapfel	榴	2433
Genick	颈	2403	Gewandes,			grandios	宏	1906
Genie	才	620	Vorderteil eines	襟	907	Gras	草	227
genießen	享	326	gewandt	巧	1026	Gras-Egel	蚂	2899
genug	够	117	Gewicht	衡	2001	grätschen	跨	2328
genügsam	谦	2217	gewinnen	赢	1723	gratulieren	贺	750
gerade	直	72	gewöhnlich	凡	62	gravieren	雕	1765
geradeheraus	淳	1637	gewohnt	惯	582	grazil	嫩	2656
gerade recht	恰	1808	gewunden	宛	2451	Greis	翁	1950
geradewegs	挺	2115	Gewürzpflanze	椒	1895	Grenze	边	733
Gerät	器	249	Gezeiten	潮	149	grenzenlos	茫	1727
geräumig	敞	345	geziemend	宜	2746	Griff	柄	843
Geräusch		*1.220*	gierig	贪	2607	*Grille, sprechende*		*1.405*
geräuschlos	悄	1806	gießen	注	278	grinsen	咧	1967
Gerede	话	354	Gift	毒	1207	grobkörnig	粗	2749
Gerichtshof	庭	855	gigantisch	巨	2681	grölen	嚷	2562
gering	菲	2632	Gipfel	峰	2589	Groll	怨	2450
geringschätzen	蔑	1665	*Gips*		*1.263*	groß	大	113
gerinnen	凝	2436	glänzend	亮	329	großartig	伟	1231
Gerücht	谣	2886	Glas (Rückseite)	璃	2986	großblütige		
geruhsam	徐	2650	Glas (Vorderseite)	玻	2985	Pflanze	葵	2692
gesamt	统	1085	Glasur	琉	1920	großer Bruder	哥	93
gesättigt	饱	2522	Glaube	信	814	Großer Wagen	斗	968
Geschäft	铺	2794	gleichend	似	862	große Schwester	姊	2284
Geschäftsmann	商	451	gleichmäßig	匀	66	Großmutter		
Geschlecht	性	1223	Gleichnis	譬	2558	mütterlicherseits	姥	2296
Geschmack	味	218	gleichsam	犹	1590	großräumig	旷	1781
Geschnatter	嘎	1661	Gleis	轨	1623	Großtat	勋	1983
Geschoss		*1.256*	Gliedmaßen	肢	1890	Großvater	爷	2434
geschwind	速	1289	glimmend	烁	1899	großziehen	养	537
geschwollen	肿	1505	Glöckchen	铃	2438	großzügig	慷	2227
Geschwulst	瘤	2668	Glocke	钟	280	Grotte	洞	186
Geschwür	疮	2669	Glück	幸	1193	*Grube*		*1.349*
Gesellschaft	社	901	glücksbringend	吉	335	Grube	坑	323

grübeln	虑	1460	halten	拿	587	heilen	疗	2658
grün, blau oder	青	1210	Haltestelle	站	446	heilig	圣	634
grün	绿	1095	Haltung	态	567	*Heiligenschein*		*1.345*
Grund	缘	2407	Hammer	锤	1244	heimtückisch	险	1437
gründen	设	648	*Hamsterkäfig*		*1.354*	heiraten	嫁	1753
Grundlage	基	1339	Han	汉	637	heiser	嘶	2738
gründlich	彻	1992	*Hand, rechte*		*1.255*	heiter	怡	1910
Grundstoff	材	1875	Hand	手	584	helfen	帮	1386
Grund von, auf	由	913	*Hände, ausgestreckte*		*1.254*	hell	明	21
grüne Jade	碧	1603	*Hände, zwei*		*1.251*	Hellebarde	戈	361
Grünfutter		*1.361*	Handel	贸	1108	Helm	盔	2488
Grünzeug	蔬	1922	handeln	为	746	Hemd	衫	2702
Gruppe	组	1347	Handfläche	掌	1956	herabdrücken	按	606
Guillotine		*1.367*	Handgelenk	腕	2452	herabhängen	垂	1243
Gummi	胶	2314	handhaben	把	1329	herablassen	吊	1681
Gummibaum	橡	2891	Handwerker	匠	2677	heranziehen	饲	2819
Gunst	惠	1793	Hanf	麻	561	herausfischen	捞	2127
günstig	瑞	965	hängen, herab-	垂	1243	herausholen	掏	2885
Gurt	带	421	hänseln	逗	2480	herausreißen	拔	2699
Gürtel		*1.202*	Harmonie	和	764	herausstellen	摆	1914
Gussform	型	619	harmonisch	谐	1710	herausziehen	抽	914
gut	好	103	hart	硬	632	herb	涩	1669
gutaussehend	俊	2477	hassen	恨	2512	herbeiführen	致	1916
Güter	货	834	hasten	趋	2199	herbeisehnen	企	384
Gutes wünschen	祝	2162	hastig	急	946	herbeiwinken	招	592
gütig	善	870	*Haube*		*1.108*	Herbst	秋	768
			häufig	频	382	Herd	灶	1548
H			Häufung	簇	2260	*Herdfeuer*		*1.102*
Ha!	哈	263	Haupt	首	71	*Herkules*		*2.203*
Haarnetz		*2.127*	Häuptling	酋	1130	Herr	主	277
Haarspange		*1.401*	Hauptstadt	京	330	herumschrauben	拧	1842
haben, nicht	没	647	*Hauptstadtgebäude*		*1.170*	herumspielen mit	弄	615
Hacke	锄	2754	Haus, Lager-	库	558	herumtollen	戏	638
hacken	砍	1716	*Haus, Schul-*		*1.173*	herunter-		
Hafen	港	1359	*Haus, Treib-*		*1.292*	gekommen	颓	2004
Haferbrei	粥	2273	*Haus*		*1.111*	hervorragend	卓	48
Häftling	囚	2089	Haus	家	525	hervorrufen	惹	1796
Hagel	雹	1748	*Häuschen, Vogel-*		*1.260*	Herz	心	563
Hahnenschwanz		*1.374*	Hausierer	贩	1897	*Heuhaufen*		*2.86*
Häkelnadeln		*2.50*	Haustier	牲	2570	heulen	啸	2212
Haken (Angel-)		*1.73*	Haut	肤	1977	Heuschrecke	蝗	1740
Haken-, Kleider		*1.392*	häuten	剥	2206	Hexe	巫	850
Haken	钩	1925	heben	举	1434	Hey!	嘿	1552
Hälfte	半	982	Heft, Schreib-	本	213	Hibiskus (A)	芙	2989
Halle	厅	122	heftig	烈	714	Hibiskus (B)	蓉	2990
Hallo…	喂	2854	*Heftklammern*		*1.340*	Himmel	天	436
Hals	脖	2424	hegen	怀	999	hinaus-	出	689

hinausgehen über	逾	306	Hügelrücken	冈	1172	in einem Behälter		
hindern	妨	495	Huhn	鸡	1439	waschen	淘	2884
hindurchgehen	穿	1415	Hülle	套	1498	in Glanz		
hinein-	入	693	*Hund, großer*		*1.133*	erstrahlend	焕	2725
hineinstecken	插	2958	*Hund, sehr kleiner*		*1.133*	Ingwer	姜	1758
hinnehmen	受	667	Hund	狗	251	inhalieren	吸	628
hinreichend	充	682	Hündchen	犬	239	initiieren	倡	2056
hinter	后	659	*Hundehütte*		*2.75*	innen	内	840
hintereinander			*Hundemarke*		*1.390*	Innenfutter	衬	407
weg	连	301	hundert	百	35	innerste Gefühle	衷	1679
hinter etwas			hundert			in schlechtem		
zurückbleiben	差	535	Millionen	亿	2066	Zustand	糟	2236
hinterhältig	诡	2457	hungrig	饿	2526	Inschrift	铭	285
hinterlassen	遗	1343	hüpfen	蹦	2324	Insekt	虫	509
hinters Licht			husten	咳	2561	Insel	岛	1442
führen	旗	2736	*Hut, Zylinder-*		*1.167*	Inselchen	屿	2298
hinzufügen	添	1819	Hut	帽	416	ins Leben rufen	创	1123
hinzufügen	加	749	Hütte	舍	1599	inspizieren	视	903
Historie	史	630				Inst.	院	1067
Hitze	热	603	# I			installieren	置	73
hoch	高	325				instand halten	维	1084
hochachten	尊	1131	ich (literarisch)	吾	19	Instrument mit		
hochfliegen	翔	546	ich	我	588	Saiten	琴	2608
hochheben	抬	1912	Idee	意	572	intelligent	慧	1228
hochwertig	良	1153	identisch	同	185	Interesse	趣	719
Hochzeit	婚	1374	idiotisch	痴	2667	intonieren	咏	1536
hochziehen	搭	1851	ihr seins	其	1337	in Unordnung	藉	2852
hocken	蹲	2479	II	贰	1659	in voller Blüte	盛	2490
Hof, Gerichts-	庭	855	im Ausland leben	侨	2081	irrig	错	975
Hof, Königs-	廷	854	im Einvernehmen	洽	1601	IV	肆	2957
Hof, Schlacht-		*1.161*	im hohen Bogen					
hoffen	希	1167	schmeißen	甩	2777	# J		
Höhle		*1.242*	imitieren	仿	2086			
Hohlraum	腔	2362	immens	恢	1803	Jade	玉	266
Holland	荷	2101	immer wieder	屡	2147	jagen	猎	2242
Holz, Siegel-		*1.338*	im Mund halten	叼	2815	jäh	陡	2339
Holz	木	202	Imperator	帝	449	Jahr	年	871
Holzbein		*1.327*	imposant	雄	671	Jahre, Lebens-	岁	691
Holzkohle	炭	1932	im Voraus	预	1009	Jahreszeit	季	773
Honig	蜜	1824	im Weg stehen	碍	1544	jämmerlich	惨	1311
horchen	听	925	in-	昐	2997	ja oder nein	吗	1455
hören	闻	1268	in den Puppen	宵	196	Japanischer		
Hörner		*1.53*	in der Hand			Schnurbaum	槐	2925
Hose	裤	559	halten	秉	2207	Jasmin	莉	3010
hübsch	丽	187	in der Klemme	困	547	jeder	各	309
Hufe	蹄	2322	in der Patsche	窘	2360	jedes Mal	每	467
Hügel	丘	1079	in die Post tun	邮	2807	jemandem etwas		
						zuwenden	赐	881

jemandem unter die Arme greifen	扶	1978	Kaninchen	兔	1447	kicken	踢	2326

jemandem unter
  die Arme greifen 扶 1978
jemanden
  einstellen 佣 2776
jemanden treffen 逢 2584
jenes 那 1476
Jerusalem 耶 2806
jetzt 今 1246
Jiang 蒋 2469
jmds. Anwesen-
  heit erbitten 邀 2400
johlen 呐 841
jucken 痒 2662
Jugendlicher 儿 56
Jujube 枣 1694
jung 幼 2408
jüngerer Bruder 弟 1024
jüngere Schwester 妹 219
Junges 秧 2724
jung sterben 夭 440

K

Kabel 缆 2401
Kabine 舱 2824
Kabinett 阁 2621
Kadett *2.132*
Kaffee (erster
  Tropfen) 咖 2991
Kaffee (letzter
  Tropfen) 啡 2992
Käfig, Hamster- *1.354*
Käfig 笼 2937
kahl 秃 2003
Kaiser 皇 272
Kaiser Yao 尧 376
Kalb, goldenes *1.412*
kalt 寒 1205
Kalzium 钙 2816
Kamel
  (Hinterteil) 驼 2980
Kamel
  (Vorderteil) 骆 2979
Kamera, versteckte *1.343*
Kamerad 侣 866
Kamin *1.102*
Kamm 梳 685
Kanal 渠 2683

Kaninchen 兔 1447
Kanne 壶 2757
Kanone 炮 1746
kanonische
  Schriften 经 1096
Kante 棱 2347
Kapelle *2.160*
Kapital 资 479
Kapitel 章 447
kaputt machen 破 710
Kardinal Richelieu *2.123*
Karpfen 鲤 1551
Karren *1.160*
Karte, Steck- 卡 47
Karte-, Visiten- *1.389*
Kartoffel 薯 2302
Kassette 盒 2489
Kastanie 栗 2613
Kasten 箱 788
Katastrophe 灾 194
Katze 猫 1587
kauen 嚼 2510
kaufen 买 858
Kaufmann 贾 1260
Kegler/kegeln/
  Kegelbahn *1.32*
Kehle 嗓 2752
kehren, um *1.216*
kehren, wieder- 回 554
Keim(ling) *1.300*
keimen 萌 1580
Keks 饼 2524
Kelle *2.236*
Kellnerin *1.345*
kennen 悉 2846
Kenntnis 识 353
Kennzeichnung 标 905
Kern 核 1197
Kerze, Wunder- *1.377*
Kerze 烛 1742
Kerze *1.86*
Kerzenständer *1.149*
Kessel *2.149*
Kette 链 1626
keuchen 喘 2232
Keule 棍 1709
keusch 贞 54

kicken 踢 2326
Kiefernbaum 松 697
Kies 砂 126
Kind, Klein- *1.262*
Kind 子 97
Kindermädchen 姆 1520
Kinderpunsch *2.198*
Kindespflicht 孝 1037
kindlich 稚 2013
Kind und Kegel 戚 1664
Kiosk 摊 645
Kirsche 樱 1567
Kiste *1.371*
klagen 诉 936
Klamm 涧 2631
Klammer, Zahn- *1.395*
Klammern, Heft- *1.340*
klammern an, sich 执 602
Klang 音 484
klar 楚 399
Klasse 班 1011
klauen 偷 2077
kleben 粘 2030
klebrig 黏 2023
Kleider 服 1105
Kleiderbahn *1.369*
Kleiderhaken *1.392*
Kleidung 裳 1955
klein 小 109
kleine Dinge 枚 1643
kleiner Becher 盏 2491
Kleinkind *1.262*
Kleinod 琳 3017
Kleister 糊 2029
Klemme, in der 困 547
klettern 攀 2536
Klinge 刃 84
Klingelschild *2.164*
Klippe *1.83*
Klippe 崖 1930
Klitzekleinigkeit 厘 1550
klopfen 敲 1886
klug 聪 1974
Klumpen 块 1277
Knabe 童 450
Knacken 啪 1829
Knast 牢 1594

Knäuel, Fell-		*1.400*	kopieren	抄	1838	*Krücken*		*1.142*
kneifen	捏	1841	Koralle	珊	2785	Krug	罐	2881
kneten	揉	1006	*Korb, Wäsche-*		*1.381*	Krümel	屑	2136
Knie	膝	2025	Korb	篮	1142	krumm	曲	967
knien	跪	2458	*Körbchen, Weiden-*		*1.380*	Kruste, Boden-	巴	1328
Knirps	孩	1198	Korea	韩	2593	Küche	厨	1135
Knoblauch	蒜	2166	Korn	粒	2039	Kuchen	糕	2040
Knochen		*1.268*	Körnchen	颗	923	Kudzu	葛	2108
knöpfen	扣	1827	Körper	体	813	Kuh	牛	252
Knospe	蕾	1691	*Körperteil*		*1.34*	kühl	凉	434
Knüppel	棒	1235	*Körperzelle*		*1.357*	kühn	悍	2646
Kobold	煞	2198	Korridor	廊	2812	Küken	雏	2200
kochen	炊	1718	*Korset,*			*Küken*		*2.161*
Kochstelle	炉	2155	*Biedermeier-*		*1.378*	kultivieren	培	483
Kodex	典	1370	Kost, vegetarische	素	1209	Kummer	哀	403
Kohle	煤	2733	Kosten	费	1022	Kumpan	伙	2072
Kohlenstoff	碳	1933	Kot	屎	2146	Kunst	术	1201
Kojen		*2.99*	krachen	轰	1887	Kupfer	铜	281
Kokon		*1.335*	Kraft	力	732	*Kürbislaterne*		*2.229*
Kokon	茧	1743	kräftig	劲	2406	kurz	短	1134
Kolben(pfeife),			Kragen	领	1118	kurz davor sein	临	1012
Mais-		*1.360*	Krähe	乌	2873	küssen	吻	2129
Kollege	僚	2696	krakeelen	喊	1666			
kollidieren	撞	1856	Kralle	爪	663	**L**		
Kolonne		*1.274*	Kranich	鹤	2868			
kolossal	庞	2934	krank, geistes-	疯	1296	*Labyrinth*		*1.314*
kombinieren	并	863	Krankheit	病	1294	lachen	笑	787
Komitee	委	774	Krankheit	症	2660	Laden	店	557
kommen	来	783	kratzen	划	363	Lage	况	431
Kompass		*1.222*	Krebs	癌	2665	Lagerhaus	库	558
konfuzianisch	儒	964	Krebstier	蟹	2780	Lähmung	瘫	2663
König	王	265	Kredit	贷	2100	Laich	卵	2428
Königshof	廷	854	Kreis, Land-	县	1481	Lampe	灯	176
konkav	凹	31	Kreis	圈	2449	Land, Flach-	坪	1164
konkurrieren	竞	448	*Kreuzstich*		*2.237*	Land	国	549
können	可	92	kriechen	爬	2727	Landadel	绅	2391
konstruieren	构	687	*Krieg, Bürger-*		*1.397*	*Landeintopf*		*2.86*
Kontinent	洲	144	Krieg	战	362	Landkreis	县	1481
kontrollieren	验	1457	*Kriegsbeil*		*1.304*	Ländliches	乡	1387
konvex	凸	32	Kriegsgefangener	俘	2432	Landschaft	景	331
konzentriert	浓	409	Kriegsschiff	舰	2821	Landwirtschaft	农	408
kooperieren	协	744	kristallklar	莹	2124	lang	长	1428
Kopf		*1.57*	kritisieren	批	591	langes Leben	寿	2575
Kopf	头	856	Krokodil	鳄	2290	lange Zeit	久	839
Kopfbedeckung		*2.74*	*Krone, Papst-*		*1.169*	langgezogen	曼	723
Kopfkissen	枕	2502	*Krone*		*1.166*	langsam	慢	724
Kopf neigen, den	俯	827	Krone	冠	322	*Lanze*		*1.319*
						lärmend	吵	111

lärmend	喧	1560
laufen	走	391
Lausanne	洛	315
lauter	挚	1840
laut und klar	朗	2513
Leben	生	1220
lebendig	活	151
Leben rufen, ins	创	1123
Lebensjahre	岁	691
Lebenszeit	辈	2633
Leber	肝	2638
leck sein	漏	2141
Leder	革	1407
lediglich	仅	811
leer	空	1075
leerstehend	寥	2708
Lehm		*1.98*
lehnend		*1.215*
lehren	教	1038
Lehrer	师	412
Leib, Unter-	腹	473
Leib	身	1028
Leibeigener	.	2225
Leibesfrucht	胎	1908
Leiche	尸	882
leichtes Boot	艇	2825
leichtgewichtig	轻	1097
leichtsinnig	胡	17
Leid	苦	229
leidenschaftlich	殷	2817
leidtun	悔	1817
leihen	借	974
Leim		*1.100*
Leistung	功	742
leiten	导	522
Leiter	梯	2280
Leitlinie	纲	2541
Lektion	课	922
lenken	驾	2902
Leopard	豹	1902
Leopard		*2.89*
lernen	习	545
lesen	读	860
letzter	末	216
letzte Ruhestätte	坟	2713
leuchten	照	178
Li	里	179

Libelle (Hinterteil)	蜓	2982
Libelle (Vorderteil)	蜻	2981
Licht	光	130
Liebe	爱	669
liebenswürdig	淑	1894
Lied	歌	476
liefern	供	1357
liegen	躺	2292
liegend		*1.215*
Lineal	尺	894
Linie	线	1083
links	左	77
Lippe	唇	2918
Liste	单	1020
listig	狡	2315
Liter	升	41
Litoral	畔	2245
Liu	刘	2712
loben	嘉	2483
Loch	穴	1072
Locher		*1.331*
Löffel, altertümlicher	匕	453
Löffel, Schöpf-	勺	69
Löffel		*1.211*
Löffel	匙	1704
Logik	理	276
löschen	熄	1821
lose	散	976
Lotos	莲	302
Louvre	卢	2134
Löwe	狮	413
loyal	忠	1789
Lu	鲁	1538
Lücke	豁	2592
Luft	气	1404
Lüge	谎	1726
Lunge	肺	420
lüstern	淫	2113
luxuriös	阔	2619

M

machen, einen Bummel	逛	299
machen	做	804

Macht	威	371
Magazin	仓	1121
Magellan		*2.66*
Magen	胃	29
mager	薄	2793
Magnetismus	磁	2415
mahlen	研	614
Mahlzeit	饭	1157
Maiskolben(pfeife)		*1.360*
Maisstaude		*1.359*
Mal, jedes	每	467
-mal	倍	2085
malen	绘	2384
Mama	妈	1454
Mandala		*1.270*
Mandarine	橘	2262
mangeln	欠	474
Mango	芒	1724
Mann, alter	老	1031
Mann, Geschäfts-	商	451
Mann, Kauf-	贾	1260
Mann, Schnee-		*1.307*
Mann, Wanders-		*1.162*
Mann, Weihnachts-		*1.324*
Mann	男	741
Männchen	牡	1595
männlicher Phönix	凤	2983
Mannschaft	队	1069
Marderhund	狸	1589
Mark	髓	2336
Marke	牌	1497
Markt	市	419
Marsch		*1.184*
Maschendraht		*1.353*
Maschine	机	206
Maserung	纹	2714
Massen, die	众	847
massieren	搓	1861
maßregeln	惩	1994
Material	料	969
Matte	席	979
Matteo	玛	2895
mauern	砌	1527
Maulbeerbaum	桑	2751
Maulkorb		*1.219*
Maultasche	饺	2525

Maultier	骡	2905
Maulwurfhügel-		
miliz		*2.149*
Maus	鼠	2960
Mausoleum	陵	2346
Meditation	禅	2275
Meer	海	469
mehr, noch	更	631
mehr als genug	绰	2372
(Mehrzahl)	们	1263
Meile	哩	1549
meißeln	琢	1751
meisten, am	最	720
Meisterdieb	盗	2492
Melodie	调	357
Melone	瓜	1399
Membran	膜	1584
Menge	量	180
mennigfarben	丹	1554
Mensch	人	793
Menschenaffe	猿	1680
Menschenbeine		*1.55*
Menschenschlange		*1.274*
menschliche		
Beziehungen	伦	2083
menschlicher		
Körper	躯	2689
Menschlichkeit	仁	820
Mentor	傅	2798
Menzius	孟	2485
merken, sich	记	518
Messbecher		*1.311*
Metall		*1.149*
Metall gießen	铸	2578
Metapher	喻	1628
Methode	法	676
Metropole	都	1383
metzeln	屠	2309
Meute	群	961
mieten	租	2748
Milch	奶	626
militärisch	武	385
Milli-	毫	2848
Milz	脾	2954
Mime	伶	2441
minderwertig	劣	1984
Minister	卿	2511

mischen	混	458
mit Auftrieb	浮	2431
mit beiden		
Händen tragen	捧	2603
mit den Achseln		
zucken	耸	2105
Mitglied	员	55
mit sich führen	携	1879
Mittag	午	542
Mitte	中	38
mittelmäßig	碌	950
mittels	以	861
Mittelteil	仲	2058
Mona Lisa		*2.159*
Monarch	君	959
Monat	月	13
Mönche		*1.109*
Mond		*1.34*
Mongolei	蒙	2125
Moral	德	759
Morast	沼	145
Morgen,		
Chinesischer	亩	324
Morgen	晨	1468
Morgen-		
dämmerung	晓	378
Morgen- und		
Abendrot	霞	2832
Mörser		*2.235*
Mosesbaby		*1.263*
Motte	蛾	1825
Möwe	鸥	2870
Mr. Hyde		*2.85*
Mücke	蚊	1318
mühelos	易	880
Mühsal	劳	868
Müll	垃	1700
Mund	口	11
Mündung		*1.33*
Mündung	嘴	1365
Münze	钱	373
murmeln	咕	1502
Muschel	贝	52
Musik	乐	662
Muskel		*1.272*
Muskel	肌	63
Muße	闲	1264

müssen	得	756
Muster	格	310
mustern	察	911
mutmaßen	揣	2233
Mutter	母	105
Mutti	娘	1155

N

na	娜	3015
nachahmen	模	232
Nachbar	邻	2811
nachfragen	求	140
nachgehen	逐	524
nachlässig	怠	1909
Nachname	姓	1222
nach oben		
schauen	瞻	1648
nachspüren	觅	1900
nächster	次	478
Nacht	夜	872
nachtrauern	惜	2238
Nachweis	据	891
nackt	裸	2181
Nadel		*1.32*
Nadel	针	283
Nagel		*1.70*
Nagel	钉	284
nah	近	927
nah am Wasser	滨	2369
nah dran	傍	2093
nähen	缝	2585
nähren	滋	2416
Name, Familien-	氏	1371
Name	名	119
Namensliste	榜	1735
Narbe	疤	2728
Nase		*1.44*
Nase	鼻	617
Nashorn	犀	2138
Nation	邦	2808
navigieren	航	2822
-nd	着	536
Nebel	雾	753
Nebenzimmer	厢	1576
Neffe	侄	2091
negativ	不	993

nehmen, entgegen-	收	1195
nehmen, hin-	受	667
nehmen	取	718
neigen, den Kopf	俯	827
nein, ja oder	吗	1455
nervös	慌	1812
Nest	巢	2179
Netz	网	1174
Netz		*1.35*
neu	新	1191
Neugeborenes	娃	1542
Neuland gewinnen	垦	2505
neun	九	9
New York	纽	2948
nicht, noch	未	215
nicht!, Tu's	别	739
nicht	勿	877
nicht ausstehen können	憎	1815
nicht haben	没	647
nicht mögen	嫌	2216
nichts	无	611
nicht umhin können	奈	2158
Nickerchen		*1.289*
nieder	卑	1496
niedrig	低	1375
niemand	莫	231
Niere	肾	2266
nisten	栖	2612
noch einmal	再	1366
noch mehr	更	631
noch nicht	未	215
Nonne, buddhistische	尼	883
Norden	北	454
Noten	谱	2756
nötigen	挟	1865
nötig sein	须	1309
Notiz	帖	1684
Notiz nehmen von	睬	1904
Nr.	第	1025
Null	零	1117
Numerale	码	2893
nur	只	51
Nüstern		*1.44*
Nutzen	益	1401
nutzen	趁	2707
Nutzvieh	畜	2413

O

oben	上	45
Oberarm	膀	1733
Oberbefehlshaber	帅	411
obere Extremität	胳	1630
Oberfläche	表	1219
Oberschenkel	股	649
Oberschicht	爵	2509
obwohl	虽	512
oder	或	364
Ödland	荒	1725
Ofen	窑	2880
Ofenfeuer		*1.102*
offenherzig	爽	2972
offenkundig	彰	2703
offensichtlich	显	1352
öffentlich	公	696
öffnen	开	613
Öffner, Brief-		*1.337*
Öffner, Dosen-		*1.406*
oft	常	705
Oh!	乎	1165
Oha!	呀	1416
Oha!	哟	2402
ohne Hast	缓	2394
Ohr	耳	717
Oh weh...	唉	2257
Öl	油	915
Olive (A)	橄	2987
Olive (B)	榄	2988
Onkel	叔	653
opfern	祭	910
Orang-Utan	猩	2573
Orchidee	兰	533
Orientierung	向	188
Ort	所	926
Ortschaft	庄	562
Öse	眼	1152
Osten	东	1249
Ozean	洋	530

P

Paar	双	636
packen	揪	770
Packtuch	袱	2076
Paddel	桨	2468
Pagode	塔	264
Palast	宫	2121
Palme	棕	2167
Pan	潘	3002
Papa	爸	1330
Papier	纸	1372
Pappel	杨	1755
Paprikastaude		*1.350*
Papstkrone		*1.169*
Parade		*1.183*
Parfüm	香	772
Park	园	553
Partei	党	704
parteiisch	偏	2787
Partner	伴	983
Passagierschiff	舶	2820
passen	合	262
Paste	酱	2465
patrouillieren	巡	296
Paulownie	桐	1571
Pause	顿	2544
(Pausenzeichen)	嘛	1784
Pavillon	亭	328
peinlich berührt	尴	2499
Peitsche	鞭	2840
Peng	彭	3006
(Perfek)-t	了	101
Periode	期	1338
Perle	珠	1607
permanent	恒	1797
per Post senden	寄	199
Persimone	柿	1689
Person	者	1039
Petze		*2.49*
Pfad	路	1053
Pfahl, (Holz-)		*1.116*
Pfeil, Wurf-	矢	1000
Pfeil		*1.180*
Pfeil	箭	2051
Pfeiler	柱	1610
Pferd	马	1453

Pfirsich	桃	238	prächtig	弘	2268	*Radieschen*		*1.300*
pflanzen	植	207	prahlen	夸	2287	raffinieren	炼	2609
Pflanzenzelle		*1.357*	prall gefüllt	盈	2494	raffiniert	精	1211
Pflaume,			Preis	价	795	Rang	级	1089
Asiatische	梅	468	preisen	颂	1947	Ranke	蔓	1976
Pflaume	李	223	preisgeben	弃	1917	rapide	疾	2670
Pflicht, Kindes-	孝	1037	preiswert	廉	2219	rar	罕	2644
Pflock	桩	1788	pressen	挤	2718	rasch	迅	293
pflücken	采	665	privat	私	2017	rasieren	剃	2278
Pflug		*1.291*	probieren	试	360	Rast machen	歇	2111
Pflug	犁	2021	Produkte	产	1314	Rate ziehen, zu	咨	481
Pfund	斤	924	Profit	利	771	Rätsel	谜	781
Pharmazeutikum	剂	2717	Projektil	弹	1021	Rattan	藤	2249
Philosoph	哲	933	prominent	赫	2949	rauben	劫	1987
Phosphor	磷	2917	Prostituierte	妓	1891	Rauch	烟	552
picken	啄	1750	Provinz Hunan	湘	3011	räuchern	熏	1553
piksen	扎	1835	Provinz Shaanxi	陕	2345	rauh	糙	2038
Pille	丸	42	Provinz Zhejiang	浙	2191	Raum	室	679
Pillendöschen/			prüfen, über-	查	220	*Rechen*		*1.308*
-fläschchen		*1.47*	Prüfung ablegen,			rechnen	算	790
Pilz (Kappe)	蘑	2995	eine	考	1032	recht	颇	1959
Pilz (Stiel)	菇	2996	Prüfungsbogen	卷	2447	rechteckiger Korb	筐	2675
Ping	乓	2999	publik	舆	2459	rechteckiger		
Pinsel		*1.194*	Pulver	粉	779	Rahmen	框	2674
Plan	计	348	Punkt, Dreh- und Angel-			*rechte Hand*		*1.255*
Plane	篷	2587	枢		1298	rechts	右	78
planschen,			Punkt, Scheitel-	顶	94	Rechtschaffenheit	义	1182
umher-	游	876	Punkt 1, 2, 3 (etc.)	项	82	Rechtsfall	案	214
plappernde Zunge		*1.33*	Punkt	点	177	Reckstange	杠	1565
Plastik	塑	1941	Puppen, in den	宵	196	redselig	絮	2422
platt	平	1162	pur	纯	2545	Reet	茅	2261
Plattform	台	672	*Puzzle*		*1.292*	Regal	架	751
Platz	场	526				Regel	则	88
plaudern	聊	1111	**Q**			*Regen, Sprüh-*		*1.50*
Plazenta	胞	1745	Qin	秦	2598	Regen	雨	425
plötzlich	忽	878	Qualität	质	660	Regenbogen	虹	1737
Plumpsklo		*1.267*	*Quasselstrippe*		*1.136*	regieren	治	673
plündern	掠	1852	Queen Elizabeth	伊	958	Regierungssitz	府	826
Pökelfleisch	腊	2240	Quell, Spring-	泉	141	Regiment	团	622
Politik	政	389	Quelle	源	150	Region	区	1297
Polizei	警	347				Registerband	簿	2800
Polster	垫	1839	**R**			Reh	鹿	1462
pong	乒	3000	Rabatt	折	932	reiben	摩	586
Portion	份	796	Rabe	鸦	2872	reibungslos	亨	1638
Porzellan	瓷	2118	rabiat	暴	2772	reich	富	200
Post senden, per	寄	199	Rachen	咽	1778	reichlich	丰	1225
Pracht	华	831	Rad	轮	466	*Reichtum*		*1.70*

reif	熟	327	Roch	鹏	2863	sagen	言	346

reif	熟 327
Reihe	排 1270
Reihenfolge	秩 2018
Reim	韵 486
rein	清 1215
Reis, Wild-	*1.276*
Reis	米 778
reisen	旅 874
Reisfeld	田 14
reißen	撕 2739
Reißverschluss	*2.165*
Reißwolf	*2.107*
Reißzwecke	*1.70*
reiten	骑 1458
relativ	较 1048
Religion	宗 908
rennen	跑 1051
reparieren	修 1312
residieren	居 888
resolut	毅 1889
respektvoll	恭 2767
Rest	剩 1707
retten	救 343
Rettungs- Chihuahua	*2.196*
Rettungsschwimmer	*1.214*
rezitieren	吟 2606
(rhetorische Frage)	岂 1934
richtig	正 387
richtigstellen	矫 2255
Richtung	方 494
riesig	硕 1526
Riff	礁 1771
rigoros	苛 1582
Rikscha	*1.363*
Ring	环 996
Ringelschwanz	*1.295*
ringen	搏 1382
rinnen	淌 1557
riskieren	冒 184
Riss	隙 2338
ritterlicher Mensch	侠 2096
Ritualspeer	*1.319*
Robe	袍 1747
robust	壮 336

Roch	鹏 2863
Rock	裙 960
Rohr	管 1044
Röhre	筒 2050
Rohrkolben	蒲 2792
Rose	玫 1645
rösten	烤 1033
rosten	锈 2027
rot	红 1091
rotieren	转 1240
Rotz	涕 2281
Route	途 1287
Rübe	萝 1583
rücken	挪 2938
Rücken	背 455
Rückgrat	吕 865
rüde	荞 1871
Rudel Wildhunde	*1.133*
rufen, ins Leben	创 1123
rufen	叫 1194
rügen	谴 2743
ruhen	休 812
ruhig	静 1216
Ruhm	荣 867
Rührbesen	*2.236*
rühren	搅 601
ruinieren	毁 2959
Rülpser	*1.393*
Rumpelschirmchen	*2.105*
rund	圆 550
Runde	*1.172*
Russland	俄 2097
Rute	杖 2102
rutschig	滑 1056
rütteln	撼 1864

S

Sa(bine)	萨 2711
Saal	堂 706
Säbel	*1.68*
Säbel	剑 2858
Sache	事 953
Sack	囊 2744
säen	栽 1663
Saft	汁 148
Säge	*1.306*
Säge	锯 889

sagen	言 346
Saite	弦 2412
Salat	*1.313*
Salz	盐 2487
salzig	咸 372
sammeln	集 538
sämtlich	俱 2062
Sand	沙 146
sanft	柔 1005
Sänfte	轿 1699
Sarg	棺 2310
Satin	缎 2813
-satz	率 1322
Satz	句 67
Sau	*1.234*
sauber	净 952
sauer	酸 2474
Sauerstoff	氧 2834
säugen	哺 2790
Saum	涯 1541
säumig	迟 2139
sautieren	炒 1547
schaben	刮 1515
Schach	棋 2735
schaden	损 1832
Schädigung	害 1226
Schaf	羊 528
Schaft	杆 2642
Schale	壳 1641
schälen	削 129
Schaltfläche	钮 2946
Schande	辱 2919
scharf	锐 1736
scharf schmeckend	辣 1290
Schatten	影 1307
schattig	荫 1062
Schatz	宝 267
schaudern	抖 2237
schauen	瞧 1770
Schaufel	锹 2019
Schaum	沫 217
Scheibe	片 988
Schein, Heiligen-	*1.345*
Scheitelpunkt	顶 94
schelten	呵 1517
Schenkel, Ober-	股 649

Schenkel, Unter-	足	1050	schlicht	朴	1563	schräg	歪	2254
schenken	赠	504	Schlick	淤	1731	Schrank	橱	2481
Schere	剪	304	schließen	关	1469	schrecklich	凶	1176
scheuen	忌	1794	*Schlinge, Fang-*		*1.322*	schreiben	写	1035
scheuern	挠	1854	Schloss	锁	1614	Schreibfeder	翰	1775
Schicksal	命	1107	Schlucht	峡	1936	Schreibheft	本	213
schieben	推	600	schluchzen	泣	445	Schreibstift	笔	1423
schief	斜	2651	*Schluckauf*		*1.282*	schreien	呼	1166
schießen	射	1029	Schlummer	眠	1378	schreiten, über-	越	393
Schiff	船	1395	Schlund	喉	2636	schreiten	迈	292
Schiffchen	梭	2475	Schlupfwinkel	窟	2359	Schrift	文	1317
schikanieren	凌	2349	*Schlüssel*		*1.367*	Schriften,		
Schild, Verbots-		*1.317*	Schlüssel	钥	1611	kanonische	经	1096
Schild	盾	1896	Schmach	耻	1972	Schriftstück	篇	1368
Schildkröte		*1.132*	schmachten	嗜	2295	Schriftzeichen	字	191
Schildkröte	龟	2941	schmal	狭	1588	*Schritt, Ausfall-*		*1.255*
Schilf	芦	2156	schmecken	尝	1692	*Schritt, Trippel-*		*1.255*
Schimmelpilz	霉	1714	schmeicheln	媚	2150	Schritt	步	380
schimmernd	灿	1931	schmeißen	掷	2923	schrubben	擦	912
schimpfen	骂	1456	schmelzen	融	2350	schrumpfen	缩	2388
Schippe	铲	2710	schmerzen	痛	1295	Schublade	屉	2135
Schirm		*1.141*	Schmetterling			schüchtern	羞	2947
Schirm	伞	1598	(Hinterteil)	蝶	2976	Schuh	鞋	1408
Schlacht	仗	2103	Schmetterling			Schuld	罪	1271
schlachten	宰	2553	(Vorderteil)	蝴	2975	Schulden	债	2569
Schlachter		*1.160*	schmieden	锻	1389	Schule	校	1049
Schlachthof		*1.161*	schminken	妆	243	*Schulhaus*		*1.173*
Schlaf-	卧	1980	schmoren	熬	1732	Schulter	肩	2153
schlafen	睡	1245	Schmuck	饰	2519	schultern	担	596
schlaff	懈	2781	schmutzig	脏	1786	schummrig	朦	2126
schlagartig	恍	1807	Schnecke	蜗	2367	Schuppen	棚	1561
schlagen	打	593	Schnee	雪	941	schüren	挑	1846
Schläger	拍	1828	*Schneeflocke*		*1.89*	*Schürze*		*1.201*
Schlägerei		*1.375*	*Schneemann*		*1.307*	*Schüssel*		*1.342*
Schlagloch		*2.237*	Schneide	锋	2583	Schüssel	碗	2454
Schlamm	泥	885	schneiden	切	85	Schusswaffe	枪	1122
Schlange, Menschen-		*1.274*	schnell	快	1276	schütteln	摇	1446
Schlange		*1.379*	schnitzen	刻	1199	schütter	疏	1921
Schlange	蛇	513	schnuppern	嗅	1593	schwach	弱	1019
schlecht	坏	995	*Schoko-Schildkröte*		*2.166*	*Schwaden*		*1.204*
schleifen	磨	1785	schön, wunder-	艳	1334	Schwalbe	燕	2243
Schleim	痰	2659	schon	已	519	Schwan	鸿	2865
schleppen	拖	1858	schön	美	529	schwanger	孕	1877
schleppen/Schleppe		*1.258*	schonungslos	狠	2506	*Schwanz, Hahnen-*		*1.374*
Schleuder		*1.324*	Schöpflöffel	勺	69	*Schwanz, Ringel-*		*1.295*
schleudern	抛	1988	*Schoß*		*1.255*	*Schwanz, spitzer*		*1.324*
Schleusentor	闸	2629	*Schössling*		*1.300*	Schwanz	尾	1422

schwarz	黑	182	Seide, Zahn-		1.335	sich etwas gönnen	耽	2503
«Schwarze», das	的	70	Seide	丝	1081	sich fortpflanzen	殖	1964
schwarze Tusche	墨	183	Seidengaze	罗	120	sich gabeln	岔	1946
schwatzhaft	叨	1514	Seidenraupe	蚕	1744	sich halten an	循	1998
Schwefel	硫	1919	Seidenstoff	绸	2376	sich hüten	戒	1868
Schwein	猪	1041	Seife	皂	36	sich ins Zeug		
Schweins,			Seil	绳	2943	legen	奋	1522
Zeichen des	亥	1196	sein	是	394	sich nähern	扰	2935
Schweiß		1.273	seins, ihr	其	1337	sich neigen	倾	2082
Schweiß	汗	2641	*Seit' an Seit'*		1.384	sich räkeln	舒	2263
schwellen	涨	1430	*Seite, an der*		1.65	sich sonnen	晒	2610
schwenken	晃	1529	Seite	旁	498	sich stürzen auf	扑	1830
schwergewichtig	重	1292	Seiten drücken,			sich stützen auf	倚	2068
Schwert	刀	83	von beiden	夹	1523	sichten	勘	2741
schwer zu			seitlich	侧	2065	sich übergeben	呕	2688
verstehen	玄	2411	Sekunde	秒	2005	sich unterwerfen	屈	2143
Schwester, ältere	姐	1346	selber	自	33	sich verneigen	鞠	2841
Schwester, jüngere	妹	219	selbst	己	515	sich versammeln	聚	2098
Schwester des			Seligkeit	福	904	sich verwickeln	纠	2560
Vaters	姑	1518	Sellerie	芹	2185	sich widersetzen	拒	2684
Schwieger-	姻	1779	selten	珍	1313	sich wölben	拱	2768
Schwiegersohn	婿	1676	seltsam	奇	133	sich zurückhalten	敛	2859
Schwiegertochter	媳	1820	senden, per Post	寄	199	sich zur Wehr		
schwierig	难	644	senkrecht	浪	1094	setzen	御	2427
schwimmen	泳	143	Sesam	芝	2251	sickern	渗	2705
Schwimmer,			*Setzling, Tomaten-*		1.128	sie	她	506
Rettungs-		1.214	Setzling	苗	235	Sie	您	800
schwindelig	晕	1634	seufzen	叹	1882	sieben	筛	2052
schwindeln	诈	2195	sezieren	剖	1720	sieben	七	7
schwingen	挥	599	Shen	沈	2501	sieden	煮	2306
Schwirren	嗡	1951	sich abrackern	挣	2222	Sieg	胜	1224
Schwur	誓	2192	sich auf den			*Siegelholz*		1.338
sechs	六	6	Bauch legen	趴	2318	*Siegelwachs*		1.338
See	湖	156	sich auf's Ohr			*Silber, Tafel-*		1.345
Seefahrzeuge	艘	2968	hauen	寝	2202	Silber	银	1144
Seele	魂	2928	sich auftürmend	崭	2190	*silbern*		1.343
seelenruhig	宁	1558	sich begeben nach	赴	1671	simulieren	拟	2119
Seerose		1.347	sich bemühen	勉	2889	singen	唱	22
Segel	帆	1685	sich beugen	伏	2075	Sinne	觉	338
segnen	佑	2063	sich biegen	躬	2294	Sippe	族	1001
sehen	见	58	sich drücken	躲	2293	Sitten	俗	2095
Sehne	筋	2053	sich eine Frau			Sitz	座	849
sehnen, herbei-	企	384	nehmen	娶	1975	Sitzbank	凳	2694
sehnsüchtig			Sichel	镰	2220	sitzen	坐	848
erwarten	盼	1942	sich erinnern	忆	1805	Skelett	骨	1055
sehr	很	1146	sich erkundigen	询	1650	Sklave	奴	747
seicht	浅	374	sichern	保	823	*Skorpion*		1.230

INDEX V: SCHLÜSSELWÖRTER UND PRIMITIVBEDEUTUNGEN

smaragdgrün	翠	2472
Socke	袜	1677
soeben	刚	1173
sofort	就	332
Soldat	士	334
sollen	该	1200
Sommer	夏	314
Sommerhitze	暑	2299
sonderbar	怪	641
Song	宋	1572
Sonne, aufgehende	旭	27
Sonne		*1.33*
Sonnenblume		*1.40*
Sonnenbrille		*2.229*
Sonnenuntergang	暮	1585
Sonntagsschule		*2.160*
Sorgen	患	1795
sorgfältig	仔	2067
Sorte	种	766
soundso	某	1336
so wie	如	104
spähen	窥	2355
Spalt	裂	1968
spalten	劈	2557
Spange, Haar-		*1.401*
Spange, Zahn-		*1.395*
spannen	张	1429
sparen	省	132
spärlich	稀	1168
sparsam	俭	2861
Spatz	雀	1763
Spazierstock		*1.44*
Speer, Ritual-		*1.319*
Speer	矛	1004
Speichel	唾	2605
Speichen	辐	1625
speichern	存	623
speisen	餐	1158
Speiseröhre		*2.151*
spenden	捐	2398
Spezialgebiet	专	1238
speziell	特	253
Sphinx	斯	1341
Spiegel	镜	488
spielen	玩	270
spielen mit, herum-	弄	615
Spinat		*1.360*
Spinat	菠	1962
Spind	柜	2682
Spinne (Hinterteil)	蛛	2978
Spinne (Vorderteil)	蜘	2977
spinnen	纺	2382
Spion	探	1078
Spionage	谍	1657
Spirale	螺	2419
Spitze	尖	114
spitzer Schwanz		*1.324*
Sprache	语	356
sprechen	说	501
sprechende Grille		*1.405*
Spreu	糠	2228
springen	跳	1052
Springer, Bungee-		*1.375*
Springquell	泉	141
spritzen	溅	1667
Spross		*1.300*
Spross	芽	2842
Spruchband		*1.294*
sprudeln	涌	2442
sprühen	喷	1873
Sprühregen		*1.50*
Sprühregen	粪	2770
spucken	吐	163
Spule		*1.334*
Spur	痕	2672
spurten	奔	1872
Spur von Fußstapfen		*1.188*
Staat	州	135
stabil	稳	2204
Stacheldraht		*1.413*
Stadt	城	369
Stadtwall		*1.391*
stagnierend	滞	422
Stahl	钢	2539
Stammbaum	系	1101
Stammbaum		*2.51*
Standard	准	539
standhaft	坚	1013
Stange	竿	2645
Stapel	堆	1764
stark	强	1018
starrköpfig	顽	61
stationiert sein	驻	2896
Staub	尘	161
Staude, Mais-		*1.359*
Staude, Paprika-		*1.350*
stechen	叮	91
Steckdose		*2.232*
steckenbleiben	陷	2971
Steckkarte	卡	47
stehend	立	444
stehendes Getreide	禾	762
stehlen	窃	2352
steif	僵	2272
steil aufragend	峻	2476
Stein	石	125
Stelle, an die … treten von	替	728
Stelle	处	308
Stellung	位	807
Stempel		*1.336*
Stengel	茎	2404
Steppdecke	被	711
sterben, jung	夭	440
Stern	星	1221
Steuern	税	2012
steuern	驶	2900
Steuerruder	舵	2823
stibitzen	扒	1826
stickig	闷	2625
Stiefel	靴	2839
Stiel	蒂	1702
Stierkämpfer		*2.170*
Stift, Schreib-	笔	1423
Stil	式	359
still	默	246
Stimme	声	1411
stimmt, das	对	642
stinknormal	庸	2778
Stirn	额	313
stochern	戳	1777
Stock, Spazier-		*1.44*
Stockwerk	层	892
Stoff, Brenn-	薪	1192
Stoff	布	414

Stoffbahn	幅	1686	Sumpf	泽	2600	*Teleskop*		*1.356*
stöhnen	呻	2174	Suppe	汤	527	Tempel	庙	2171
stoppen	止	379	süß	甘	1335	Temperatur	温	1140
Stöpsel	栓	1609	Symbol	符	2099	*Terrain*		*1.98*
Storch		*2.224*	System	制	424	Territorium	壤	1204
stören	骚	2901				teuer	贵	1342
Stoßzahn		*1.399*	**T**			*Teufel*		*1.223*
Strafe	刑	618	Tablett	盘	1397	Thailand	泰	1233
straff	紧	1102	tadeln	斥	935	Theater	剧	890
Straftäter	犯	1124	*Tafelsilber*		*1.345*	Thema	题	395
Strahlen, ein	辉	321	Tag	日	12	Theorie	论	465
strahlend	炯	1555	Tagesanbruch	旦	30	Tianjin	津	1674
Strähne	绺	2387	Tagesende	夕	115	*Tiara*		*1.169*
strammziehen	绷	2370	tagsüber	昼	2151	tief	深	1077
Strand	滩	1888	Taille	腰	1257	tiefe Wasser	渊	2035
Straße	街	761	Taktik	策	792	tiefgründig	沉	319
Strategem	谋	2734	Tal	谷	698	*Tierbeine*		*1.52*
Strauß, Blumen-		*1.350*	Tan	谭	3003	Tierhaut,		
Strecke/strecken		*1.193*	*Tang*-Dynastie	唐	954	gegerbte	韦	1229
streichen	拂	2277	Tantchen	婶	2177	Tiger	虎	1459
Streife gehen	逻	1621	Tante mütter-			Tigers,		
Streifen	条	307	licherseits	姨	2270	Zeichen des	寅	1465
streiten	争	951	Tanz	舞	1344	tilgen	消	152
Streitwagen		*1.167*	tapfer	勇	1120	*Tipi*		*1.372*
streng	严	1355	tarnen	蔽	2041	*Tiramisu*		*1.207*
streuen	撒	977	Tasche	兜	2680	Tisch	桌	224
Strickleiter		*2.196*	Taschentuch	帕	1683	Titel	衔	2002
strikt	厉	123	Tasse	杯	997	Tod	死	715
Strom	河	153	Taste	键	1675	Toilette	厕	1525
stromaufwärts			tasten	摸	1844	tollen, herum-	戏	638
fahren	溯	1940	Täter, Straf-	犯	1124	*Tomatensetzling*		*1.128*
Strudel	涡	2364	tätig sein als	当	947	Ton	吨	2543
-struieren	吋	2998	tätlich werden	殴	2687	Topf	锅	2365
Strunk	梗	1881	tatsächlich	确	972	Töpferwaren	陶	2883
Stück	件	808	Tau	索	2423	Tor	门	1262
studieren	学	337	taub	聋	2936	töricht	傻	2974
Stuhl	椅	1566	Taube	鸽	2867	töten	杀	1169
stumm	哑	2760	tauschen, um-	兑	499	Tour	趟	1672
stupide	笨	2049	täuschen	骗	2910	traben	骤	2906
stürmen	闯	2907	tausend	千	39	Tracht	装	402
stürmisch	汹	2548	Tautropfen	露	1054	träge	惰	1802
stürzen	摔	1323	Technik	技	651	*Träger*		*1.290*
stützen	撑	1957	Tee	茶	261	*trällernde Zunge*		*1.33*
suchen	寻	945	*Teenager*		*1.78*	Träne	泪	1530
Sucht	瘾	2671	Teich	池	508	tränenreich	汪	1605
Süden	南	1261	Teil	分	694	transparent	澄	2695
summen	哼	1639	teilnehmen	参	1310	transportieren	运	429

trauern	悼	1799	üben	练	1253	umringen	围	1230
Traum	梦	205	überall	遍	2786	umschlingen	搂	2046
treffen, eine			überbringen	捎	1837	umsichtig	慎	1801
Auwahl	拣	1254	überdies	且	1345	umso mehr	愈	1792
Treibhaus		*1.292*	überdrüssig	倦	2448	umtauschen	兑	499
trennen	隔	2351	Überfall	袭	1475	umwandeln	化	830
Trennlinie	疆	2271	überfließen	漫	725	umwinden	绕	2378
Trennwand	壁	1188	überflüssig	冗	318	umziehen	迁	1618
Treppe	阶	1066	überheblich	傲	2087	un-	非	1269
treten, an die			überlassen	让	349	unbändig	豪	1749
Stelle ... von	替	728	überlaufen	溢	2830	unbedeutend	渺	1534
tricksen	耍	2230	überlegen	思	569	unbedingt	必	583
Trillerpfeife	哨	1528	übernachten	宿	2074	unbeschränkt	廓	2803
trinken	喝	851	übernehmen	承	1412	und	而	962
Trippelschritt		*1.255*	überprüfen	查	220	unentschlossen	徊	1996
triumphierend	凯	1935	überqueren	过	291	unergründlich	奥	2031
trivial	琐	1604	überragend	杰	1570	unerwartet	竟	487
trocken	干	1279	überreichen	授	668	ungefähr	概	1161
Trog	槽	2234	überschreiten	越	393	ungehemmt	畅	2178
Trommel	鼓	1136	Überschuss	余	1285	ungemein	甚	1340
Trommel		*1.342*	überschwemmen	淹	2944	Ungerechtigkeit	冤	2887
Trompete	叭	1501	übersetzen	译	2601	ungeschälter Reis	稻	2963
Tropfen, ein		*1.43*	übersteigen	超	392	ungestüm	猛	2486
Tropfen, Tau-	露	1054	übertölpeln	哄	2762	Unglück	祸	2366
Tropfen, Wasser-		*1.89*	überwachen	监	1141	Unheil	殃	2723
tropfen	滴	452	überwinden	克	108	Universum	宙	2168
trösten	慰	2165	überziehen	罩	1508	unmittelbar	即	1148
trösten	抚	612	Übung	操	2334	unordentlich	纷	2385
Trottel		*2.128*	Ufer	岸	1280	Unruhe stiften	闹	2623
trüb	浊	1739	*Uhr*		*1.362*	unspezifisch	泛	2253
Truppen	兵	1080	Ulme	榆	1629	Unsterblicher	仙	2092
Truthahn		*1.403*	umarmen	抱	589	Untat	辜	2551
Trutmann		*1.403*	um die Schultern			unten	下	46
Tuch	巾	410	hängen	披	1961	unterbrechen	断	931
Tümpel	潭	2615	umdrehen	翻	1419	*unter den Arm*		
Tumult	嚣	1510	Umfang	周	333	*geklemmt*		*1.254*
Tunnel	隧	2342	umfassen	蕴	2496	unterdrücken	憋	2042
Tür	户	896	Umgang			unter Druck		
Tusche, schwarze	墨	183	pflegen mit	交	1046	setzen	逼	1619
Tu's nicht!	别	739	umgeben	拥	2775	untergehen	沦	1712
tuten	鸣	2874	umgekehrt	倒	819	Unterleib	腹	473
Tyrann	霸	2838	Umgrenzung	境	489	unterliegen	败	341
			umherplanschen	游	876	Unterschenkel	足	1050
U			Umhüllung	皮	707	unterschiedlich	殊	1965
Uäääh!	哇	165	*umkehren*		*1.216*	unterschreiben	签	2862
übel	邪	2845	umkippen	覆	2616	untersetzt	矮	2256
übelriechend	臭	250	umkommen	毙	1969	unterstützen	济	1321

untersuchen	检	1435	verdorrt	枯	210	verneinen	否	994
Untertasse	碟	1658	verdreht	枉	1606	vernichten	灭	171
untertauchen	潜	1979	verdrossen	烦	173	veröffentlichung	刊	2639
unterzeichnen	署	2301	verdutzt	愣	1813	verpfänden	押	917
unvermischt	粹	2473	verehren	敬	344	verpflegung	粮	2515
unvermittelt	突	1074	vereinigen	联	1471	verraten	叛	2247
unversehens	霍	1767	vereiteln	挫	2106	verringern	减	433
unvollständig	残	1966	verfallen	衰	1678	verrückt	狂	271
unwirklich	幻	1390	verfassen	著	1040	verschieben	移	767
Unzucht	奸	2640	verfassungstext	宪	1596	verschiedene	诸	2307
unzulänglich	缺	1444	verfault	朽	2282	verschlagen	刁	2814
üppig	茂	367	verfluchen	咒	1592	verschleiern	昧	1577
urbar machen	拓	1833	verfolgen	追	1042	verschlingen	吞	1695
Urin	尿	2137	verführerisch	妖	1696	verschmelzen	熔	1954
Urlaub	假	1402	Vergangenheit	昔	973	verschütten	洒	2611
Ursache	因	551	vergeben	恕	1790	versengen	灼	1546
Ursprung	元	59	vergessen	忘	564	versiegeln	封	167
urteilen	判	985	vergleichen	比	456	versiert	彦	1315
usw.	等	789	Vergnügung	娱	438	verspotten	讽	1171
			vergrößern	扩	1863	versprechen	诺	1655

V

v 伍		2054	vergüten	酬	2461	verstecken	藏	1981
Vampir		1.349	verhaften	拘	1831	versteckt	隐	2344
Vase		1.208	verhehlen	瞒	2940	*versteckte Kamera*		1.343
Vater	父	1045	verheiratete Frau	妇	943	verstehen	懂	1293
vati	爹	2311	verhexen	魅	2926	verstopfen	堵	2305
vegetarische Kost	素	1209	verhindern	杜	1569	verstorben	亡	490
ventil	阀	2628	verhöhnen	嘲	50	vertäuen	缚	2799
verabreden, sich	约	1092	verhören	讯	1656	verteidigen	卫	1114
verabscheuen	厌	241	verhütten	冶	1911	vertikal	竖	2267
verängstigt	惶	1804	verirrt	迷	780	vertrag	契	2581
Verantwortung	责	1217	verkaufen	卖	859	vertraulich	秘	2016
verärgert	恼	1179	verkünden	宣	195	vertraut machen	绍	2373
veräußern	售	541	verlagern	搬	1398	verwalten	辖	2591
verbergen	匿	2679	verlängern	延	396	Verwandte	亲	1190
verbieten	禁	906	verlassen	离	1180	verwechseln	淆	2532
verbinden	通	1119	verlassen sein	寞	1586	verwirrt	惑	1791
verblüfft	讶	2843	verlegen	丢	1915	verwitwet	寡	1559
Verbotsschild		1.317	verlegen sein	尬	2500	verwöhnen	宠	2933
verbrauchen	耗	2849	verleiten	诱	777	verzeihen	谅	1654
verbrennen	焚	1575	verliebt sein	恋	1494	verzieren	缀	2973
verbrühen	烫	1756	verlieren	失	729	verzwirnen	绞	2393
verdampfen	蒸	1413	vermeiden	免	1449	vibrieren	振	2921
verdecken	掩	1485	vermengen	拌	2246	viele	多	116
Verdienste	绩	1218	vermessen	测	157	vier	四	4
verdoppeln	复	472	vermissen	念	1248	*Viertel*		1.315
verdorben	烂	534	Vermögen	财	621	viertens	丁	90
			vermuten	猜	2567	violett	紫	2420

Visitenkarte		1.389		**W**		*Wassertropfen*		1.89
vital	勃	2425				waswelcherwer-		
Vize-	副	89	wa?	啥	1600	wowarum?	何	835
Vogel	鸟	1438	*Waage*		1.369	weben	织	1082
Vogelhäuschen		1.260	Waage	秤	2531	wechseln	换	1327
Vogelscheuche		2.184	waagerecht	横	1489	Weg	道	287
Volk	民	1377	*Wachs, Siegel-*		1.338	Weggabelung	歧	1892
Volksmusik,			Wachs	蜡	2241	wegnehmen	夺	1545
Festival der		1.404	wachsam	惕	2133	wegstreichen	删	2783
volksscharen	黎	2024	*wachsen*		1.355	wegwerfen	扔	1878
voll	满	1480	Waffe	械	1869	wegwischen	拭	1853
vollenden	完	193	wagemutig	敢	722	wehtun	疼	2661
voller	沛	1688	*Wagen, Fest-*		1.185	Wei	魏	3008
vollständig	整	1291	Wagen, Großer	斗	968	weiblich	雌	1768
voluminös	膨	2704	*Wagen, Streit-*		1.167	weibliche Brust	乳	2430
vom Gewissen			Wagen	车	300	weiblicher Phönix	凰	2984
geplagt	惭	2189	*Waggon*		1.160	weich	软	477
von Angesicht zu			wählen	选	297	weiden	牧	1644
Angesicht	面	1406	wahr	真	75	Weidenbaum	柳	1112
von der Schulter bis			wahrnehmen	睹	2300	*Weidenkörbchen*		1.380
zum Handgelenk	膊	2797	wahrsagen	占	44	Weiher	塘	2224
von Schrecken			Währung	币	1682	*Weihnachtsbaum*		2.219
gepackt	怔	1810	Waise	孤	1400	*Weihnachtsmann*		1.324
vor	前	303	Wal	鲸	1640	weinen	哭	248
voraus	先	256	Wald	森	204	Weintrauben (A)	葡	2993
vorbereiten	备	317	*Wall, Stadt-*		1.391	Weintrauben (B)	萄	2994
vorbild	范	2445	walzen	轧	1624	Weise	般	1396
Vorderteil eines			wälzen	滚	1949	Weisheit	智	1003
Gewandes	襟	907	*Wälzer*		1.387	weiß	白	34
Vorfahre	祖	1348	Wand		1.261	Weissagung	卜	43
vor Gericht gehen	讼	1948	Wand	墙	1780	Weißer Gänsefuß	莱	2045
Vorhang	幕	417	wandeln, sich	变	1495	*weißes Badetuch*		1.201
vorkehrungen			*Wandersmann*		1.162	weit	远	289
treffen	筹	2580	Wandschirm	屏	2148	weit entfernt	辽	1620
vornehm	雅	2844	Wange	颊	1524	weitergeben	传	1239
vorort	郊	2810	Waren	品	24	weiterhin	仍	809
vorrat anlegen	储	2308	warm	暖	2395	Weizen	麦	1208
vorrücken	进	1362	warnen	诫	1870	welches?	哪	1477
vorsichtig	谨	1242	warten	候	1274	welken	萎	2022
Vorsprung, Dach-	宇	1284	was?	什	802	Welle	波	708
vorstandsmitglied	董	2657	*Wäschekorb*		1.381	Wellen schlagend	滔	2962
vortäuschen	乔	441	waschen	洗	257	Welt	界	260
vortragen	诵	2444	Wasser	水	137	wenig	少	110
vorübergehend	暂	929	Wasserfall	瀑	2773	wer?	谁	540
Vorwort	序	1008	Wasserlinse	萍	2530	werden zu	成	368
Vorzeichen	兆	237	Wassernuss	菱	2348	werfen	投	646
vorzüglich	优	821	Wasserstoff	氢	2836	Werkstatt	坊	1728

Werkzeug		*1.64*	Wissenschaft	科	970	Zahnklammer		*1.395*
Werkzeug	具	74	Wogen	浪	1154	Zahnseide		*1.335*
Wert	值	803	wohlbehalten	康	956	Zahnspange		*1.395*
wertschätzen	尚	190	wohlriechend	馨	1410	Zange	钳	2731
Westen, Wilder		*1.363*	wohlsituiert	裕	1952	Zank	屿	2504
Westen	西	1255	Wohlwollen	恩	570	zart	娇	443
wetten	赌	2303	wohnen	住	806	*Zauberstab*		*1.48*
Wetter		*1.203*	Wohnsitz	寓	2876	zaudernd	徘	2635
Wettkampf	赛	1206	Wohnstätte	宅	1425	zäumen	抑	2691
Whiskeyflasche		*1.341*	Wolf	狼	2514	Zaun	篱	2549
wickeln	包	520	Wolke	云	428	*Zehn, Die ... Gebote*		*1.275*
widerlegen	驳	2909	Wolkenkratzer	厦	1631	zehn	十	10
widerspiegeln	映	2722	wolkenlos-heiter	晴	2566	zehntausend	万	65
widerstehen	抵	2788	*Wolle*		*1.236*	*Zeichen, Dollar-*		*1.321*
widmen	献	2618	Wollstoff	呢	884	Zeichen, Schrift-	字	191
wie, so	如	104	Wort	词	1392	Zeichen, Vor-	兆	237
wie?	怎	938	Wu	吴	437	Zeichen |		
wieder	又	633	Wunde	伤	822	des Drachen	辰	1467
wiederauferstehen	稣	2007	wunderbar	瑰	2927	Zeichen		
wiederbeleben	苏	745	*Wunderkerze*		*1.377*	des Schweins	亥	1196
wiedererkennen	认	794	wunderschön	艳	1334	Zeichen		
wieder			wundervoll	妙	127	des Tigers	寅	1465
gutmachen	赎	2116	Wunsch	愿	571	*Zeichen des Zorro*		*1.316*
wiederkehren	回	554	*Wünschelrute*		*1.48*	Zeichnung	画	1175
wie es beliebt	随	1059	würdig	贤	1014	zeigen	示	900
wie viele?	几	57	Wurfpfeil	矢	1000	Zeit, lange	久	839
wild	野	1010	Wurzel	根	1147	Zeit	时	168
Wilder Westen		*1.363*	würzig	辛	1185	Zeitraum von		
Wildgans	雁	1431	Wüste	漠	233	zehn Tagen	旬	68
Wildhunde, Rudel		*1.133*	Xue	薛	3005	Zeitung	报	1106
Wildreis		*1.276*				*Zelle, Körper-*		*1.357*
Wind, Wirbel-		*1.168*	**Y**			*Zelle, Pflanzen-*		*1.357*
Wind	风	1170	Yang	阳	1060	Zellstoff		*2.146*
Winkel	角	1363	Yangtse	江	147	Zelt	帐	2856
winken, herbei-	招	592	Yao, Kaiser	尧	376	Zentrum	央	1324
Winter	冬	435	Yao-2	姚	3004	zerbrechlich	脆	1126
winzig	微	760	Yin	阴	1061	Zeremonie	礼	902
Wipfel	梢	1568	Yu	于	1283	Zeremonienhalle	殿	2771
wir			Yuan	袁	404	zerfressen	蚀	2521
(ausschließend)	俺	2945	Yue	岳	3009	zerklüftet	崎	1929
wir						zerknirscht	懊	2033
(einschließend)	咱	1504	**Z**			zerren	扯	1855
wirbeln	旋	2128	Zahl	数	784	zerschlagen	砸	2676
Wirbelsäule	脊	2719	zahlreich	繁	2421	zerstößeln	捣	2875
Wirbelwind		*1.168*	zähmen	驯	2894	zerzaust	蓬	2586
Wirklichkeit	实	857	*Zahn, Stoß-*		*1.399*	Zhao	赵	2535
wissen	知	1002	Zahn	牙	1414	Zheng	郑	2922

Ziegel		*1.100*
ziehen, heraus-	抽	914
ziehen	拉	608
zielen	瞄	236
Zikade	蝉	2274
Zimmer	屋	886
Zimmerdecke		*1.30*
Zinn	锡	2132
Zinnen		*1.328*
zinnoberrot	朱	1578
zittern	颤	1867
Zoll, Chinesischer	寸	166
Zoo		*1.195*
Zopf	辫	2555
Zorn	怒	1990
Zorro, Zeichen des		*1.316*
Zuchtmeister		*1.174*
Zucker	糖	955
zuckrig	甜	2729
Zudecke	毯	2847
zufällig	偶	2878
zufriedenstellen	遂	1752
zugehören	属	1500
zügellos	荡	1757
zugleich	齐	1320
zugrunde gehen		*1.221*
Zugvögel		*2.54*
zumachen	闭	2626
zum Kochen bringen	沸	2276
zunehmen		*1.224*
zunehmen	增	503
Zunge, plappernde		*1.33*
Zunge, trällernde		*1.33*
Zunge	舌	40
zuraten	劝	1986
zu Rate ziehen	咨	481
zur Schau tragen	逞	1622
zurückbleiben, hinter etwas	差	535
zurückgeben	还	998
zurückgelehnt		*1.215*
zurückkehren	归	2196
zurückkommen	返	658
zurücktreten	退	1149
zurückweichen	却	1103
zurückweisen	辟	1187
zurückzahlen	偿	2078
zusammenbrechen	垮	2288
zusammenfassen	综	2390
zusammenfließen	汇	2673
zusammenfügen	拼	864
Zusammenkunft		*1.143*
Zusammenkunft	会	677
zusammenprallen	碰	2755
zusammenstellen	编	1369
zusammentragen	凑	2597
zusammenzurren	捆	1862
zuschlagen	击	1236
zuschneiden	裁	401
Zustand	状	242
zustimmen	肯	383
zuteilen	配	1129
zuweisen	拨	2697
zuwenden, jemandem etwas	赐	881
zuwiderhandeln	违	2594
zuwiderlaufen	逆	1939
zwanzig	廿	978
Zweck	旨	463
zwei	二	2
zweifeln	疑	2435
Zweig		*1.257*
zwei Hände		*1.251*
zweitens	乙	95
zweiter		*1.218*
Zwiebel	葱	2131
zwingen	迫	1617
Zwischenraum	间	1266
zwitschern	噪	2330
zwitschern	鸣	2864
Zwo	两	1478
Zylinderhut		*1.167*
Zypresse	柏	1562